ライフサイクルからみたおもな社会保障制度

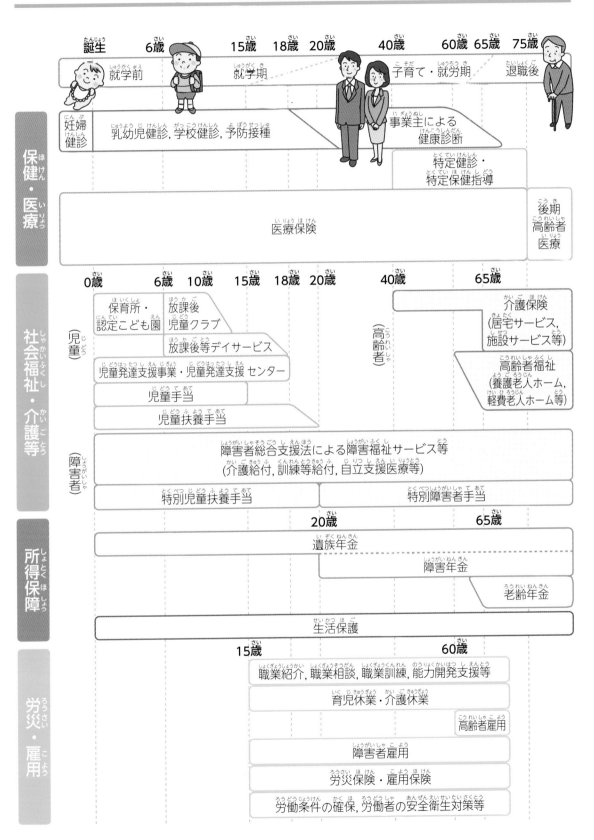

住民に身近な圏域

市町村域等

まちおこし

産業

農林水産

土木

地区社協

ボランティア

NPO

企業・商店

ご近所

民生委員・児童委員

住民が主体的に把握して解決を

さまざま[な課題を]かかえる 受け手

課題把握 受けとめ　解決

住民が主体的に把握して解決 体制づくり

[複合課題の丸ごと]　[世帯の丸ごと]　[とりあえずの丸ごと]

「丸ごと」受けとめる場
(地区社協, 市区町村社協の地域担当, 地域包括支援センター,
相談支援事業所, 地域子育て支援拠点, 利用者支援事業,
社会福祉法人, NPO法人等)

自治体によっては一体的

明らかになったニーズに, 寄り添いつつ, つなぐ

高齢関係

雇用・就労関係

多文化共生関係

司法関係

権利擁護関係

児童関係

児童相談所

家計支援関係

協働の中核を 自立相談支援機関

医療的ケアを要する子どもや DV, 刑務所出所者, 犯罪被害者など, 身近な圏域で対応しがたい, もしくは本人が望まない課題にも留意。

目談支援体制のイメージ

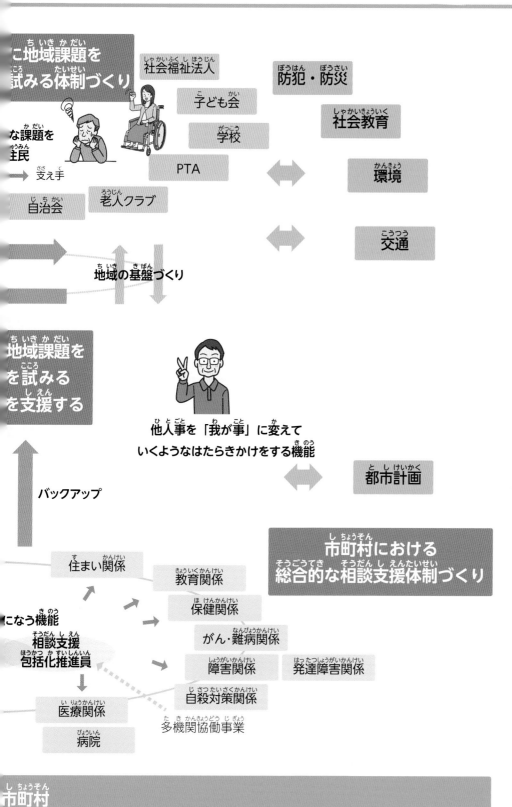

こ地域課題を
試みる体制づくり

社会福祉法人

子ども会

学校

PTA

自治会

老人クラブ

な課題を
主民

支え手

防犯・防災

社会教育

環境

交通

地域の基盤づくり

地域課題を
を試みる
を支援する

他人事を「我が事」に変えて
いくようなはたらきかけをする機能

都市計画

バックアップ

市町村における
総合的な相談支援体制づくり

住まい関係

教育関係

保健関係

がん・難病関係

になう機能

相談支援
包括化推進員

障害関係

発達障害関係

自殺対策関係

医療関係

病院

多機関協働事業

市町村

地域包括ケアシステムの姿

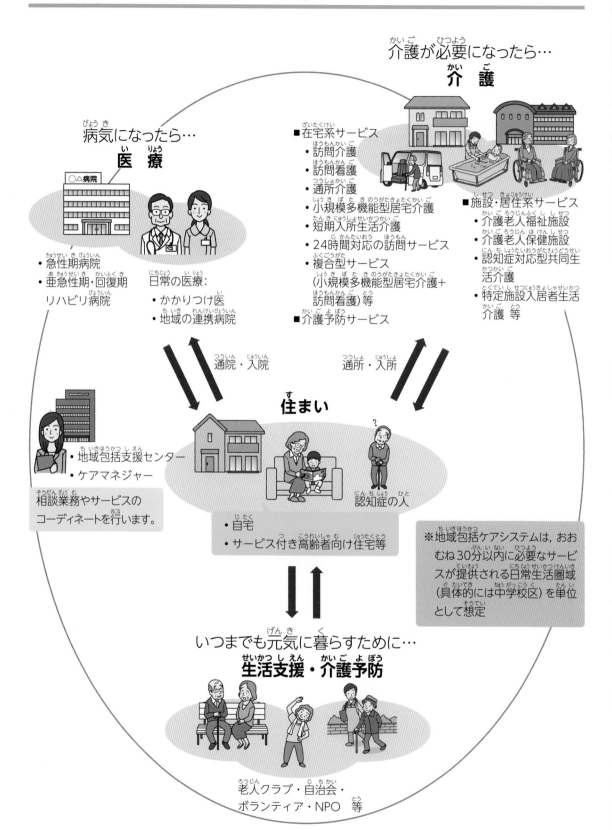

介護が必要になったら…
介 護

病気になったら…
医 療

■在宅系サービス
・訪問介護
・訪問看護
・通所介護
・小規模多機能型居宅介護
・短期入所生活介護
・24時間対応の訪問サービス
・複合型サービス
(小規模多機能型居宅介護+訪問看護)等
■介護予防サービス

■施設・居住系サービス
・介護老人福祉施設
・介護老人保健施設
・認知症対応型共同生活介護
・特定施設入居者生活介護 等

・急性期病院
・亜急性期・回復期リハビリ病院

日常の医療:
・かかりつけ医
・地域の連携病院

通院・入院

通所・入所

住まい

・地域包括支援センター
・ケアマネジャー

相談業務やサービスのコーディネートを行います。

・自宅
・サービス付き高齢者向け住宅等

認知症の人

※地域包括ケアシステムは, おおむね30分以内に必要なサービスが提供される日常生活圏域 (具体的には中学校区)を単位として想定

いつまでも元気に暮らすために…
生活支援・介護予防

老人クラブ・自治会・ボランティア・NPO 等

介護福祉士 実務者研修テキスト

第4版

第1巻 人間と社会

太田貞司 編集
上原千寿子
白井孝子

全文ふりがな付き

中央法規

はじめに

　2021（令和3）年7月，第8期介護保険事業計画の介護サービス見込み量等にもとづき，都道府県が推計した介護職員の必要数が公表されました。それによれば，2040（令和22）年度に必要な介護職員数は約280万人となっており，2019（令和元）年度の約211万人に加えて約69万人，年間3.3万人程度の介護職員を確保する必要があると推計されています。

　こうしたなかで，専門性の高い介護人材として，中核的な役割を果たすことが期待されているのが介護福祉士です。今後よりいっそう多様化・高度化する介護ニーズに対応するため，介護福祉士には，利用者の自立支援に向けて業務を遂行する力や多職種と連携する力，さらには指導力やマネジメント力などが求められています。

　「実務者研修」は，介護福祉士の資質向上を目的として，すべての者が一定の教育プログラムを経たのちに国家試験を受験するという形で，資格取得方法の一元化がめざされたのを機に，2012（平成24）年度から実施されている研修です。2017（平成29）年からは，介護福祉士国家試験を受験する者のうち，いわゆる実務経験ルートについては，3年以上の実務経験に加えて「実務者研修」の受講が必要になりました。

　私たちは，2012（平成24）年10月より『介護職員等実務者研修（450時間研修）テキスト』と題して，「実務者研修」のカリキュラムに準拠したスタンダード・テキストを発行して以降，2015（平成27）年には『介護福祉士実務者研修テキスト』とシリーズ名を一新し，全5巻のテキストを発行いたしました。本書はそのなかの1冊であり，履修科目における「人間の尊厳と自立」「社会の理解Ⅰ」「社会の理解Ⅱ」を収載しています。

　このたびの第4版の編集にあたっては，介護保険法をはじめとする法制度の改正にともなう記述の見直しを行うとともに，「実務者研修」を通信課程で受講する方々にも無理なく，わかりやすく自己学習を進めることができるように工夫しました。加えて，広く外国人介護職員にもご活用いただくことを想定して，全文に「ふりがな」を付けました。読者の皆様には，本書に加えて，『第2巻　介護Ⅰ』『第3巻　介護Ⅱ』『第4巻　こころとからだのしくみ』『第5巻　医療的ケア』のご活用もお願い申し上げます。さらには，お気づきの点をお寄せいただき，今後改訂を重ねていきたいと考える次第です。

編者一同

介護福祉士実務者研修テキスト
【第1巻】人間と社会 第4版

はじめに
本書をご活用していただくにあたって

Contents

編者・執筆者一覧

【編集方針】

■ 1850時間の介護福祉士養成課程のうち，実務経験のみでは習得できない知識・技術を中心に，全5巻のシリーズとして構成しています。

■国が示す実務者研修のカリキュラムにもとづいて，介護福祉士に求められる基礎的・応用的（実践的）な知識と技術を習得できるようにしています。

■介護職員初任者研修，訪問介護員養成研修，介護職員基礎研修等を修了したことにより履修免除となる科目が「章単位」で設定されており，学びやすい目次構成にしています。

■図表やイラストを多用してビジュアル的側面に配慮しています。

【特　徴】

■各章の冒頭に，国が示す実務者研修各科目の【到達目標】を明示しています。

■各節の単元ごとに「□月□日」と日付を記入できる欄を設けています。自己学習を計画的に進めるために，学習し終えたところから日付を記入して，学習の進行状況を確認してみましょう。

■本文中における重要語句（キーワード）を，色文字・ゴシック体（強調書体）で明示しています。

■本文中，必要に応じて参照ページ（☞第○巻 p. ○と明示）を掲載しています。該当ページをみると，より詳しい内容や関連する情報が記述されています。

■各章の本文の終わりには「学習のポイント」を掲載しています。これは各節の単元ごとに本文中の重要事項をまとめたものです。テキストに出てくる順番に掲載していますので，重要事項が理解・把握できているかどうかふり返ってみましょう。

■本文中，専門用語や難解な用語をゴシック体（強調書体）で明示し，章末に「用語解説」を掲載しています。また参照ページを明示していますので，用語解説から本文，本文から用語解説を必要に応じて確認することができます。

【本文表記】

■「障害」という用語には否定的なイメージがあり，「障がい」と表記するなどの取り扱いが広がっていますが，日本の法令用語としては「障害」が用いられています。こうした動向をふまえつつ，本書におきましては法令との整合性をはかるために，「障害」を用語として用いています。

■法令用語と同様に，本書におきましては医学関連の用語についても，学会等での議論や医学辞典における表記にもとづいた用語を用いています。

第**1**章

人間の尊厳と自立

第**1**節 人間の多面的な理解と尊厳

第**2**節 自立の支援

第**3**節 人権と尊厳

【到達目標】

● 尊厳の保持，自立の支援，ノーマライゼーション，利用者のプライバシーの保護，権利擁護等，介護の基本的な理念を理解している。

月（がつ）
日（にち）

第1節　人間の多面的な理解と尊厳

1. 人間を理解するということ

❶ 人間の多面的な理解

▶▶ 生活の営みの姿

人間の理解は，まず生活の営みの姿を知ることから始まります。生活の営みとは，日々の暮らしをつくっている現実の状況です。人は日々の生活を平穏で幸せに過ごしたいと思っています。しかし，生活とは，現実のなかにとどまっているものではありません。「よりよく生きる」という明日への歩みを含んでいるのです。

人間を理解することとは，この現実の生活と，これからの生活の両面を理解することなのです。いつの時代にあっても，人は老い，病，心身の障害などを人生の課題としています。これらのさまざまな課題を乗り越えていくうえでは，生活の支援が必要とされます。

▶▶ 人間の多面性

介護職とは，人々の生活を支援する専門職です。そのため，介護職には，人間の多面的な理解が求められています。

人間の多面性については，2つに分けて理解することができます。1つ目は人間の生活を過去，現在，未来への視点から理解することです。これは，現在の生活は，これまでの生活のうえにあり，そしてこれからの生活のありようを含んでいるからです。2つ目は，現在の生活の支障（さしつかえ）を理解することです。これは，一人ひとりの心身機能の状態や生活環境等の状況をよく理解することでもあるからです。こうした人間の多面的な理解を通じて，介護サービスの利用者がどのような生活支援を求めているかを総合的に理解します。

実際の介護の場面では，これらの理解は，介護職と利用者との人間関係におけるコミュニケーションによってしだいに明らかになっていきます。この人間関係における多面的な理解は，人間の尊厳を基盤とした相互の信頼と尊敬をもって行われます。

❷ 生命への畏敬の念 :::

　人間の尊厳とは，人間が個人として尊重されることを意味しています。それはその人らしい生き方が尊重されることです。すなわち，限りある生命（人生）を個性的に十分に生きることを万人の願いとしてお互いに尊重することです。

　それには，人間としての生命への畏敬の念が原点となります。この畏敬の念は，傍観者の態度からは生まれません。老い，病，心身の障害がありながらも懸命に生きる姿などへの，人間的な関係における共感から生まれるものなのです。

事例1　生まれたときからの障害に立ち向かうひたむきさ（実習生の話）

　生まれたときから障害のあるAさん。桜が咲く4月に小学校の門をくぐることはできません。しかし，Aさんは，スプーンで食事をすることに取り組んで，少しずつできるようになりました。人間の生きる力という，生命への限りなき力を感じました。

事例2　頸髄損傷で再起をかけた生活への訓練の姿

　大学生のBさん（女性）は，趣味の山登りで滑落して頸髄損傷（☞第4巻p.452）（四肢麻痺（☞第4巻p.451））の重症を負いました。Bさんは悲しみのなかから再起をめざして障害者支援施設を利用し，車いすとベッド間の移乗の訓練に取り組みました。その結果，6か月かけて移乗できるようになりました。両親は障害のある娘を不憫に思っていましたが，娘の努力に感激の涙を流しました。担当の生活支援員は，生命のもつすばらしさに感動しました。

　すべての人は，生きることへの挑戦を続けているといえます。事例のAさんからは，この世に生を享けて精一杯生きている姿への感動や共感を覚えます。事例のBさんからは，人間の苦悩や絶望を乗り越えていく生きる力に共感を覚え，そこから導かれる人間の尊厳の姿を学ぶのです。

　生命への畏敬と尊厳は，人間の無限の可能性に対して生じます。このような生命への畏敬と尊厳をもちつづけていれば，現実の困難な状況においても，よりよく生きるという理念が失われることはないということです。このことは，言い換えれば，現実を受けとめながら，明日への期待や願いをもつことです。それは人間の本質ともいえます。

2. 人間の尊厳の意義

❶ 「尊厳」という理念 ::

　人間の尊厳とは，人間が個人として尊重されることを意味しています。それは，人々が生活の営みにおいて，その人らしい生き方をめざしていくべきものであるという意味であり，理念としてとらえることができます。

　この尊厳という理念は，日本の法制度においてもみることができます。たとえば**障害者基本法**▪ (→ p.46 参照) の目的において，表 1-1 のように示されています。

　この法律の目的は，2 つの視点からみることができます。1 つ目は，基本的人権を生まれながらもっているかけがえのない個人として尊重されることを理念としていることであり，2 つ目は，障害者の自立および社会参加を国家の施策の基本としていることです。

　人間の尊厳を理解するためには，人権思想を学び，それが憲法，法律などにどのように具体的に導かれているかを体系的に知ることが必要です。そして，この法律に示されているように，人々の社会参加や自立という課題について，社会関係や日常生活の実現から，いかにその人らしく生きるかという課題を考えることが重要になります。

表 1-1 ● 障害者基本法における尊厳に関する規定

（目的）
第 1 条　この法律は，全ての国民が，障害の有無にかかわらず，等しく基本的人権を享有するかけがえのない個人として尊重されるものであるとの理念にのっとり，全ての国民が，障害の有無によって分け隔てられることなく，相互に人格と個性を尊重し合いながら共生する社会を実現するため，障害者の自立及び社会参加の支援等のための施策に関し，基本原則を定め，及び国，地方公共団体等の責務を明らかにするとともに，障害者の自立及び社会参加の支援等のための施策の基本となる事項を定めること等により，障害者の自立及び社会参加の支援等のための施策を総合的かつ計画的に推進することを目的とする。

---

❷ 「尊厳」を理念ととらえること ::

　理念とは，「すべての人が共通のものとして理解し尊重する」という意味で普遍的なものです。たとえば「幸せな生活」という理念は抽象的で，個人の生活を個別的・具体的に示してはいません。

　しかし，理念は個々人の生活と切り離すことはできません。つまり，現実の生活の彩りのなかにこそ，理念が含まれているのです。理念は，日々の暮らしのなかから，よりよい生活をめざす人間の努力の姿に宿るのです。

　社会は「個人の幸せにとって大切な考え方」として，こうした理念（人間の尊厳）を共有し，社会のしくみや人間関係の基盤としているのです。

　そして，理念は社会がめざすものであり，現実の生活の指標となるものです（図1-1）。介護における生活支援技術は，この理念を根底において実践されます。たとえば「その人らしい生活」や「自立に向けた食事」などを支援することです。

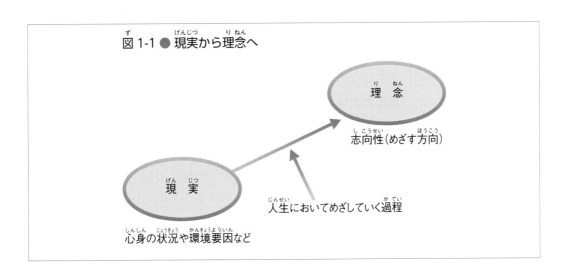

図1-1 ● 現実から理念へ

理念

志向性（めざす方向）

現実

人生においてめざしていく過程

心身の状況や環境要因など

3. 人権，そして尊厳をめぐる歴史的経緯

❶ 人権思想の潮流

▶▶ 人権と社会権の歴史

　人間の尊厳を理解するためには，まず世界史における人権思想の流れをみる必要があります。人権思想は，人類の苦難の歴史のうえに生まれました。それは人々の貧困，飢餓，戦乱，病，専制政治等における生活の苦しみを乗り越えて人間らしい生活を求める思想でした。

　この思想は，それまでの政治体制を変革し，新たに国民のための国家をつくるうえでの理念として誕生しました。アメリカの独立宣言（1776 年），フランスの「人および市民の権利宣言」（人権宣言）（1789 年）は，いずれも国民主権による自由・平等の思想を宣言したものです。

　そして，20 世紀に入り，第 1 次世界大戦を経て，新たな人権思想が登場しました。それが社会権（生存権）といわれる人権思想です。自由，平等の人権を単なるスローガンに終わらせるのではなく，実質的に人々に対して，人間らしい生活を保障しようとするものです。世界史のうえで，典型的に社会権（生存権）を憲法にかかげたのは，ドイツのワイマール憲法（1919 年）が最初であるといわれています。

　日本では，第 2 次世界大戦後の 1946（昭和 21）年に制定された日本国憲法において，戦争の惨禍をふまえて，平和と安全，そして幸せを希求した国民の総意にもとづいた自由権，そして社会権（生存権）の人権条項がかかげられました。人間の尊厳とは，このように人権思想の歴史的な流れのなかに位置づけられるのです。

▶▶ さまざまな人権規定

　人権思想の発祥の地であるヨーロッパにおいて，中世の社会にあっては，宗教の教義こそが人々の生活の価値のよりどころでした。その後，ルネサンス運動によって，しだいに神から人間中心への思想的潮流が生じていきました。一部の人だけでなく，市民全体の意識の変化が，新たな時代の幕開けとなったのです。人々は人権に関するスローガンをかかげ，それは憲法制定の動きとなっていきました。

　人権思想の源流の 1 つとして，1776 年のアメリカの独立宣言があります。

　また，アメリカの独立宣言による人権思想の影響として，ヨーロッパにおいては，1789 年のフランス革命における人権宣言につながっていきました。

　これらの人権に関する宣言は，今日の人権思想の源流となるものです。

❷ 人権思想の具現化

▶▶ 自由権と社会権

人権は，自由権と社会権（生存権）に分けて考えることができます。

自由権は，人間の幸福追求のために，個人の自由な意思決定と自由な活動を保障する権利です。この人間の自由な精神にもとづく社会的自立の権利保障は，人間の尊厳の基盤となる人権思想です。

しかし，自由権のみで，実質的な意味での人間らしい生活が保障されるわけではありません。歴史をたどってみると，社会的に力のある人や経済力のある人のみの自由権となっていた時代がありましたが，そうであってはならないからです。そのために，自由権と並んで社会権が生まれるのですが，それは先に述べたように1919年のドイツのワイマール憲法を待たなければなりません。

社会権のなかの原則的な権利は，生存権であるといわれています。生存権は，ワイマール憲法のなかで「経済生活の秩序は，すべての者に人間たるに値する生活を保障する目的をもつ正義の原則に適合しなければならない。この限界内で，個人の経済的自由は，確保されなければならない（第151条第1項）」（高木八尺・末延三次・宮沢俊義編『人権宣言集』岩波書店，p.212，1957年。下線は筆者）と示されています。

ワイマール憲法は，それまでの自由・平等の権利とともに，人間らしい生存・生活が実質的に保障されることをかかげました。このことは第2次世界大戦後の世界人権宣言や日本国憲法第25条にひきつがれています。

▶▶ 世界人権宣言

世界人権宣言は，第2次世界大戦という悲惨な経験から生まれたものです。そこには，平和を迎えた新たな時代の息吹を感じる人々の願いが込められています。人権の源流は生命への畏敬の念であり，そして思想的には人類全体の幸福を追求するヒューマニズム（人間主義）があります。このヒューマニズムは人間の尊厳と自立に深くかかわる思想となっています。

世界人権宣言に示された「自己の尊厳と自己の人格の自由な発展」は，社会生活において人間の尊厳が保持されるためには，一人ひとりが主体的に自己の有する能力を十分にいかすことができる機会とそのための環境が用意されるべきであることを意味しています。そして，人格の自由な発展とは，たとえば老い，病，心身の障害などを克服して，社会生活において活動・参加することを意味しています。

表1-2 ● さまざまな人権規定

独立宣言（アメリカ）（抜粋）

われわれは，自明の真理として，すべての人は平等に造られ，造物主によって，一定の奪いがたい天賦の権利を付与され，そのなかに生命，自由および幸福の追求の含まれることを信ずる。また，これらの権利を確保するために人類のあいだに政府が組織されたこと，そしてその正当な権力は被治者の同意に由来するものであることを信ずる。

人および市民の権利宣言（フランス）

第1条　人は，自由かつ権利において平等なものとして出生し，かつ生存する。社会的差別は，共同の利益の上にのみ設けることができる。

世界人権宣言

第22条　何人も，社会の一員として，社会保障をうける権利を有し，かつ，国家的努力および国際的協力を通じて，また，各国の組織および資源に応じて，自己の尊厳と自己の人格の自由な発展とに欠くことのできない経済的，社会的および文化的権利の実現を享有することができる。

出典：高木八尺・末延三次・宮沢俊義編『人権宣言集』岩波書店，p.114，p.131，p.406，1957年

4. 人権，そして尊厳に関する諸規定

❶ 日本国憲法における規定

　日本において，尊厳に関する諸規定の中心となるものは日本国憲法です。すなわち，憲法にかかげる基本的人権の条項は，理念として日本の福祉関係の諸規定を導くものです。そして，具体的な施策の指針となるものです。

　憲法第13条前段の個人の尊重は，個人の尊厳を意味しています（表1-3）。この条項は人権の基礎となるものです。

　個人が尊重されるとは，一人ひとりが何ものにも替えることのできない最高の価値を有しているという意味です。したがって，全体の都合によって個人の権利が抑圧され，不当な人権の侵害が行われることを否定するものです。そのような状況があれば，すみやかな人権の回復と，その原因となる環境の改善をはかることが求められます。

　たとえば，高齢者虐待の防止，高齢者の養護者に対する支援等に関する法律（高齢者虐待防止法）（☞第1巻 p.220）は，高齢者の尊厳を保持するために，高齢者への虐待を防止するためのしくみや養護者に対する支援について定めています。

　憲法第25条にいう健康で文化的な生活とは，人間の尊厳が生活のうえで実質的に保持されることを意味しています（表1-3）。すなわち，生存権の条項です。この生存権は，社会権のなかでは原則的な規定であり，国がかかげる理念を示しているものです。具体的には，個別の法律によって国民一人ひとりの生存権が保障されることになります。

表1-3 ● 日本国憲法における人権，尊厳に関する規定

第13条　すべて国民は，個人として尊重される。生命，自由及び幸福追求に対する国民の権利については，公共の福祉に反しない限り，立法その他の国政の上で，最大の尊重を必要とする。
第25条　すべて国民は，健康で文化的な最低限度の生活を営む権利を有する。
2　国は，すべての生活部面について，社会福祉，社会保障及び公衆衛生の向上及び増進に努めなければならない。

❷ 社会福祉法における規定 ::

　社会福祉法は社会福祉の理念と原則を示し，社会福祉事業の基本事項を定めたものです。ここに示されている社会福祉の理念と原則について，重要な視点は2つあります（**表1-4**）。

　1つ目は，社会福祉は人間の尊厳を尊重して行われることを基本的理念とすることです。そして，その内容は，自立した生活が営まれることへの支援を示しています。現代社会においては，人類の到達している人間生活における至高の価値を人間の尊厳におき，それを社会福祉の基本的理念としています。そして，その内容は，自立した生活への支援であるということです。すなわち，社会福祉サービスは，その人の主体的な意思にもとづいた，その人らしい生活を支えるものになります。このことは，利用者の選択と責任による**主体性を尊重した支援**を意味しています。

　2つ目は，その理念を具体的に実践するにあたって，人間生活の多面性にもとづくニーズの多様性を理解し，その対応は，利用者の意思（意向）にそうということです。そして，生活ニーズの充足には，地域住民等や保健医療サービス等との連携・協働が必要となります。したがって，サービス提供にかかわるすべての関係者には，人間の尊厳の理念を尊重することが求められます。

表1-4 ● 社会福祉法における人権，尊厳に関する規定

（福祉サービスの基本的理念）
第3条　福祉サービスは，個人の尊厳の保持を旨とし，その内容は，福祉サービスの利用者が心身ともに健やかに育成され，又はその有する能力に応じ自立した日常生活を営むことができるように支援するものとして，良質かつ適切なものでなければならない。
（福祉サービスの提供の原則）
第5条　社会福祉を目的とする事業を経営する者は，その提供する多様な福祉サービスについて，利用者の意向を十分に尊重し，地域福祉の推進に係る取組を行う他の地域住民等との連携を図り，かつ，保健医療サービスその他の関連するサービスとの有機的な連携を図るよう創意工夫を行いつつ，これを総合的に提供することができるようにその事業の実施に努めなければならない。

❸ 介護保険法，障害者総合支援法における規定 ::::::::::::::::::::::::::::::::

　介護保険法および障害者の日常生活及び社会生活を総合的に支援するための法律（障害者総合支援法）の目的では，人間の尊厳と自立についての理念と，高齢者および障害者（児）福祉のこれからの方向性が示されています。

表1-5 ● 介護保険法における人権，尊厳に関する規定

（目的）
第1条　この法律は，加齢に伴って生ずる心身の変化に起因する疾病等により要介護状態となり，入浴，排せつ，食事等の介護，機能訓練並びに看護及び療養上の管理その他の医療を要する者等について，これらの者が<u>尊厳を保持し，その有する能力に応じ自立した日常生活を営むことができるよう</u>，必要な保健医療サービス及び福祉サービスに係る給付を行うため，国民の共同連帯の理念に基づき介護保険制度を設け，その行う保険給付等に関して必要な事項を定め，もって国民の保健医療の向上及び福祉の増進を図ることを目的とする。

（下線は筆者）

表1-6 ● 障害者総合支援法における人権，尊厳に関する規定

（目的）
第1条　（略）障害者及び障害児が<u>基本的人権を享有する個人としての尊厳にふさわしい日常生活又は社会生活を営むことができるよう</u>，必要な障害福祉サービスに係る給付，地域生活支援事業その他の支援を総合的に行い，もって障害者及び障害児の福祉の増進を図るとともに，障害の有無にかかわらず<u>国民が相互に人格と個性を尊重し安心して暮らすことのできる地域社会の実現</u>に寄与することを目的とする。

（下線は筆者）

第2節 自立の支援

月

日

1. 介護における自立

❶ 自立とは何か

▶▶ 自立のとらえ方

自立支援と聞くと「自分でできるようにするための支援」と思いがちですが，介護職に求められる自立支援は，自分でできるようにすることのみを目標に行うものではありません。介護においては，まず何のための自立なのかを正確に理解しておく必要があります。

「人の手助けを借りて15分で衣服を着，仕事に出かけられる人間は，自分で衣服を着るのに2時間かかるために家にいるほかない人間より自立している」（定藤丈弘・岡本栄一・北野誠一編『自立生活の思想と展望——福祉のまちづくりと新しい地域福祉の創造をめざして』ミネルヴァ書房，p.8，1993年）という有名な**自立生活（IL）**[2]（➡ p.46 参照）の考え方があるように，自立のとらえ方は，**ADL**[3]（➡ p.46 参照）を向上させる考え方から，**QOL**[4]（➡ p.46 参照）を充実させる行為としてとらえる考え方へと進展してきました。

つまり，「しんどい思いをして自力でできたとしても，それだけで日々が過ぎていく生活よりは，自分の意思で人の手を借り，仕事や社会参加をして充実した生活を送るほうがより自立的な生活である」ということです。

▶▶ 自立と依存のあり方

　介護職にとって重要なことは，自立か依存かの二者択一的な判断をしてはならないということです。自立が大切であるとして，依存を否定的にとらえることは間違っています。家族は互いに依存し合いながら生きていますし，依存的であることが，人の生きる活力の要因になることもあります。

　介護が必要になっても，利用者は「積極的自立」と「消極的自立」を行きつ戻りつしていて，仮に目線を依存に移したとしても，そこでも「積極的依存」と「消極的依存」を行きつ戻りつします。

　たとえば，すべての生活場面に介助が必要であるから「自立していない」のではなく，介護関係や介護環境をよい状態に変えれば，図1-2のように自立と依存を選択的に操作し，多くの選択肢からみずからの行動を決められるでしょう。また，身体機能が低下したためにより多くの介助が必要となっても，気持ちを切り替えて機能訓練などを行い，身体機能がある程度回復することで，消極的自立から積極的自立へと気持ちが変化していくこともあります。

　依存的であることを否定するのではなく，その利用者の気持ちを受け入れる介護の力があって，自立に結びつけることができるのです。さらに，福祉用具の適切な利用によって介護環境が変わることで，介護関係に変化が生まれ，さらに暮らしが広がる例も数多くみられます。

　このように，介護関係や介護環境をよい状態に変えようとする介護職のはたらきがあれば，認知障害（認知症など）がある場合でも，多くの選択肢からみずからの行動（自立と依存のあり方）を決めていけると考えられます。

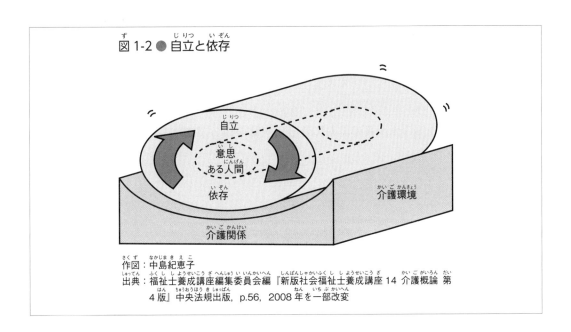

図1-2 ● 自立と依存

作図：中島紀恵子
出典：福祉士養成講座編集委員会編『新版社会福祉士養成講座14 介護概論 第4版』中央法規出版，p.56，2008年を一部改変

▶▶ 自立と自己決定・自己選択

　自分がしたくないことを他人から強制されたり，逆に自分がしたいことを他人に制限されたりするのは，だれにとってもいやなことです。その強制や制限が人権を侵害することになる場合もあります。このことは，介護を必要とする人にとってももちろん例外ではありません。

　また，自分でできることでも人に頼ったり，自分の意思でしなかったりということはだれにでもあることです。

　しかし，介護を必要とする人の場合は，「できることを自分の意思でしない」のではなく，「したいという意思があるのにできない」ことがほとんどであり，その人の意思にもとづかない結果であるという点で大きく異なります。

　逆に，できることでも，その人の価値観やおかれた環境によっては，「しないことの選択」も大きな意味をもちます。

　さらに，「人前では衣服を身につけている」「排泄はトイレで行う」「食事はこぼさないようにする」といった行為は，社会の慣習から形成された人としての理性であり，「人を傷つけない」「他人の財産を侵害しない」などは，社会規範で義務づけられた禁止行為です。

　これらの行為をあえておかすことは，社会のなかでのその人の評価を悪化させるばかりでなく，場合によっては社会での存在をもおびやかすことになります。

　みずからの理性や価値観，社会規範などに照らし，行動するか否かを自己決定することを自律といい，自己決定にもとづいて福祉サービスを利用したり，介護や支援を受けたりして生活することを「自律生活」と表現する場合もあります。

　介護職にとっては，判断能力の低下や障害の特性などにより，自己決定・自己選択が困難な人の「しないこと」を支えることも，その人の尊厳を守るためには必要な介護であり，重要な自立支援（自律支援）といえます。

　要するに，自立とは，他者の援助を受けるにしても受けないにしても，自分の行動に責任を負うことであり，みずからの能力に合った生活を自分で選択し，実践することです。

▶▶ 自立支援の意義

　自分がしたいと思うことが何らかの事情によってかなわなければ，意欲が萎えることがあるでしょう。逆に，したいと思うことがかなえば気持ちも明るくなり，ほかのことへの意欲もわいてくるという経験もあるのではないでしょうか。

　それと同様に，心身能力などの低下により，「したい」と思うことを自力で実現させにくくなった人は，自分の思いが満たされないことからしだいに生活の意欲を失い，その結果，自力でできることもできなくなるという悪循環におちいる場合も少なくありません。逆に，自分でしたいと思うことがかなえばうれしいことであり，それが自力でかなったならば，生活への意欲もわいてくると考えられます。

　先に述べたことにも関連しますが，介護の専門職としてめざす自立支援とは，「自力でできるようにする」というせまいものではなく，表1-7に示すような意義をもっています。そしてこのことが，尊厳のある暮らしを支え，その人らしい人生の営みを支える介護にもなるのです。

表 1-7 ● 介護職がめざす自立支援の意義

> みずからの意思にもとづいて自力でできるところを増やしながら，介護も含めて，
> ① その人がしたいと思うことを満たすことで生活意欲を高め，介護が必要になっても充実した日々を送れるように支えること
> ② その人が，その人らしい生活をしていくうえでの生活づくりを，さまざまな（身体的，精神的，社会的，経済的）視点から支えること

2. 自立への意欲と動機づけ

❶ 生活意欲を高めるための支援

　自立支援の意義は，介護を必要とする人の生活意欲を高め，その人らしい尊厳のある暮らしを支えることにあります。

　では，具体的に生活意欲を高める支援とはどのような支援なのでしょうか。それを考えるために，図 1-3 をもとに人の意欲と行動の関係を整理してみます。

▶▶ 動機と欲求

　人が何らかの行動をするとき，多くの場合，その行動のもととなる動機が存在します。「おなかがすいたから食事をしたい」「尿意があるのでトイレに行きたい」「疲れたから横になりたい」という場合，「おなかがすいた」「尿意がある」「疲れた」という部分が，行動の前提となる動機であり，その動機をもとに「食事をしたい」「トイレに行きたい」「横になりたい」という欲求（☞第 4 巻 p.48）が生まれます。

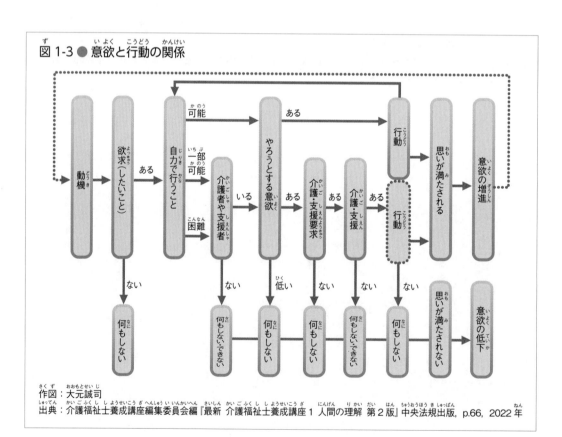

図 1-3 ● 意欲と行動の関係

作図：大元誠司
出典：介護福祉士養成講座編集委員会編『最新 介護福祉士養成講座 1 人間の理解 第 2 版』中央法規出版, p.66, 2022 年

▶▶ 意欲と行動

　人はみずからの欲求に対して、それを満たすために必要な行為・行動が自力で可能なことが明らかであれば、欲求はそのまま意欲（☞第4巻p.59）としてひきつがれ、行動へとつながっていきます。

　また、自力で可能かどうかが明らかでない場合にも、意欲が高ければ行動を試みます。逆に、意欲が低ければ行動する前にあきらめる場合もあるでしょう。

　介護が必要な人の場合には、その困難な部分に協力・支援してもらえる環境があるかどうかが、その後の行動に大きく影響します。

▶▶ 行動の結果と意欲

　行動の結果、期待どおりに欲求が満たされたときは、次に同じような行動を必要とする動機と欲求が起こったときの行動への自信となり、ほかの事柄への意欲も増進して新たな動機と欲求を活性化させます。

　結果が期待どおりにならなかったときには自信を失い、こうした不満足のくり返しはほかの事柄への意欲も低下させ、動機と欲求を衰退させていくことになります。

　たとえば、「ベッドから離れて、たまには散歩でもしましょう」と誘ったとしても、本人にとって、ベッドから離れる意味や散歩をする目的がわからなければ、簡単には行動に移してくれないでしょう。

　その人が「ベッドから離れる」行動を起こすためには、まず動機と欲求の過程で、ベッドから離れる意味が認められることが前提となります。そのためには、介護職はその人の生活に即した「ベッドから離れる意味」やその内容を考え、介護が必要な人の場合には、その困難な部分に協力・支援していく環境があるということをきちんと伝えます。また、生活の具体的な場面を演出し、はたらきかけていくことも大切です。

　意欲をもたないままの自立支援は自立の強要になりかねません。そのため、自立支援では、利用者のやろうとする意欲を高める直接的・間接的な支援が重要です。日々のちょっとしたかかわりのなかでの動機づけ（☞第4巻p.59）が、自立への意欲につながると考えられます。また、このような積み重ねがほかの事柄に対する意欲をも増進させ、生活全般の意欲を高めていくことになります。

3. 自立した生活を支えるための援助の視点

❶ 意欲と意思にもとづいた生活づくりの支援

▶▶ 意欲を高めるための支援

　人の行為や行動は，動機から生じた欲求と，それを満たそうとする意欲を前提として成り立ちます。

　このとき理解しておかなければならないのは，支援の基本姿勢として，生活の主体者は利用者であるということ，そして，生活は利用者の意思にもとづいて営まれているということです。

　介護を要する人の欲求や意欲に目が向けられず，単に機能的に動作が可能か困難かだけの評価に頼った介護や支援を行うことは，その人の意思にもとづかない行為・行動の押しつけにもなり，人権や尊厳をいちじるしく損なう可能性があります。

　自立支援では前提として，まず行為・行動を本人が行おうとする意欲を高めるための支援が重要です。その意欲と意思にもとづいた生活づくりを支援する視点を大切にした援助でなければなりません。

▶▶ 意欲と欲求

　意欲は欲求があって生まれます。マズロー（Maslow, A.H.）⁵ (➡ p.46 参照)によれば，下位の欲求がしっかりと満たされてこそ，さらなる上位の欲求を求める気持ちがはたらくとされています（図 1-4）。

　介護の場面では，まずは生理的欲求，安全の欲求を確実に満たし，そのうえで所属・愛情の欲求，承認の欲求，自己実現の欲求への意欲を高める工夫が求められます。

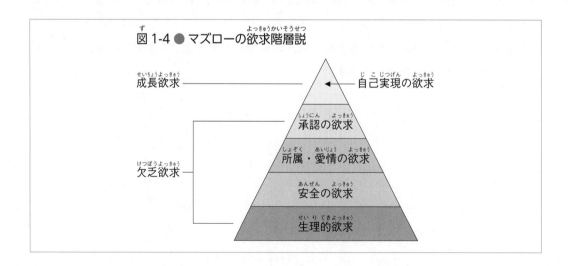

図 1-4 ● マズローの欲求階層説

❷ 人との関係性のなかでの自立と自律 ::

　自立支援をせまい意味でとらえると，自力で困難な部分に対して，介護という行為により，その人の生活づくりを支えることになります。言い換えれば，「その人が『したいこと』を支援すること」といえます。しかし，自立をもっと広い視野でみると，決して「したいこと」への支援のみが自立支援ではありません。

　たとえば，食事中，一度口に入れたものを何らかの事情で出すときは，他人に不快感を与えないように配慮する，あるいは排泄物は人に見せないということなどは，人との関係性のなかで求められる礼儀・マナーです。それを欠いた行為は利用者の自尊心をいちじるしく傷つけます。

　また，自分が人に見せたくない部分を人に見られたり，知られたくないことを知られたりすることは，プライバシーの侵害となり，尊厳を損なうことになります。もちろん，その対象が介護職であっても，基本的に変わりはありません。

　しかし，介護を必要とする状態にある人のなかには，そうした配慮やプライバシーの保持そのものが自分だけでは行えない場合があります。つまり，人に見せたくない，あるいは知られたくないことを，介護職という他人に知らせ，介護や支援を受けなければならないといった，矛盾した関係性のなかで生活しなければならない状況があるのです。

　自立支援にあたっては，介護職自身が利用者にとっては他人の存在であること，そして利用者は介護している人に本来見せたくない部分を見せながら介護サービスを利用しているということを十分に理解し，利用者が人に見せたくないところや知られたくないところには細心の配慮をもって接することが重要です。

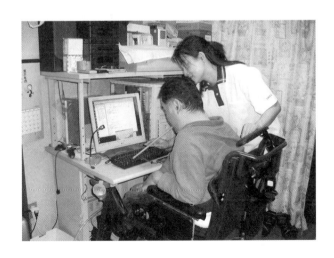

4. 介護における自立支援の実践
かいご　　　　　　じりつしえん　　じっせん

❶ 「最近，食べこぼしちゃうんですよね……」とつぶやくＣさんへの支援 ::::::::::
さいきん　た　　　　　　　　　　　　　　　　　　　　　　　　　　　　　　　　　　　しえん

プロフィール

利用者：Ｃさん（94歳，女性，要介護4）。特別養護老人ホーム⑥（➡p.46参照）に2年前
りようしゃ　　　　　　　　　さい　じょせい　ようかいご　　　とくべつようごころうじん　　　　さんしょう　　　　　　ねんまえ
から入所中。
にゅうしょちゅう
既往歴：
きおうれき
・糖尿病性神経障害（☞第4巻p.279），高血圧症（☞第4巻p.263），緑内障（☞第4巻p.267）
とうにょうびょうせいしんけいしょうがい　だい　かん　　　　　こうけつあつしょう　だい　かん　　　　りょくないしょう　だい　かん
（毎朝起床時に点眼している），白内障（☞第4巻p.267）（右目は2年前に手術を行い，
まいあさきしょうじ　てんがん　　　　　　はくないしょう　　だい　かん　　　　　みぎめ　ねんまえ　しゅじゅつ　おこな
現在は良好であるが，左目はほとんど見えない），右片麻痺
げんざい　りょうこう　　　　　ひだりめ　　　　　　　み　　　　　　みぎかたまひ
・緑内障，白内障により視力は低下している（天眼鏡を使用）。
りょくないしょう　はくないしょう　　　しりょく　ていか　　　　　てんがんきょう　しよう
コミュニケーション：ゆっくり大きな声で話しかけられると聞きとりやすく，コミュニケー
おお　　こえ　はな
ションがとれる。
運動・移動：
うんどう　いどう
・ふだんは常に車いすにて座位をとっている。
つね　くるま　　　　　ざい
・立ち上がりは，介助により可能。歩行はできない。
た　あ　　　　　かいじょ　　　かのう　ほこう
食事：
しょくじ
・車いすでオーバーテーブルを使い，自力で摂取が可能。主食はおかゆ，副食はきざみ食。
くるま　　　　　　　　　　　つか　じりき　せっしゅ　かのう　しゅしょく　　　　　　ふくしょく　　　しょく
・視力が低下しているため，配膳の際，食事内容と位置を説明する。
しりょく　ていか　　　　　　はいぜん　さい　しょくじないよう　いち　せつめい
・失禁を気にしており，水分摂取が少ないので，こまめに声かけを行う。
しっきん　き　　　　　　　すいぶんせっしゅ　すく　　　　　　　　　こえ　　おこな
排泄：トイレ誘導。介助により立ち上がりが可能であるため，トイレへ移乗。また，パッド
はいせつ　　　　　ゆうどう　かいじょ　　　た　あ　　　かのう　　　　　　　　　　いじょう
が汚れていたら交換。
よご　　　　　　こうかん
入浴・着脱等：右片麻痺だが，左手で届く範囲のことは行い，そのほかは介助が必要。
にゅうよく　ちゃくだつとう　みぎかたまひ　　ひだりて　とど　はんい　　　　おこな　　　　　　　　　　かいじょ　ひつよう

　幼いころから病気がちであり，長いあいだ自然公園指導員を仕事とし，自然や動物を愛
おさな　　　　　びょうき　　　　　　　なが　　　　　しぜんこうえんしどういん　しごと　　　　しぜん　どうぶつ　あい
してきたＣさんですが，自分のことは自分でやりたいという大変意欲のみられる女性で
じぶん　　　　　　じぶん　　　　　　　　　　　たいへんいよく　　　　　　　じょせい
した。右片麻痺になってから，左手で食事をとるようにしていましたが，5年前に左手首
みぎかたまひ　　　　　　　ひだりて　しょくじ　　　　　　　　　　　　ねんまえ　ひだりてくび
を骨折し，以前のように思うように動かせなくなっている様子です。
こっせつ　いぜん　　　　　おも　　　　　うご　　　　　　　　　　　　ようす
　特別養護老人ホームに入所してからも，天眼鏡を使用して新聞を読むことを日課として
とくべつようごころうじん　　　にゅうしょ　　　　　　てんがんきょう　しよう　　しんぶん　よ　　　　　にっか
います。ほかの利用者とのかかわりはあまりなく，介護職が声をかけ，レクリエーション
りようしゃ　　　　　　　　　　　　かいごしょく　こえ
等への参加をはたらきかけています。
とう　　さんか
　ある日の食事中，不自由な左手を使って自分で食べていましたが，ポロポロとこぼすこ
ひ　しょくじちゅう　ふじゆう　ひだりて　つか　じぶん　た
とが多く，エプロンの上にこぼしてしまったものを左手でかき集め，それを食べていまし
おお　　　　　　　　うえ　　　　　　　　　　　　　ひだりて　　あつ　　　　　　　た

た。介護職が，「(こぼしたものは)食べなくてもいいですよ」と声をかけるものの，本人は食べこぼした状態をまわりに見せたくなく，人前できちんとした姿でいたいという気持ちが強く，「最近，食べこぼしちゃうんですよね……」と気にしている様子でした。

　介護職は「食べなくていいですよ」と親切心で声をかけているかもしれませんが，食べ物をこぼしている自分を，ほかの人に見せたくなかったとCさん本人が思っていたならば，それはCさんの尊厳を損なうような声かけの可能性もあります。

　そこでCさんの気持ちを考えた**個別サービス計画**[7] (➡ p.47参照)を立てていくこととなりました。そもそも食事の配膳は，1品ずつ，異なる食器に入っていることが多いですが，Cさんの様子を見ていると，左手で食べることも不自由なうえに，骨折をしたことにより，1品ずつ食器に入っているものを自助具のスプーンですくうことがむずかしいのではないかと考えました。そこで，3つの仕切りがあるワンプレートの白い食器を使うことを提案しました。手前の広いところにおかゆを，奥2つにある仕切りに副食をそれぞれ乗せ，Cさんに出したところ，副食は完食し，食べこぼしも少なかったですが，手前のおかゆには少ししか手をつけていない様子でした。

　そこで，副食は色がついているものの，おかゆについては，白地の食器の上に白いものを乗せていると白内障のため見えづらいのではないかと再アセスメントを行い，赤い紙皿を用意し，食器の仕切りの大きさに切って，それを仕切りにはめこんで，その上におかゆを乗せて，Cさんへ配膳してみました。

　すると，食べこぼしも少なく，主食も副食も全量摂取することができました。赤い紙皿の上に主食があることが理解できたことにより，本人はどんどん食べるようになり，これまであまり積極的ではなかった食事の時間を楽しむようになってきました。

　このまま食事の量が減りつづけていくようならば食事介助が必要と考えられていたCさんですが，環境を少し整えることによって，本人が悩んでいたことが解消され，本人のペースに合わせた食事ができるようになりました。

　このように，介護とは「してあげる」「できないところをやってあげる」という支援ではなく，利用者本人の尊厳を支え，意欲を引き出しながら，行動につなげていくという支援が大切です。介護が必要な人にとって，困難なところを支えてもらえる環境があるかどうかが，その人にとっての自立につながり，その後の行動に大きく影響していきます。

プロフィール

利用者：Ｄさん（96歳，女性，要介護4）。夫に先立たれ，長年アパートで1人で暮らしてきた。最近は訪問介護（ホームヘルプサービス）と訪問看護を利用している。トイレで転倒し，腰部打撲にともなう腰椎圧迫骨折によって一時寝たきりの状態になったことはあるが，現在は部屋の中をはいながら移動動作を行っている。ふだんはベッド上で寝ているが，トイレは，ベッドからはい出して，つかまり立ちをしながら，便座に座って行う。食事は，こたつの上に訪問介護員（ホームヘルパー）が置いていく3食分を自分で朝・昼・晩と分けながら食べている模様。物忘れはみられるが，認知症との診断はない。

コミュニケーション：コミュニケーションは可能で，話の内容は理解できている。

運動・移動：歩行はできない。部屋ははいながら移動している。

食事：以前，火を使ったことでボヤを起こしたことがあるため，現在は訪問介護員にも火を使わない食事を求める。そのため訪問介護員は，おかず等をスーパーで購入したり，こだわりのオムライスを行きつけだった喫茶店からテイクアウトして，こたつの上に置いておく。

排泄：尿意も便意もあるが，ふだんはパッドをつけている。自分ではいながらトイレに行き，つかまり立ちしながら便座に座っている。

　Ｄさんの訪問介護のサービス内容は，訪問介護員が朝の10時にＤさんの自宅を訪れ，部屋の掃除とその日の昼食，夕食，次の日の朝食をこたつの上に置き，翌日，訪問介護員が片付け，またその日の食事を用意する，といったサービスです。

　一度，訪問介護員のいるときに訪問看護の看護師が訪問したとき，それまでＤさんは「あそこが痛い，ここが痛い」と言っていたのに，看護師が訪問した途端に「どこも痛くないですよ」と一生懸命言っていたので，「変だなあ」と思いながらも，あとで事業所に報告しておきました。

　ある日の土曜日にいつものように訪問すると，Ｄさんの家の扉が開きません。いつもは玄関の鍵は開いているので，訪問介護員は声をかけて入室することになっていました。ところが，鍵は開いておらず，何度扉を叩いても反応がないので，急いで事業所に報告しました。事業所は鍵を預かっていなかったため，管理人に相談して開けてもらうことにしました。しかし，管理人室に行くと「本日は土曜日のため，管理人は不在です。市役所までお越しください」と書いてある紙が貼られていました。Ｄさんの家は市営アパートの2階であり，市役所までは距離があるため，訪問介護員はアパートの1階に住む地域の民生委員の家を訪れました。すると，民生委員は一緒にＤさん宅に来てくれて，応答がないことを理解すると，隣の家の方にかけ合い，ベランダからＤさん宅に入ることを許可してもら

いました。そして，なんとかベランダを跨ぎ，Ｄさん宅に入ることができました。

　すると，Ｄさんはベッドから転落しており床に倒れていました。訪問介護員が事業所に連絡し，相談したうえで，救急車を呼ぼうとしました。ところが，さっきまで床に倒れていたＤさんが救急車を呼ぼうとする訪問介護員の足首をつかんで「救急車だけは呼ばないで」と言いました。「絶対に救急車だけは呼ばないで，あんたがタクシーで連れていって」と何度も言うので，理由を聞くと「私みたいな一人暮らしの高齢の人間が，救急車に乗ったら，すぐに入院になる。そしたら，二度とこの家には帰って来れない」と言いました。そのことを事業所に相談し，タクシーを呼ぶことになりました。

　Ｄさんの住むアパートは，エレベーターの設置がなかったので，訪問介護員はＤさんをおぶって階段を下り，タクシーでかかりつけ医の病院に連れていきました。しかし診察室に入ったＤさんは，医師に事情を聞かれても「なんともないです。どこも痛くありません」と言うばかりでした。その後，待合室でＤさんに待ってもらい，訪問介護員はかかりつけ医と看護師に事情を話しました。あとで訪問看護にて状態をみてもらうことと，湿布を出してもらうことで，とりあえず帰宅の許可をもらいました。

　たしかに，高齢での一人暮らしは本人もまわりも不安です。だからといって，無理に入院させたり施設に入所させることは本人の意思に反しています。Ｄさんはできるだけ１人でも在宅で暮らしたいという思いが強い人でした。今回のケースは，Ｄさん自身で，救急車に乗りたくない，入院したくないということを自己決定したＤさんの「自律」と考えられます。自立支援とは，「その人が『したいこと』を支援すること」といえますが，自立をもっと広い視野でみると，決して「したいこと」への支援のみが自立支援ではありません。自立支援にあたっては，利用者が見せたくないことや人に対して知られたくないところには細心の配慮をもって接して，「したくないこと」を支えることも重要です。それは，その人の尊厳を守るためには必要な介護であり，重要な自立支援といえます。

　もしかしたらＤさんは，このような状況から「問題がある高齢者だ」とまわりから思われるかもしれませんが，Ｄさんはきちんと自律して，自分の生活を自己選択・自己決定した，自立した高齢者です。介護職がめざす「自立支援」とは「自分で歩けるように，自分でできるようにすること」というせまいものではなく，利用者本人が尊厳ある生活を送るために，同職種はもちろんのこと，時には他職種とも連携しながら，その人らしい人生の営みを支える支援です。

第**3**節
人権と尊厳

月

日

1. 介護における権利擁護と人権尊重

❶ 1人の人間としての利用者の権利

▶▶ 個別の人格として認識する

　利用者一人ひとりが個々独立した存在であり，それぞれに独自の人生を現在進行形で歩んでいる人間であることをはっきりと認識することは，介護職としてもっとも重要なことといえます。日本国憲法第13条では，「すべて国民は，個人として尊重される。生命，自由及び幸福追求に対する国民の権利については，公共の福祉に反しない限り，立法その他の国政の上で，最大の尊重を必要とする」と個人の尊重をうたっています。

▶▶ 権利の主体者であることをこころにきざむ

　介護が必要な状況にある人々は，人間として他者と違った特別な存在ではなく，あたりまえに1人の人として人生を送ってきており，現在もあたりまえに生活を営んでいます。そして現在は，さまざまな背景のなかで介護を必要とする状況となり，他者からの支援を必要とする状況にあります。しかし，人間として，今現在もこれからも権利の主体者でありつづけることを忘れてはなりません。

▶▶ 利用者の人権とは何かを常に問いつづける

　たとえば，ある利用者が，呼吸器に機能障害があり，医師から，健康上に悪影響を及ぼす可能性があるから，喫煙は望ましくないという診断を下されているとしましょう。
　このような状況においても，喫煙を希望することや喫煙することは，その人のもつ固有の権利としてとらえることができます。医師から喫煙が望ましくないと診断されたとしても，即座に奪われるものではありません。個人の権利を考えてみると，健康上望ましくないからといって，医師が喫煙そのものの権利を奪うことができるとはいえないのです。
　この場合，支援者として，利用者が喫煙したいという希望をもつことも，ルールにそって喫煙することも，また，そのような希望や言動のうえで健康を維持して生活を営むことも権利としてあることを認識することが求められます。そして最終的には，利用者の判断と自己決定を最大限に尊重することを前提にして，その自己決定の過程に，利用者の最大幸福のために何ができるのかを考えながら支援することが，介護職には求められます。

❷ 生活者としての利用者の権利

▶▶ 人間らしい生活を送る権利の国家による保障

　介護職は，利用者がそれぞれの日常生活において，その主体者であるということを絶えず念頭におくことが重要です。

　日本国憲法第25条では，第1項に「すべて国民は，健康で文化的な最低限度の生活を営む権利を有する」，第2項に「国は，すべての生活部面について，社会福祉，社会保障及び公衆衛生の向上及び増進に努めなければならない」とあります。このことは，利用者の生活も，すべての人々とともに権利として保障されており，さらには，介護をはじめとする福祉，保健，医療などのサービスや，またそれを支えるさまざまな制度は，公的責任において保障されるべきものであり，国が人々の生活権を保障するものでなければならないことが示されています。

▶▶ サービス利用による「自立生活の実現」をめざす権利

　利用者は，個人や家族などの支援のほかに，その人らしい生活を実現するために，必要な社会的諸サービスを利用することが権利として保障されています。そして，利用者の立場から，サービスの利用の結果，その人らしい自立生活，その人が望む豊かな生活を実現できることが，権利として保障されなければなりません。

▶▶ 生活上の変化に応じたサービス利用へ向けた保障と権利

　私たちの生活は絶えず変化していきます。そのなかで，介護を必要とする状況が生じた場合，この状況に応じて生活をより充実させていくために，地域社会のさまざまな社会資源を活用し社会制度やサービス利用へのアクセスを行うことが必要となります。たとえば高齢者の介護ニーズに対しては，要介護認定を受けるという介護保険制度へのアクセスを保障していくことが必要です。

▶▶ 自己選択と自己決定の権利

　介護保険サービスや障害福祉サービスの利用は，利用者を中心として，サービス内容の周知や申請手続き，サービス提供者の「選択と契約」という考え方で成り立っています。利用者の自己選択の権利を保障するためには，選択に必要な情報や，その選択にともなうリスクや責任に関する情報の提供が必要となります。

　しかし，介護を必要とする高齢者や障害者のなかには，選択や契約に関する十分な判断能力をもち合わせていない人もいます。介護保険サービスや障害福祉サービスの利用においては，ケアマネジメント（☞第3巻 pp.32-38）のシステムを導入して，利用者の自己選択と自己決定を支援することも権利の保障として行われているととらえることができます。

▶▶ 日常生活場面における権利侵害

(1)　生活環境から生じる権利侵害

　　生活環境や生活条件の不適切さや不十分さによって，利用者の生活の安全性や快適性がおびやかされることがあります。たとえば，住居・住宅の環境や周囲の地域環境によって，利用者の社会関係が途絶え，生活に不自由さが生じる場合や，騒音や災害に対する危険の回避が困難になるなどの安全上の課題が考えられます。

(2)　対人関係によって生じる権利侵害

　　人と人との関係のなかで，直接的に生活上の権利が侵害される場合があります。

　　その代表的な例が，身体的虐待，心理的虐待，性的虐待，介護等放棄（ネグレクト），経済的虐待という虐待です。利用者にとっては身近な家族や近親者などによって，権利の侵害が日常的に起こり得るのです。また，介護サービス提供者によって起こり得ることも視野に入れて，虐待防止の視点をもつことが必要となります。

(3)　気づかれにくい権利侵害

　　虐待行為や権利の侵害については，意図的である場合ばかりでないことに注目することが大切です。行為者が気づかずに，知らず知らずのうちに行っている場合もあります。さらに，家族などの場合には，専門的知識や経験が不十分であるために，利用者の状況を理解することができずに感情的対応をした結果として，権利侵害が起こる可能性もあります。また，長期間にわたる人間関係の複雑さなどが影響して，権利侵害が起こる可能性もあります。そしてこれらは，侵害された人々から訴えが表明されないことにも注目する必要があります。それぞれの事例について十分に状況を把握して対応していくことが求められます。

▶▶ 社会生活場面における権利侵害

(1) 人々の認識や態度による権利侵害（差別・偏見）

　　介護を必要とする状況は，本来，その人の社会生活上の能力や役割を失うことを意味するものではありません。しかし，利用者はそのおかれた状況がゆえに，社会的・経済的活動から遠ざけられてしまうこともあります。

　　このような活動への参加制約が制度上行われることもあり得ますが，そればかりでなく人々の認識や態度によっても起こり得ます。**ステレオタイプ**[8]（⇒ p.47参照）な認識によって差別や偏見が助長され，実質的に排除されることもあります。たとえば，施設の規則だからといって利用者の生活スタイルを認めなかったり，本人の意向をくみ入れずに，介護職の都合で生活支援を行ってしまうことなどもその例です。

(2) 悪質商法による被害などによる権利侵害

　　利用者やその周囲の人々に対して，悪質商法（☞第1巻p.231）などによる財産の搾取や不当な売買契約を結ばされること，また，巧妙な詐欺などの犯罪が社会問題化しています。

　　このような問題に対しては，法律等による保護制度や犯罪防止の観点からの対策が必要になっているといえるでしょう。介護職として必要な知識を得るとともに，利用者の相談に応じるなどの対応が求められています。

(3) 制度・サービスを利用する際の権利侵害

　　利用者が本来利用することができる制度・サービスの十分な情報提供が行われていなかったり，相談や支援の体制が十分でないために，利用することができずに，結果として生活上の支障をきたしていることもあります。

　　利用者は，制度・サービスに近づき，利用するための手だてを必要としているのです。利用者の制度・サービスへのアクセス権について十分に検討していくことが必要とされています。

▶▶ 他者への依存を否定する傾向

　私たちは本来，他者に依存せずに，独立して存在したいという願望をもっています。その願望を充たしていくことが重要であることは，いうまでもありません。しかし，それと同時に，私たちの生活は，本来，他者への依存や関係性なしに成立するものではありません。

　日常生活におけるさまざまな諸動作や行為について，自分でできることは自分ですることが望ましいとする価値観のなかでは，他者による介入や他者への依存を望ましくないものとして，否定的にとらえる傾向もあります。このことが，他者への依存を自覚している利用者やその関係者が権利侵害を訴えにくくしている環境の一因であることに，関心を向ける必要があります。

▶▶ 支援者に起因する権利侵害

　介護にかかわる権利侵害は，家族などを含めた支援者の状況や考え方に起因する課題であることが多くあります。つまり，利用者の生活上の権利について十分に認識せず，鋭敏な感性をもたず，利用者への配慮をおこたることによって権利侵害が生じることが多いといえます。この場合には，利用者への悪意があるとは限らないのです。また，支援者の支援に対する知識や技術が不十分なことや未熟であることによって権利侵害が起こる場合もあります。

▶▶ 介護を必要とする人の心情に起因する権利侵害

　利用者は，他者からの支援を受ける必要のある状況を頭では理解しながらも，そのことを受け入れることが容易ではないことがしばしばあります。そうした場合，自分のことを「他者に依存しなければならない弱く貧しい存在」としてとらえて，他者（支援者）に対して負い目を感じ，自分を低い立場におくことによって，そのこころの葛藤に折り合いをつけようとすることもあります。

　このような場合には，利用者は，自分の希望にそわないことや不快な思いを我慢し，訴えることを遠慮したりあきらめたりするなどして，受動的に支援を受け入れることがあります。

　このような支援関係のなかでは，利用者の権利を侵害していたとしても，支援者はそれに気づくことができず，それがあたりまえの状態になってしまう危険性もあります。特に，高齢者などにみられる遠慮やつつしみ深い性格が，権利の侵害をみえなくしてしまうことがあることにも留意する必要があります。

❺ 権利擁護の視点

▶▶ 利用者主体の姿勢を徹底的につらぬく

　介護職にとって，利用者主体の支援姿勢を徹底的につらぬくことが，利用者への直接的な権利擁護 [9]（➡ p.47 参照）にとってもっとも重要な視点ということができます。また，介護職は当然，みずからが利用者の権利を侵害しないために，細心の注意を払い，努力を積み重ねていくことが必要です。さらに，他者からの権利侵害に対して敏感になり，利用者の状況を的確に把握し，利用者の権利擁護のために積極的に対応していくことが求められます。

▶▶ 利用者のエンパワメントを支援する

　利用者自身やその家族が，権利の侵害を被っていることに気がつかなかったり，認識していなかったりすることも大いにあり得ることです。権利侵害が常態化していたり，あきらめから利用者や家族がみずからを抑制してしまうことなどにより，顕在化しない権利侵害の実態に気づき，対応することも重要です。

　介護職は，権利の侵害を現に受けていたり，受けやすい状況にある利用者や家族の抑圧された意識を取り除き，利用者みずから権利侵害を認識し，それに対して立ち向かう力量を獲得していくエンパワメント [10]（➡ p.47 参照）の視点をもつことも重要となってきます。

▶▶ 家族の権利擁護もともにになう

　介護職は，利用者を取り巻く家族などの周囲の人々の権利擁護も，ともにになっていく視点をもつことが必要とされています。時には，利用者本人とその家族の意向や見解が食い違うこともあります。介護職は，利用者の自己実現と権利擁護を中心にすえながらも，家族全体の福祉の実現に寄与することが求められます。また，虐待の行為者となっている家族や関係者に対しては，虐待防止のために，家族や関係者を1つのまとまりのある単位としてとらえて支援する視点が必要となります。

▶▶ 多職種連携のもとで支援する

　権利侵害の状況に対して，介護職だけで対応できることばかりではないと考えられます。介護福祉の領域における権利擁護の実践は，社会福祉士や法律の専門家などとの連携をもって対応することが求められてきます。

　そのような場合にも，介護職は，利用者の一番身近にいる生活支援の専門職として役割を果たしていく認識を高めておくことが重要です。

　以上のように，介護職は，利用者の生活支援を通じて，その当事者や関係者の権利擁護のにない手としての意識と実践力を高めていくことが求められているのです。

2. 高齢者虐待の実態と介護の課題

❶ 高齢者虐待の実態と介護職の対応 ::

「令和3年度『高齢者虐待の防止，高齢者の養護者に対する支援等に関する法律』に基づく対応状況等に関する調査結果」によると，高齢者虐待の実態は次のとおりです。

▶▶ 養介護施設従事者等による高齢者虐待の実態

養介護施設従事者等[1]（➡ p.47 参照）による高齢者虐待の相談・通報件数は，高齢者虐待の防止，高齢者の養護者に対する支援等に関する法律（高齢者虐待防止法）（☞第1巻 p.220）が施行された 2006（平成 18）年度以降，増加傾向にあります（図 1-5）。また，実際に虐待と判断された件数も増加傾向にあります。相談・通報件数に対する虐待と判断された件数の割合も，近年は 25％を超えています。

高齢者虐待と判断された虐待の種別（複数回答）については，「身体的虐待」が 50％以上ともっとも多く，次いで「心理的虐待」「介護等放棄（ネグレクト）」となっています。養介護施設従事者等によるこれらの虐待の実態は，深刻に受けとめる必要があります。

調査では，要介護度が重度になるほど「介護等放棄（ネグレクト）」の割合が高まる傾向であること，虐待の発生要因は「教育・知識・介護技術等に関する問題」がもっとも多いことなども報告されています。

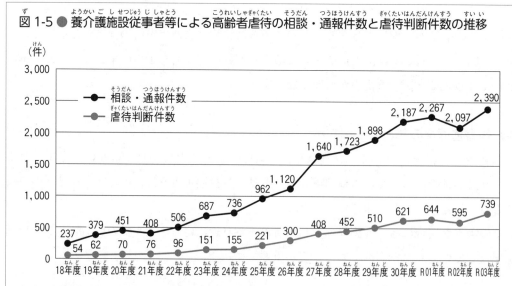

図 1-5 ● 養介護施設従事者等による高齢者虐待の相談・通報件数と虐待判断件数の推移

資料：厚生労働省「令和3年度『高齢者虐待の防止，高齢者の養護者に対する支援等に関する法律』に基づく対応状況等に関する調査結果」

▶▶ 養護者による高齢者虐待の実態

　養護者[12] (➡ p.47参照) による高齢者虐待の相談・通報件数および虐待と判断された件数は，2012 (平成24) 年度以降は増加傾向にあり，2021 (令和3) 年度には相談・通報件数が3万6000件を超えています。相談・通報件数に対する虐待と判断された件数の割合は，近年は50％を下回り，減少傾向にあります。

　高齢者虐待と判断された虐待の種別 (複数回答) については，「身体的虐待」が60％以上でもっとも多く，次いで「心理的虐待」「介護等放棄 (ネグレクト)」「経済的虐待」の順となっています。「経済的虐待」が15％弱であることにも注目する必要があります。

　虐待の程度 (深刻度) については，軽度が約40％ともっとも多いものの，重度・最重度で25％以上を占めていることに留意する必要があります (図1-6)。また，養介護施設従事者等による虐待と比べて，深刻度は高い傾向にあります。

　調査では，要介護度が重い場合に虐待の深刻度が高まる傾向があること，また重い認知症がある場合に「介護等放棄 (ネグレクト)」の割合が高くなり，「心理的虐待」の割合が低くなる傾向があることが報告されています。

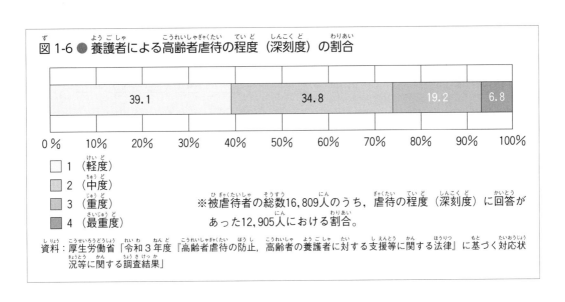

図1-6 ● 養護者による高齢者虐待の程度 (深刻度) の割合

| 39.1 | 34.8 | 19.2 | 6.8 |

0％　10％　20％　30％　40％　50％　60％　70％　80％　90％　100％

□ 1 (軽度)
□ 2 (中度)
■ 3 (重度)
■ 4 (最重度)

※被虐待者の総数16,809人のうち，虐待の程度 (深刻度) に回答があった12,905人における割合。

資料：厚生労働省「令和3年度『高齢者虐待の防止，高齢者の養護者に対する支援等に関する法律』に基づく対応状況等に関する調査結果」

▶▶ 介護職の自覚と倫理観

　当然のことながら，養介護施設従事者等による高齢者虐待はあってはならないことです。介護職は職業人として，利用者の人権を擁護する立場にあります。利用者に対して尊厳を保持した介護を実践する社会的な責任があることを自覚することが求められます。

　それと同時に，養介護施設従事者等による虐待があることも事実として受けとめ，その実態について分析し，なぜ起こり得るのかについて考えることが重要です。

　介護は感情労働の1つであるといわれます。介護職は，人間が自分の感情を完全にコントロールすることはできない存在であることを認めて，利用者への言動を絶えず戒めると同時に，感情をコントロールする方法・手段を身につける努力をする必要があります。

　また，虐待が疑われるような状況が起きたときの対処と虐待予防について，施設・事業所内で十分に議論することが必要です。仮に虐待が疑われる状況を見聞きした場合には，職業人の責任として，それを隠すことなく上司や管理者，また法律に定められた公的機関に相談・通報する心構えを絶えずもっておくことが必要です。

　さらに，虐待が生じることのないように，同僚として，ケアチームの一員として，お互いに支え合うことも大切です。また，虐待の背景に，職場の労働環境や労務管理の課題，職員同士の人間関係が影響することも考えられます。施設・事業所という組織の課題をとらえて，どのように対処していくか考えることが求められます。そのなかでも介護職には，高い倫理観とそれにもとづいた行動が求められます。

▶▶ 養護者への総合的な支援

　高齢者を介護している家族や親族などの養護者による虐待には，家族関係や家庭環境，また高齢者の心身の状況など，さまざまな要素が影響を及ぼしています。

　実際に虐待が生じていると考えられる場合には，介護職は利用者一人ひとりの状況を個別的，総合的に理解することが求められます。そして，利用者の利益を最大限優先しながら，養護者に対しても虐待を生じさせないような状況をつくりだすために，さまざまな支援を展開することが必要です。

　また介護職ばかりではなく，多くの専門職が協働して支援する体制をつくることも重要です。虐待自体は決して許されることではありません。しかし，そのような状況におちいることになった養護者に対しては，一方的に非難するのではなく，その状況を十分に理解して，養護者の思いもしっかりと受けとめながら，再び虐待が生じることのないように支援していくことが重要となります。

❷ 身体拘束の禁止

▶▶ 法令上の身体拘束の禁止

　介護現場においては，人間の尊厳をおびやかす状況がさまざまな場面で起こり得ます。なかでも，利用者の行動の自由をうばい，制限すること（身体拘束）は，その禁止が制度上でも明確に示されています。

　介護保険制度では，短期入所サービスや施設サービスなどを提供する際の基準を定めた省令において，表1-8のように規定されています。また，障害者の日常生活及び社会生活を総合的に支援するための法律（障害者総合支援法）にもとづく障害福祉サービスや障害者支援施設における運営等の基準を定めた省令でも，同様の規定がなされています。「緊急やむを得ない場合」には認められることもあるという条件がつけられていますが，介護サービスを提供する際には，身体拘束は全面的に禁止されています。

表1-8 ● 介護保険指定基準における身体拘束禁止に関する規定

・（前略）サービスの提供に当たっては，当該入所者（利用者）又は他の入所者（利用者）等の生命又は身体を保護するため緊急やむを得ない場合を除き，身体的拘束その他入所者（利用者）の行動を制限する行為（身体的拘束等）を行ってはならない。

・（前略）身体的拘束等を行う場合には，その態様及び時間，その際の入所者（利用者）の心身の状況並びに緊急やむを得ない理由を記録しなければならない。

▶▶ 身体拘束ゼロへの手引き

　厚生労働省・身体拘束ゼロ作戦推進会議は，2001（平成13）年，「身体拘束ゼロへの手引き」（以下，手引き）を示して，介護の分野において身体拘束禁止をめざしています。

　手引きでは，従来の介護の領域においては，身体拘束はやむを得ないものとして認められてきた背景を示し，身体拘束を許容する考え方を問い直しています。さらに，多くの場合には，身体拘束は利用者の尊厳はもちろんのこと安全をもおびやかす援助方法であることを示して，廃止に向けた努力と決意を施設・事業所の責任者と職員全体に求めています。

　介護現場では，身体拘束を廃止できない理由として，スタッフ不足がよく取り上げられます。これに対して手引きでは，介護方法の改善などで解決する努力を行うとともに，施設・事業所として「どのような介護をめざすのか」という基本的理念や姿勢を問い直し，施設・事業所の責任者と職員全体で取り組むことを求めています。

　また，手引きでは，介護保険指定基準において禁止の対象となっている行為を表1-9のように示しています。さらに，身体拘束をせずに行うケアの原則を示すとともに，やむを得ない場合としての切迫性・非代替性・一時性の要件をあげて，手続きや記録について

表 1-9 ● 介護保険指定基準において禁止の対象となる具体的な行為

① 徘徊しないように，車いすやいす，ベッドに体幹や四肢をひも等で縛る。
② 転落しないように，ベッドに体幹や四肢をひも等で縛る。
③ 自分で降りられないように，ベッドを柵（サイドレール）で囲む。
④ 点滴・経管栄養等のチューブを抜かないように，四肢をひも等で縛る。
⑤ 点滴・経管栄養等のチューブを抜かないように，または皮膚をかきむしらないように，手指の機能を制限するミトン型の手袋等をつける。
⑥ 車いすやいすからずり落ちたり，立ち上がったりしないように，Y字型抑制帯や腰ベルト，車いすテーブルをつける。
⑦ 立ち上がる能力のある人の立ち上がりを妨げるようないすを使用する。
⑧ 脱衣やおむつはずしを制限するために，介護衣（つなぎ服）を着せる。
⑨ 他人への迷惑行為を防ぐために，ベッドなどに体幹や四肢をひも等で縛る。
⑩ 行動を落ち着かせるために，向精神薬を過剰に服用させる。
⑪ 自分の意思で開けることのできない居室等に隔離する。

資料：厚生労働省「身体拘束ゼロへの手引き」2001 年

の方針等について具体的に示しています。

▶▶ 身体拘束をしないための介護職の工夫と努力

　介護保険制度導入以降の介護現場では，身体拘束の禁止は常識的な事柄として理解され，定着してきていると考えられます。しかし，現在，身体拘束が介護の領域において本当に減少し，ゼロに近づいているでしょうか。私たちのまわりの介護現場の状況をもう一度見直す必要があるでしょう。

　介護職としては，「身体拘束の禁止がルールだから，それを守らなければならない」と考える以前に，もう一度，なぜ身体拘束が利用者の尊厳をおびやかすのかについて考えることが大切です。そのうえで，介護職は実際の介護場面でさまざまな工夫をすることが求められます。

　具体的には，利用者主体の理念のもと，介護職はもちろん，他職種とも連携を十分にはかって議論を重ね，利用者の安全と生活の豊かさを求めた介護を実現できるようにします。

　また，個々の利用者の状況を的確にとらえ，身体拘束をしなくても利用者が安全で快適に生活できる環境をつくり上げることが求められます。それは，利用者一人ひとりの状況によって異なるため，個別ケアの視点で取り組むべきものです。

　そうした工夫と努力は，単に身体拘束をしないための工夫と努力として消極的にとらえるのではなく，新しい介護を創造していくための活動として，積極的にとらえることが重要です。

❸ 尊厳がおびやかされやすい介護場面

▶▶ 尊厳をおびやかさないために介護職が理解し，配慮すべきこと

　明らかな虐待や望ましくない身体拘束以外にも，介護の現場は利用者の尊厳がおびやかされる状況が起こりやすいといえます。

　尊厳をおびやかされたと感じるかどうか，また，そのことを訴えるかどうかは，利用者の感じ方や判断によって異なります。そのため，一人ひとりの利用者の生活経験や考え方をふまえて，利用者は何を大切なこととしてとらえているのか，何を自分の誇りやプライドとしているのかについて，介護職は十分に個別的に理解し，配慮することが重要です。

　利用者が尊厳をおびやかされたと感じたり，訴えたりしなければ，許容されていると考えるべきでもありません。

▶▶ 利用者のプライバシーに直接かかわる介護場面

　介護職からみれば尊厳をおびやかされるようなことではないと思われることであっても，利用者からみると尊厳がおびやかされていると感じることがあります。介護職はこのことに留意する必要があります。

　たとえば，排泄や入浴の場面において，他者がその行為や状況を目にすることは容易に起こり得ます。その他者は，ほかの利用者の場合もあるでしょうし，介護職の場合もあるでしょう。利用者にとっては，他者から見られているという意味では，ほかの利用者も介護職も同じようにとらえるかもしれません。介護職だからといって，利用者が抵抗を感じていないと判断するのは一面的なとらえ方といえます。

　また，利用者が1人きりで過ごし，だれからもまったく話しかけられることもなく，他者と接することのない状況が長時間続けば，その利用者は「自分は無視されている」「自分の存在は意味がないものである」と感じることもあるでしょう。これも，尊厳がおびやかされている場面ということができます。

　しかし一方で，これとは反対に，介護職が頻繁に利用者の居室を訪れたり，話しかけたりすることによって，「うっとうしい」「絶えず観察されている」と感じ，プライバシー（☞第1巻 p.42）が確保されていないと感じる場合もあります。

　利用者自身がどのような生活を望んでいるのか，また，そうした希望はその時々の状況によって変化し得るものであることを理解することが重要です。

　介護場面では，利用者のプライバシーに直接かかわることが避けられない場合が多くあります。介護職として，利用者の人権や尊厳を尊重して支援にあたることはもちろんのこと，利用者と援助関係を築き，利用者の心理的な負担を軽減していく努力が重要です。

3. 尊厳の保持をめざした介護実践

❶ 尊厳のある暮らしとは ::

　私たちにとって尊厳のある暮らしとは，具体的にはどのような暮らしの状態をいうのでしょうか。これを2つの側面から考えてみたいと思います。

▶▶ 人間らしさの側面

　1つは人間らしさという側面です。ここでいう「人間らしさ」とは，現代という時間と，人々が暮らす地域社会の歴史的・文化的背景を基盤として，その社会のなかで生きている人間にとって，ごくあたりまえの暮らし方という意味です。

　たとえば，日本では，茶碗に盛られたご飯や皿にあるおかずは，箸などの道具を使って食べることがあたりまえであり，手で直接食べ物をつかんで口に運ぶことは望ましい食べ方ではないと教えられています。そこに日本という地域社会の歴史・文化を背景とした食事のあり方の特徴が表れています。それが日本における食事のなかでの「人間らしさ」ということにつながります。

　また，気候や環境に応じて衣服を調節すること，適切な食事によって必要な栄養をとることができること，健康や清潔が保たれるように入浴，排泄などの機会が保障されていること，衛生的で安全な住居があること，人間同士の親しみや愛情などを基盤とした結びつきと交流があることなど，日常生活における基本的な欲求を満たせることが人間らしい暮らしの基礎となります。マズロー（Maslow, A.H.）の欠乏欲求（☞第1巻 p.18）を満たすことが，これにあたると考えることもできます。

　ここで，箸を使って食事をすることができなくなったEさんについて考えてみましょう。

　介護職はEさんができることを考えて，箸の代わりにスプーンやフォーク，自助具などを提供することでEさんの食事を支援することができます。また，ご飯をたわらむすびにして，手でつまんで食べられるように調理担当者と調整をすることもできるでしょう。これらの支援は，Eさんができることをいかし，私たちの食文化にあわせて人間らしく食事ができるようにしている，と考えることができます。

　しかし，Eさんの立場で考えると，長年にわたって箸を使っていたのに，いきなりスプーンやフォークを使うことには抵抗感をもつ場合もあるでしょう。また，手で直接食べ物を口に運ぶことはみっともない，恥ずかしいことだと考えるかもしれません。

　このように考えると，単に「人間らしさ」を求めるといっても，一人ひとり，その求める内容や方法が違ってくることがわかります。「人間らしさ」を基盤としつつ，一人ひと

りの違いを認めたうえで，もう1つの側面からの視点がさらに求められます。

▶▶ その人らしさの側面

　もう1つは，その人らしさ（☞第2巻p.62）という側面です。利用者も介護職も，それぞれ一人ひとりの人間としての個性や価値観をもっています。介護職は利用者の暮らしを支援するときに，その人が介護職自身とは違った考え方をもち，違う暮らし方を望み，それを実現しようとしていると理解することが重要です。介護職は利用者一人ひとりのその人らしい暮らしの実現にむけて努力することが求められています。

　あくまでも，暮らし（生活）の主体者は利用者自身です。介護職は利用者がどのような暮らしを望んでいるのか，また，利用者の「その人らしさ」とは何かについて考え，その実現に向けて支援を進めます。

　その人らしい暮らしとは，利用者本人にとって日々の暮らしのなかで安心感，満足感，充実感をともなうものでなければなりません。それは，単に利用者の希望が実現されているかどうかだけでは判断できません。利用者が何を望むかは利用者のもつ自由であり，権利といえます。他人に危害を加えるなど反社会的な行動に対しては，社会的規範やルールにもとづいて制限されるのは当然ですが，利用者が物理的，身体的，精神的，社会的に何を求めているかについて，十分に理解することが求められます。

　また，利用者の言葉にする望みが現実的にかなうことばかりではありません。入所施設で暮らす利用者が，その場所から離れた自分の生まれ故郷で一人暮らしをしたいと望んでも，その暮らしが実現できるとは限らないでしょう。しかし，利用者にとっては，その望みが介護職によって十分に理解され，大切なこととして受け入れられたと感じることで，実現されなくても安心感や満足感を得ることにつながると考えることができます。また，ある場合には，その希望の実現に向けて介護職がさまざまな努力をすることで，利用者は自分が見捨てられていないと感じ，自分の存在価値や有用感を感じることができるかもしれません。

　人間は自分の希望が実現できないことが明らかになっても，希望を変化させることで実現を可能にすることや，新たな希望を見いだすことができる力をもっています。このような心理的適応機制の肯定的な面に注目して利用者を支えていくことが，介護職には求められます。

　利用者一人ひとりにとっての「その人らしい暮らし」の実現とは，利用者自身が1人の人間として受け入れられ，そのなかで利用者自身が自分らしさを発揮できていると感じることができることです。そして，利用者が望む暮らしをみずから見いだし，それに向かって前進していけることをみずから確信できるような状況ということができます。このような状態を利用者とともにつくり出していくことが，介護職が介護実践を通じて利用者の尊厳を保持することにつながると考えることができます。

❷ 介護職に求められる人間観と生活観

▶▶ 介護職に求められる人間観

　介護職がもつべき人間観とは，どのようなものでしょうか。これは一概にいえるものではありません。人間それぞれに固有の人間観があることをまず理解しましょう。そのうえで，人間観の基本的な3つの要素を考えてみます。

　はじめに，一人ひとりをかけがえのない存在として尊重し，受けとめていくという人間観です。人間の尊厳は，一人ひとりがもっている能力や言動の内容にあるのではなく，人間として存在し，生きていることそのものに由来しています。利用者がどのような状況でも，1人の人間として尊重し，その人らしく生きることに寄り添い，見守り，支えるという強い意思が介護職には求められます。介護職の使命がそこにあることを自覚して，誇りをもって利用者の生きることに向き合うことが介護実践の本質ともいえるでしょう。

　つぎに，人間は一人ひとり個別の存在ですが，お互いにつながりをもち社会を形成することで生きようとする存在であるという人間観です。一人ひとりがばらばらに生きているのではなく，つながりのなかで協力し合いながら，お互いの生命や生活を支え合い，また頼り合って生きている存在であるととらえることが大切です。

　そのような存在の人間同士が，たまたま利用者と介護職として出会っています。利用者と介護職という関係は，社会システムのなかでつくられた関係ですが，人間同士の関係性の本質から出発しているといえます。そのうえで，社会における役割を認識した介護職が介護実践を通じて，利用者の人生にかかわりをもつことに意味があるのではないかと考えられます。

　さらに，人間が社会のなかで生きるということは，人間同士がお互いに影響を及ぼし合うことを意味します。また，私たちが影響を受けるのは人間だけに限らず，私たちの外側にあるものすべて，いわば環境からさまざまな影響を受けながら生きています。そこから考えられる3つ目の人間観は，人間は生きている過程のなかで絶えず変化し得るものであり，みずからを望ましい方向へと導く，変化や成長の可能性をもった存在だということです。

　本人がみずからの変化や成長の可能性を信じるだけでなく，他者に対しても同様にその変化や成長の可能性を信じることが大切です。可能性を信じることによって，人間を肯定的にとらえることができます。介護職にとっては，変化や成長の可能性がある存在として利用者をとらえることによって，利用者自身の人生の歩みにどのようにかかわるかというスタンスがみえてきます。

　どのような状況においてもかけがえのない存在として，また，社会的存在として，さらには変化・成長し得る存在として人間をとらえることが，介護職がもつべき人間観であるといえます。

▶▶ 介護職に求められる生活観

私たちは日々の生活のなかで，何をめざすのか，何を重要と考えるのか，また，何をして何をしないのかを判断する基準をもっています。それらを生活の価値観（生活観）ということができます。

これらも人によってまったく異なるものでしょう。生まれながらにしてもった素養に生活経験，生活環境などが加わることによって，一人ひとりの生活観が形成されると考えられます。

当然，利用者と介護職とでは生活観に違いがあることを理解し，利用者の生活観を尊重することはいうまでもありません。しかし，だからといって，介護職自身がもつ生活観をないがしろにしてよいわけではありません。

それぞれ違った生活観をもった利用者と介護職が出会っているのが介護が展開される生活の場（介護現場）です。介護現場は利用者にとっての生活の場であると同時に，介護職にとっては，仕事を通して生活を営むための糧となる大切な場と考えることができます。その意味で介護現場は，利用者と介護職がともに生活を営む場であるととらえることが重要ではないでしょうか。

介護現場では，それぞれの生活の充実をめざし，お互いがかかわり合っています。したがって，利用者の生活と介護職自身の生活はそれぞれに影響を及ぼし合い，つながったものであるととらえることが重要です。利用者の生活の充実が介護職自身の生活の充実にもつながっているわけです。また，介護職自身の生活の充実が利用者の生活の充実に影響を及ぼすといってもよいでしょう。このように，介護現場は相互的な関係の場であると理解することが大切です。

介護職は自分の生活を犠牲にして利用者の生活の充実をはかろうとするのではなく，それぞれの生活をともに充実させられるように努力することが求められます。

以上のようなことを念頭におきながら介護実践に取り組むために，みずからの人間観と生活観，そして人生観を絶えず問い直していくことが，介護職にとっては重要なことといえます。

4. ノーマライゼーションの実現 じつげん

❶ ノーマライゼーションとは

　だれもが安心して、幸せに暮らせる社会をつくるために、ノーマライゼーション (normalization) という考え方があります。障害者と高齢者、健常者など区別して隔離するのではなく、すべての人がごくふつう (normal) に生活できる社会をつくっていこうという考え方です。つまり、ふつうの生活ができるように環境を整えていこうということです。

　このノーマライゼーションの考え方は、1950年代前半にデンマークにおける知的障害者に対する新たな福祉的対応の方向性を示したもので、ノーマライゼーションという用語を用いて表現したのはバンク-ミケルセン (Bank-Mikkelsen, N.E.) [13] (➡ p.48 参照) でした。

　当時、障害があろうとなかろうと、その年齢に合ったふつうの暮らしができるように、社会のさまざまな条件を変えていこうという運動が、知的障害の子をもつ親の会から始まりました。その活動にバンク-ミケルセンがかかわるなかで、国に提出する要請書のタイトルにノーマライゼーションを使用したのが始まりでした。

▶▶ ノーマルな生活を提供すること

　バンク-ミケルセンは、ノーマライゼーションとは障害のある人を「ノーマルな人」にすることではないと言っています。その人たちを丸ごと受け入れて、ノーマルな生活条件を提供することとしています。それは、大きな施設に住まわせるのではなく、生活の場を一般家庭と同じような大きさで、地域のなかにつくらなければならず、寝室は大部屋ではなく個室に、食事は大食堂ではなく少人数で、つまりふつうの家庭のようにしなければならないということです。日々の生活リズムや仕事、余暇、男女交際の条件も、できるだけふつうの人に近づけるようにすることです。そして、その人たちの「人としての権利」が実現するような社会の状態をつくり出していかなければならないとしています。

　彼は、ノーマライゼーションを実現するうえで忘れてはならないこととして、障害のある人々のために何かをしようとするときに一番大切なのは、「自分自身がそのような状態におかれたとき、どう感じ、何をしたいか」を真剣に考えることであり、そうすれば、答えはおのずから導き出せると述べています。

　現在の日本では、このノーマライゼーションの考え方は、障害分野だけでなく、社会福祉全体の理念として広がっています。

❷ その人らしい生活とは

▶▶ 「その人らしさ」の尊重

　高齢者や障害のある人の生活支援を考えるとき，障害や疾病だけに着目するのではなく，一人ひとりの生活経験の多様性から形成された「その人らしさ」をいかに尊重していくかという視点が大切です。

　尊厳には生命や人間の尊厳としての普遍的な尊厳がありますが，介護においては個別的な尊厳も尊重される必要があります。個別的な尊厳とは，だれにでも共通するものではないが，その人がもつ「自分らしさ」，つまりその人にとっての「人間らしさ」＝「その人らしさ」を尊重することです。

　その人らしさの尊重とは，その人が社会環境のなかでつちかってきた自分なりの「存在感」や「役割」を感じながら生きていけるように支援していくことです。介護を必要とする状態になった途端に，尊厳が奪われ，自尊心をなくしてしまい，ただ「生かされている」だけのような状態では，生きる意欲そのものが失われていくことになります。

▶▶ その人らしい生活を支えるために

　介護を必要とする人が自立した生活を送るためには，生活意欲を高め，その人らしい尊厳のある暮らしを支えることが大切です。それには本人みずからの選択と決定（自己決定）がともないます。そして時として，その人らしさが「こだわり」となり，他人からみるとそれが「わがまま」や「頑固」と感じることがあるかもしれません。

　しかし，その人らしい生活を支えるとは，その人がその人らしくいるための個人の生き方の尊重であり，尊厳を守ることです。「わがまま」や「頑固」と決めつけるのは簡単です。しかし，なぜ今，この人はこのようなことを言っているのか，自分できちんと「こだわり」を伝えようとしているこの人の本当の思いや願いは何かということを考えることが大切です。

　その人の生きてきた歴史，人生そのものに興味を抱いて，一生懸命真剣に目の前の利用者の個別性をとらえる努力をしないと，逆にケアの押しつけとなり，尊厳を損なうようなことになりかねません。介護にたずさわる者として，相手の人生にきちんと寄り添い，謙虚な気持ちや態度，細やかな配慮をもって接することが大切です。

5. プライバシーの保護

❶ プライバシーの権利

　人はだれでもほかの人には知られたくないと思うような，ごく私的な情報をもっています。そのような情報をプライバシー（privacy）といいます。プライバシーの種類には，会話や手紙，メールなどのコミュニケーションの内容や住所，行動など自分自身に関する情報，1人でいられる環境などの自分にかかわる空間・領域などがあります。

　このようなプライバシーについて，みずからコントロールする権利がプライバシーの権利です。通信手段の発達や情報化のなかで，私事がみだりに公開される危険が大きくなったことから，1つの基本的人権として確立されるようになりました。要は，私生活に関する事項や私生活をみだりに干渉されず，他人にわずらわされることなく，自分自身の意思で選択・決定でき，幸福に生活する権利として主張されています。

▶▶ 個人情報とは

　似たような意味でよく使われるのは個人情報という用語です。厳密にいうと，個人情報＝プライバシーではありません。

　個人情報とは，個人情報の保護に関する法律（個人情報保護法）では「生存する個人に関する情報であって，①当該情報に含まれる氏名，生年月日その他の記述等（文書，図画もしくは電磁的記録に記載され，もしくは記録され，または音声，動作その他の方法を用いて表された一切の事項）により特定の個人を識別することができるもの，②個人識別符号が含まれるもの」となっています（☞第1巻 p.229）。

　個人情報保護法は，企業や団体などの事業者が個人を識別し，個人情報を適切に取り扱う方法を規定したもので，プライバシーの保護を直接の目的とはしていません。しかし，現実的にはこのような法律や規定が守られることで，結果的にはプライバシーが保護されるようになってきています。

▶▶ プライバシーの保護

　プライバシーの範囲は，自分や相手など，個人によって異なり，微妙で微細なものです。プライバシーは，他人に知られたくない秘密，侵害されたくない領域，いやだと感じる部分なので，特に介護を要する高齢者や障害のある人のプライバシーの権利は，介護する側がきちんと保障しなければなりません。そのためには，自己決定するための情報を，介護する者として提示していくことが大切です。プライバシーをおかすことで，その人の尊厳をおかすこともあり得るということを自覚する必要があります。

42

❷ 利用者のプライバシーの保護 ::

　近年では，老人ホームに入所する前やサービスを利用する前に，各事業所がプライバシーポリシーやプライバシー保護マニュアルのようなものを作成し，本人や家族に同意を得るところも少なくありません。

　前述しましたが，プライバシーの範囲は人によって異なります。他人の前で服を脱ぐことに抵抗がない人もいれば，それは絶対にいやだという人もいます。また，排泄介助の際に部屋にこもるにおいを避けるため，介護職が扉も窓もカーテンも開けっ放しでおむつ交換をしても，実は利用者側としてはおむつ交換なのだからきちんと隠してやってほしいと思っており，気づかないうちにプライバシーをおかしているケースもあります。特に排泄・更衣・入浴などの身体介護では，常に相手の気持ちを察することを忘れないようにします。利用者が感じるはずかしい思い（侮辱・屈辱）をきちんと理解する力が必要です。

　どうしても全裸になってもらうことが必要な場合は，その状態になる場所を決めて行っているか，露出部分や露出時間を最小限にするためにはどうしたらいいかなどを表1-10のようにリスト化して，ルーティンワークになりがちなふだんのケアをふり返り，見直していくことが大切です。

表 1-10 ● 利用者のプライバシー保護のチェックリスト（例）

- ☐ 介護職の都合で，居室のカーテンを開けっ放しにしていないか。
- ☐ 「ちょっと待ってね」と言って，長い時間待たせていないか。
- ☐ 居室に入るときドアが開いていても，ノックをし，間をおいたり，応答を待ってから対応しているか。
- ☐ 他人がいる場所でむやみに全裸にしていないか（たとえば，入浴介助や居室などで）。
- ☐ 食べたくないときに無理に食べさせていないか（たとえば，食事介助などで）。
- ☐ 排泄音を他人に聞かれることに配慮しているか（居室でのポータブルトイレの介助などで）。

　また，プライバシーの保護に関しては，日本介護福祉士会の倫理綱領（☞第2巻 p.52）でもうたわれており，利用者や家族の情報を知り得たとしても，その内容をむやみにもらしてはいけません。特に介護職は，相手との信頼関係のうえに成り立つ仕事であるため，知り得た個人情報やプライバシーにかかわることをもらして信用を失うことは，仕事に大きく影響します。

　現在のケアに満足することなく，倫理観を高め，よりよいケアの積み重ねができるよう，日々自己研鑽していくことが大切です。

学習のポイント 重要事項を確認しよう！

めるための支援が重要です。 → p.18

第3節 人権と尊厳

■介護における権利擁護と人権尊重 ─────────────
● 利用者一人ひとりが個々独立した存在であり，それぞれに独自の人生を現在進行形で歩んでいる人間であることをはっきりと認識することは，介護職としてもっとも重要なことといえます。 → p.24

● 介護職は，利用者がそれぞれの日常生活において，その主体者であるということを絶えず念頭におくことが重要です。 → p.25

● 介護職は，利用者の生活支援を通じて，その当事者や関係者の権利擁護のにない手としての意識と実践力を高めていくことが求められているのです。 → p.29

1 障害者基本法

しょうがいしゃきほんほう
➡ p.4 参照

障害者施策を推進する基本原則，施策全般についての基本的事項を定めた法律。1970（昭和45）年に制定された心身障害者対策基本法が，障害者を取り巻く社会情勢の変化に対応したものにするため1993（平成5）年に改正され，障害者基本法となった。

2 自立生活（IL）

じりつせいかつ（アイエル）
➡ p.12 参照

「自立生活」という用語は，アメリカの概念を日本語訳したもので，肉体的あるいは物理的に他人に依存しなければならない重度障害者が，自己決定にもとづいて，主体的な生活を営むことを意味する。IL（Independent Living）ともいわれる。

3 ADL

エーディーエル
➡ p.12 参照

Activities of Daily Living の略。「日常生活動作」「日常生活活動」などと訳される。人間が毎日の生活を送るための基本的動作群のことで，食事，更衣，整容，排泄，入浴，移乗，移動などがある。

4 QOL

キューオーエル
➡ p.12 参照

Quality of Life の略。「生活の質」「人生の質」「生命の質」などと訳される。一般的な考えは，生活者の満足感・安定感・幸福感を規定している諸要因の質のこと。諸要因の一方に生活者自身の意識構造，もう一方に生活の場の諸環境があると考えられる。

5 マズロー（Maslow, A.H.）

まずろー
➡ p.18 参照

アメリカの心理学者。「人間は自己実現に向かって絶えず成長する生きものである」と仮定し，人間の欲求を5段階の階層により理論化したことで知られている。

6 特別養護老人ホーム

とくべつようごろうじんほーむ
➡ p.20 参照

老人福祉法にもとづく老人福祉施設の1つ。65歳以上の者であって，身体上または精神上いちじるしい障害があるために常時の介護を必要とし，かつ，居宅においてこれを受けることが困難な者を入所させて，入浴，排泄，食事などの介護のほか，機能訓練，健康管理および療養上の世話などを行うことを目的とする施設。

7 個別サービス計画

こべつさーびすけいかく
→ p.21 参照

介護支援専門員（ケアマネジャー）が作成するケアプラン（居宅サービス計画，施設サービス計画）の目標を実現するために，専門職ごとに立案された，利用者にかかわるより詳細な計画のこと。利用者一人ひとりの状態をふまえ，その人らしい生活をするための援助ができるように，各専門職の視点からアセスメントを行い，課題の解決に向けた目標や具体的な援助の内容・方法を決定する。介護職が立案する個別サービス計画は，介護過程にもとづいて作成するもので，一般に介護計画と呼ばれる。

8 ステレオタイプ

すてれおたいぷ
→ p.27 参照

ある集団の成員全般に対する認知・信念などのこと。実際にはどんな集団でも個人差があり，そのステレオタイプが全員にあてはまることはないが，ステレオタイプが集団の全員にあてはまると考えがちである。

9 権利擁護

けんりようご
→ p.29 参照

社会福祉の分野では，自己の権利や援助のニーズを表明することが困難な利用者に代わって，援助者が代理として，その権利の獲得やニーズの充足を行うことをいう。

10 エンパワメント

えんぱわめんと
→ p.29 参照

社会的に排除されたり，差別されたりしてきたために「能力のない人」とみなされ，自分自身もそう思ってきた人々が，みずからについての自信や信頼を回復し，みずからの問題をみずからが解決することの過程を通して，身体的・心理的・社会的な力を主体的に獲得していくこと。

11 養介護施設従事者等

ようかいごしせつじゅうじしゃとう
→ p.30 参照

老人福祉法や介護保険法で規定されている高齢者向けの福祉・介護サービスに従事するすべての職員のこと。高齢者虐待防止法において定義されている。なお，養介護施設とは，老人福祉施設（老人デイサービスセンター，養護老人ホーム，軽費老人ホームなど），有料老人ホーム，地域密着型介護老人福祉施設，介護老人福祉施設，介護老人保健施設，介護医療院，地域包括支援センターをいう。

12 養護者

ようごしゃ
→ p.31 参照

高齢者虐待防止法では，高齢者を現に養護する者であって，養介護施設従事者等以外のものと定義されている。

⑬ バンク‐ミケルセン (Bank-Mikkelsen, N.E.)

ばんく‐みけるせん
➡ p.40 参照

デンマークの社会運動家，行政官。知的障
害者の親の会の運動にかかわり，世界で初
めてノーマライゼーションの原理を取り入
れた法律の制定につながったことから，
「ノーマライゼーションの父」と呼ばれて
いる。

だい　しょう

第2章

かいご　ほ　けんせいど　　　　　　り　かい

介護保険制度の理解

しゃかい　　り　かい

（社会の理解Ⅰ）

だい せつ　　かいご　ほ　けんせいど　そうせつ　　　はいけい　　もくてき
第1節　介護保険制度創設の背景と目的

だい せつ　　かいご　ほ　けんせいど　　　き　そ　てき　り　かい
第2節　介護保険制度の基礎的理解

だい せつ　　かいご　ほ　けんせいど　　　　　　せんもんしょく　　やくわり
第3節　介護保険制度における専門職の役割

とうたつもくひょう

【到達目標】

かいご　ほ　けんせいど　　たいけい　　もくてき　　　　　　　　　　　しゅるい　ないよう　りょう　　　なが　　　り
● 介護保険制度の体系，目的，サービスの種類と内容，利用までの流れ，利
ようしゃ ふ たん　せんもんしょく　やくわりとう　　り　かい　　　　　りょうしゃとう　　じょげん
用者負担，専門職の役割等を理解し，利用者等に助言できる。

介護保険制度創設の背景と目的

1. 介護保険制度の創設をめぐる社会的背景

❶ 人口の少子高齢化

　介護保険制度は 2000（平成 12）年に始まりました。この制度が創設された背景には，①人口の高齢化が進行したこと，②そのために介護や支援を要する高齢者が増えたこと，③その高齢者の介護を家族だけではになえなくなったことなどがあげられます。

▶▶ 人口の高齢化

　人口の高齢化とは，総人口に占める高齢者（一般には 65 歳以上をさす）の比率が増えることです。近年，日本では高齢化が進行し，1950（昭和 25）年の 4.9％から，2000（平成 12）年には人口の高齢化率[1]（→ p.97 参照）は 17.4％となりました。さらに，2021（令和 3）年 10 月時点での高齢化率は 28.9％（表 2-1）となっており，世界トップクラスの水準です。日本の高齢化率は今後も伸びるものと推計されています。

表 2-1 ● 日本の人口と年齢 3 区分別人口の割合

	計	0 ～ 14 歳 （年少人口）	15 ～ 64 歳 （生産年齢人口）	65 歳以上 （老年人口）	うち 75 歳以上
人口（千人）	125,502	14,784	74,504	36,214	18,674
比率（％）	100	11.8	59.4	28.9	14.9

資料：総務省「人口推計（2021 年（令和 3 年）10 月 1 日現在）」

　人口が高齢化する要因としては，平均寿命[2]（→ p.97 参照）の延びと出生率の低下の 2 つがあります。日本の平均寿命は，2000（平成 12）年の時点で男性 77.72 歳，女性 84.60 歳であり，1950（昭和 25）年と比べて 20 歳ほど延びています（表 2-2）。2021（令和 3）年現在で，男性 81.47 歳，女性 87.57 歳とさらに延びています。出生率については，1970 年代前半の第 2 次ベビーブーム以降低落傾向にあり，2000（平成 12）年の合計特殊出生率[3]（→ p.97 参照）は 1.36 と，1950（昭和 25）年の 3.65 と比べて低くなってきています（表 2-3）。この合計特殊出生率は 2005（平成 17）年に 1.26 と最低を示して以降，2021（令

表 2-2 ● 平均寿命の推移

年次	男	女
1950(昭和25)年	59.57	62.97
1960(昭和35)年	65.32	70.19
1970(昭和45)年	69.31	74.66
1980(昭和55)年	73.35	78.76
1990(平成2)年	75.92	81.90
2000(平成12)年	77.72	84.60
2010(平成22)年	79.55	86.30
2015(平成27)年	80.75	86.99
2020(令和2)年	81.56	87.71
2021(令和3)年	81.47	87.57

資料：厚生労働省「完全生命表」および「簡易生命表」

表 2-3 ● 出生率の推移

年次	出生数(千人)	普通出生率(人口千対)	合計特殊出生率
1950(昭和25)年	2,338	28.1	3.65
1960(昭和35)年	1,606	17.2	2.00
1970(昭和45)年	1,934	18.8	2.13
1980(昭和55)年	1,577	13.6	1.75
1990(平成2)年	1,222	10.0	1.54
2000(平成12)年	1,191	9.5	1.36
2010(平成22)年	1,071	8.5	1.39
2015(平成27)年	1,006	8.0	1.45
2020(令和2)年	841	6.8	1.33
2021(令和3)年	812	6.6	1.30

資料：厚生労働省「人口動態統計」

和3）年も1.30と依然として低い水準となっています。

　こうした傾向は，人口の高齢化だけでなく，死亡数が出生数を上回ることで，人口減少を招きます。実際，日本では2005（平成17）年に戦後初めての人口の自然減が起こり，今後は高齢化と並行して，人口減少も進んでいきます。

▶▶ 介護や支援を要する高齢者の増加

　人口が高齢化すると，当然，生活上の支援や介護が必要な人々が増えていきます。

　これについて，介護保険制度の創設に向けた議論がされていた1996（平成8）年に，厚生省（当時）が表2-4のようなデータを示しました。これによると，高齢者を年齢階層別にみたとき，介護が必要な人は**前期高齢者**[4]（➡ p.97 参照）で1.5～3.5%程度出現しますが，**後期高齢者**[5]（➡ p.97 参照）では急増し，85歳以上ではおよそ4人に1人になるとみられていました。実際は，介護保険制度が施行された2000（平成12）年では，前期高齢者の要介護・要支援認定率は3.4%，後期高齢者は21.9%となっています。これが，2020（令和2）年では，前期高齢者の要介護・要支援認定率は4.3%，後期高齢者は31.9%となっており，介護や支援を要する高齢者が増加しています。

表 2-4 ● 年齢階層別にみた介護などを必要とする高齢者の出現率（1996（平成8）年当時）

（単位：%）

	65～69歳	70～74歳	75～79歳	80～84歳	85歳以上
寝たきり（痴呆を含む）	1.5	3.0	5.5	10.0	20.5
痴呆性老人（寝たきり除く）	0.0	0.5	1.0	1.5	3.5

注：「痴呆」の言い方は当時のまま
資料：厚生省大臣官房統計情報部「国民生活基礎調査」「社会福祉施設等調査」等から推計
出典：厚生省編『平成8年版 厚生白書』p.117，1996年

❷ 家族による高齢者介護の限界 :::

▶▶ 家族による介護の難しさ

　従来，日本では高齢者の介護は家族がになうべきと考える傾向がありました。しかし，そうした家族介護は大きな問題に直面していました。

　まず，日本の平均世帯人員（世帯あたりの家族の人数）は減少の一途にあり，「国民生活基礎調査」において2000（平成12）年は2.76人と，1953（昭和28）年の5.0人と比べて減少しています。2021（令和3）年には2.37人とさらに減少が進みました。

　また，65歳以上の者のいる世帯のうち，三世代が同居している世帯は，1975（昭和50）年では54.4%でしたが，1998（平成10）年では29.7%に減少しています。2021（令和3）年では9.3%とさらに減少が進んでいます。

　その一方で，65歳以上の者のいる世帯のうち，高齢者のみで暮らす世帯が，1986（昭和61）年では23.9%でしたが，1998（平成10）年では37.8%に増加し，2021（令和3）年では58.3%とさらに増加が進んでいます。

　つまり，世帯あたりの家族の人数が減り，高齢者のみの世帯が増えたことで，家族での介護が困難な状況になっていたのです。

▶▶ 家族介護における多様な問題

　その他にも，介護保険制度が始まる直前の1998（平成10）年の「国民生活基礎調査」の結果からは，①高齢者が介護を必要とする期間が長期にわたること，②介護する側も高齢者である場合があること，③介護者は女性である場合が多く，家族介護者の女性問題（女性の社会進出と自己実現を阻む要素）としての側面が顕在化してきたことなど，家族介護における多様な問題が浮かび上がっていました。

　なお，2019（令和元）年の同調査をみると，近年も家族介護は高齢者・女性がになっている状況に大きな変化はありません。さらには，同居のおもな介護者と要介護者等の組み合わせを年齢階級別にみると，60歳以上同士・65歳以上同士・75歳以上同士の組み合わせがいずれも上昇傾向となっていることが示され，いわゆる「老老介護」という問題が大きくなってきている実態もうかがえます。

▶▶ 「介護の社会化」の必要性

　こうしたさまざまな要因から，1990年代前半からは高齢者の介護を家族だけでになうには限界があるとの理解が進み，高齢者介護を社会全体で支えようという，介護の社会化の機運が高まっていきました。

　1990年代半ばからの政策的議論のなかで，そのためのしくみとして，社会保険制度による介護サービスの提供が検討され，介護保険制度が誕生することとなったのです。

月

日

2. 1990年代までの高齢者介護の制度と社会福祉基礎構造改革

❶ 老人福祉制度と医療保険（老人保健）制度 ::::::::::::::::::::::::::::

　介護保険制度が創設される以前は，老人福祉制度と医療保険（老人保健）制度の２つの制度で，高齢者介護の施策が実施されていました（**表2-5**）。

表2-5 ● 老人福祉制度と医療保険制度

① **老人福祉制度**
　実施方式：行政の責任による措置制度
　実施主体：市町村
　サービス提供主体：国・自治体・社会福祉法人が中心
　財源：公費（税）
　利用者負担：応能負担
② **医療保険制度**
　実施方式：社会保険による利用契約制度
　実施主体：医療保険者
　サービス提供主体：医療法人が主体
　財源：保険料＋公費
　利用者負担：応益負担

▶▶ 老人福祉制度

　介護保険制度の訪問介護（ホームヘルプサービス）や通所介護（デイサービス），介護老人福祉施設（特別養護老人ホーム）のサービスは，従来から老人福祉制度として実施されていました。これは，市町村が福祉サービスの必要性を判断し，行政の責任で支援をする措置制度というしくみによるものです。

　このしくみでは，利用料は所得に応じた負担（応能負担）であり，低所得者にとっては使いやすいものの，中高所得者層には費用負担が大きくなっていました。また，低所得者が利用するものとのイメージもあり，利用時に所得調査なども必要とされることから，利用には心理的抵抗感があったことも否めません。

54

▶▶ 医療保険（老人保健）制度

　介護保険制度の訪問看護や通所リハビリテーション（デイケア），介護老人保健施設の
サービスは，以前は医療保険（老人保健）制度で実施されていました。これは，高齢者が
自分で主治医を選び，それを通じて利用するサービスを決めるという利用契約制度です。
利用料は，原則的に所得に関係なく一定の割合で負担するもの（応益負担）でした。

　この制度は，老人福祉制度と同様の介護が必要な高齢者へのサービスであるにもかかわ
らず，別建てのしくみでわかりづらいとの課題もありました。さらに，1980年代以降に
整備されたいわゆる老人病院では，治療の必要がないのに退院先がなく入院を続けざるを
得ない社会的入院 [6]（➡ p.97 参照）という問題も生じていました。

　こうした問題を背景に，この2つの制度について見直しと再編をすることにより，介護
保険制度へと移行していったのです（図2-1）。

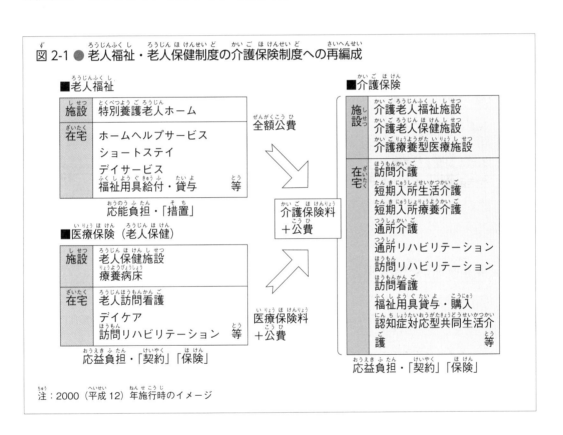

図 2-1 ● 老人福祉・老人保健制度の介護保険制度への再編成

注：2000（平成12）年施行時のイメージ

▶▶ 措置制度とは

　従来，高齢者介護や保育，障害者福祉は措置制度として実施されており，表2-6のような特徴をもって，戦後の社会福祉の構築に大きな役割を果たしてきました。

　しかし，①については1970年代半ば以降の低成長経済のもとで人口の高齢化によって福祉サービスを必要とする人々が増え，財源を圧迫するとともに，②のような体制では新しいニーズに即応することができないことが予想されました。さらに，社会の産業化・家族機能の外部化にともなって中高所得者層の人々も福祉サービスを利用しはじめ，③のような費用負担は実態にそぐわないと問題になってきました。同時に，行政組織の効率化も求められる時代となってきたため，④のような対応は困難になり，福祉サービス利用者にも自立的な姿が望まれるようになってきました。さらに，この措置制度に関しては，1990年代後半からは表2-7のような問題も指摘されました。

表 2-6 ● 措置制度の特徴

① 税金を財源とする。
② 国・自治体・社会福祉法人が福祉サービスを提供する。
③ おもな対象を低所得者として，利用者負担を応能負担とする。
④ 生活困難にいたった人々に行政が保護・介入するしくみを基本とする。

表 2-7 ● 措置制度に関して指摘された問題

●行政が必要を認めなければサービスが利用できず，権利保障が不十分である。
●行政が利用すべきサービスの種類や事業者を決めるため，利用者自身がサービスを選択できない。
●利用にあたって所得調査が行われ，また，サービスの費用が公費（税金）でまかなわれるため，心理的抵抗感（スティグマ）が生じる。
●サービス内容が画一的となり，良質なサービスに向けた競争原理がはたらかない。
●中高所得者層には経済的な利用者負担がいちじるしく重くなる。

▶▶ 社会福祉基礎構造改革へ

　こうした経過から，福祉サービス提供のしくみは，①国民で連帯して財源負担をするしくみ（おもに社会保険）を中心に，②行政・社会福祉法人によるサービスだけでなく民間非営利組織（NPO法人など）や民間営利法人（株式会社など）にも福祉サービスへの参入を認め，市場原理（実際には「準市場」のしくみ）を導入して効率化をはかり，③利用者負担は所得に関係なく一律の負担（応益負担）とし，④国や自治体はおもにサービス利用の条件を整備する役割をにない，利用する人々が自分自身でサービスを選択して生活の支援を受けるという方向に改革されていくことになりました（表2-8）。

　こうした政策動向を社会福祉基礎構造改革といいます。

　その第一歩として施行されたのが介護保険制度だったといえます。

表 2-8 ● 措置制度と比較したときの介護保険制度の特徴

- ●利用者みずから申請をして利用する。
- ●利用するサービスは自分で選択する。
- ●サービスの必要性は心身の状態から客観的に判断される。
- ●原則として所得調査は行われず，自分の支払った保険料を元手とした制度であるため，抵抗感なく利用できる。
- ●多様なサービス事業者が参入するため，一定程度の競争原理がはたらく。
- ●中高所得者層にとっては利用料が抑えられる。

月

日

① 介護保険制度の基本理念 ::

　これまで述べてきたことを背景にして，1997（平成9）年12月に介護保険法が成立し，2000（平成12）年4月に施行されました。

　介護保険法の第1章では，制度の目的や具体的な方針，理念などが示されています。これを整理すると，介護保険制度の基本理念は表2-9のように集約されます。

　こうした理念のなかで，とりわけ重要な点は，高齢者の尊厳の保持，高齢者の介護を社会的に支援すること（介護の社会化）と，高齢者の自立の支援などであるといえます。

表2-9 ● 介護保険制度の基本理念

① 高齢者の尊厳の保持
　　介護が必要になっても，あるいは認知症になっても，一人ひとりの高齢者の尊厳が守られることを大前提とした介護サービスの提供を行う。

② 要介護状態の軽減・予防の重視
　　介護が必要となった場合にはその軽減や悪化の防止をはかることを重視する。さらに，介護が必要になることを防ぐような支援策も実施する。

③ 医療との十分な連携
　　介護サービスの提供にあたっては医療的な視点も欠かせないことから，介護保険制度と医療の十分な連携をはかる。

④ 被保険者の自由な選択による被保険者にふさわしいサービスの提供
　　心身の状況や環境等に応じて，高齢者等が自分自身で必要なサービスを選択し，高齢者と介護サービス事業者・施設の対等な関係による契約にもとづいて利用することを基本とする。また，さまざまなサービスを一元化したしくみで総合的・効率的に提供する。

⑤ 民間活力の活用による多様な事業者・施設によるサービスの提供
　　民間企業や市民参加の非営利組織などによるサービス提供への参入もうながす。

⑥ 在宅における自立した日常生活の重視
　　一人ひとりの能力に応じ，可能な限り在宅での生活を営むことができるように，またより自立が可能となるように介護サービスを提供する。

⑦ 国民の共同連帯
　　介護を要することはだれにでも起こり得ることから，介護の負担を社会全体でになっていく必要があるため，40歳以上の者で保険料を負担し，介護保険制度の財源を支えるものとする。

❷ 主要な介護保険制度の改正 ··

　介護保険制度は，制度創設時に5年後の見直しを行うことが示されて以降，近年は3年ごとに見直しや改正がくり返されており，直近の改正は2020（令和2）年（施行は2021（令和3）年）に行われています（表2-10）。

　介護にたずさわる専門職として，改正の内容は必ず確認しておくようにしましょう。

表2-10 ● 介護保険制度の改正の内容

改正年	改正するための法律	改正の内容
2005（平成17）年	介護保険法等の一部を改正する法律	①予防重視型システムへの転換 ②施設給付の見直し ③新たなサービス体系の確立 ④サービスの質の確保・向上 ⑤負担のあり方・制度運営の見直し
2008（平成20）年	介護保険法及び老人福祉法の一部を改正する法律	①事業者の業務管理の体制整備 ②事業者の本部等への立入検査権の創設 ③不正事業者の処分逃れ対策 ④指定・更新の欠格事由の見直し ⑤事業廃止時のサービス確保対策
2011（平成23）年	介護サービスの基盤強化のための介護保険法等の一部を改正する法律	①地域包括ケアの推進 ②地域包括ケアを念頭においた介護保険事業計画の策定 ③24時間対応の定期巡回・随時対応サービスや複合型サービスの創設 ④介護予防・日常生活支援総合事業（総合事業）の創設 ⑤介護療養型医療施設の廃止期限の延長 ⑥介護職員等によるたんの吸引等の実施 ⑦介護サービス情報公表制度の見直し ⑧認知症対策の推進 ⑨保険料の上昇の緩和 ⑩保険者による主体的な取り組みの推進 ⑪高齢者の住まいの整備等
2014（平成26）年	地域における医療及び介護の総合的な確保を推進するための関係法律の整備等に関する法律	①地域支援事業の充実 ②予防給付（訪問介護・通所介護）を地域支援事業へ移行 ③特別養護老人ホームの新規入所者を原則要介護3以上に ④低所得者の保険料軽減を拡充 ⑤2割負担の導入
2017（平成29）年	地域包括ケアシステムの強化のための介護保険法等の一部を改正する法律	①自立支援・重度化防止に向けた保険者機能の強化等の取り組みの推進 ②医療・介護の連携の推進等 ③地域共生社会の実現に向けた取り組みの推進等 ④3割負担の導入 ⑤介護納付金への総報酬割の導入
2020（令和2）年	地域共生社会の実現のための社会福祉法等の一部を改正する法律	①地域住民の複雑化・複合化した支援ニーズに対応する市町村の包括的な支援体制の構築の支援 ②地域の特性に応じた認知症施策や介護サービス提供体制の整備等の推進 ③医療・介護のデータ基盤の整備の推進 ④介護人材確保および業務効率化の取り組みの強化

出典：介護福祉士養成講座編集委員会編『最新 介護福祉士養成講座2 社会の理解 第2版』中央法規出版，p.186，2022年

第**2**節

介護保険制度の基礎的理解

□ 月
□ 日

1. 介護保険制度の概要

介護保険制度のしくみを概観すると，図2-2のようになります。

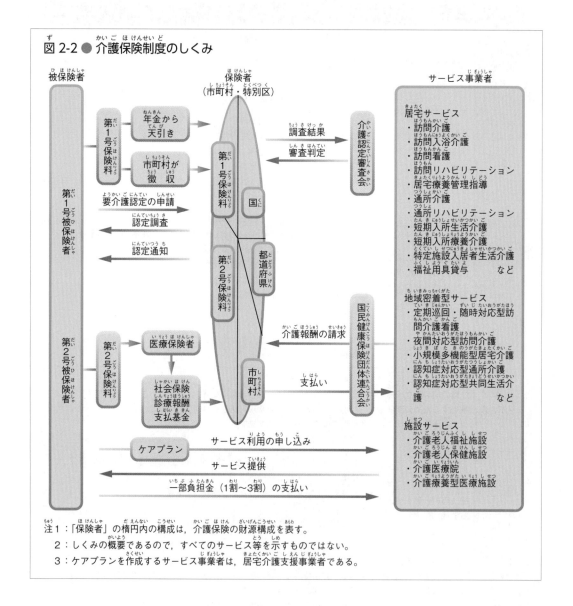

図 2-2 ● 介護保険制度のしくみ

注1：「保険者」の楕円内の構成は，介護保険の財源構成を表す。
　　2：しくみの概要であるので，すべてのサービス等を示すものではない。
　　3：ケアプランを作成するサービス事業者は，居宅介護支援事業者である。

<ruby>介護保険制度<rt>かいごほけんせいど</rt></ruby>のしくみのポイントは，表2-11のように<ruby>集約<rt>しゅうやく</rt></ruby>されます。

表2-11 ● 介護保険制度のしくみのポイント

① **保険者（保険制度の運営主体）**
市町村および特別区である。ただし，小規模な市町村などでは保険者の事務を共同で行うことも認められている（広域連合や一部事務組合など）。

② **被保険者（保険制度の加入者）**
40歳以上65歳未満の医療保険加入者と65歳以上の住民に，法的に加入が義務づけられる強制適用のしくみが導入されている。

③ **保険料の徴収**
第1号被保険者については，市町村が直接徴収する「普通徴収」と年金から天引きされる「特別徴収」がある。第2号被保険者については，医療保険料と同時に徴収される。

④ **保険事故（介護サービスが利用できる要件）**
要介護状態または要支援状態として客観的に認定されることで保険給付を受けることができる。この認定は，全国一律の統計的手法をもとにして行われる。

⑤ **保険給付（利用できるサービス）**
法定化されているものが介護給付（要介護状態で利用可能）・予防給付（要支援状態で利用可能）である。そのほかに市町村特別給付（市町村ごとに条例で制度化）もある。

⑥ **介護サービスの事業者や施設**
多くのサービスで営利・非営利を問わず参入が可能であるが，事業者・施設として運営をするためには，法令にもとづく行政（都道府県もしくは市町村）の指定・監督などを受けることが必要である。

⑦ **保険事故の確認と保険給付利用のための手続き**
まず，被保険者が保険者に申請を行って要介護認定または要支援認定を受ける必要がある。そのうえで，介護サービスの利用にあたって，原則としてケアプランを作成することが求められる。

⑧ **保険給付のための財源**
財源の内訳は法令のうえで決められており，原則として，被保険者の負担する保険料が50％，国・都道府県・市町村による公費（税）での負担が50％になっている。

⑨ **保険給付を利用する際の利用者の負担割合**
保険給付の枠内であれば，原則はかかった費用の1割（所得によっては2割または3割）となっている。ただし，ケアプランの作成にかかった費用については，全額が保険給付されるため利用者負担はない。

⑩ **保険給付以外の事業**
介護予防をおもなねらいとする地域支援事業が制度化されている。

⑪ **不服申し立てのしくみ**
保険者の行った決定（要介護認定など）についての審査請求は，都道府県の設置する介護保険審査会で受理し，審査を行う。また，サービス利用に関する苦情は，サービス事業者での受付・処理が義務づけられると同時に，都道府県ごとに設置されている国民健康保険団体連合会でも受付や調査を行う。

2. 保険者・被保険者

❶ 保険者

介護保険制度の保険者は市町村および特別区（以下，市町村）です。地域ごとの特徴（人口構成や介護サービスの事業所・施設の整備状況，地理的条件，住民意識など）を反映できるしくみとするために，保険者は市町村単位と決められています。

ただし，保険制度の安定的な運営のために，近隣の市町村が共同で保険者となる広域連合[7]（→ p.97 参照）や一部事務組合[8]（→ p.97 参照）などの形態もあります。

❷ 被保険者

▶▶ 被保険者の要件

介護保険制度に加入する被保険者は，表 2-12 のように定められています。被保険者の要件に該当すれば法律により加入が義務づけられ，これを強制適用といいます。

なお，被保険者の要件に国籍は問われません。外国籍であっても日本に在留資格があり住民票の記載がある場合には，強制適用の対象となります。

生活保護受給者の場合，65 歳以上の人は，住所要件を満たしていれば被保険者となります。しかし，40 歳以上 65 歳未満の人は，生活保護を受給すると医療保険の被保険者でなくなる場合があるため，この場合には介護保険の被保険者とはなりません。このときには，必要な介護サービスは介護扶助（☞第 1 巻 p.172）で全額が給付されます。

表 2-12 ● 介護保険制度の被保険者

① 第 1 号被保険者 65 歳以上で市町村の区域内に住所がある者
② 第 2 号被保険者 40 歳以上 65 歳未満で市町村の区域内に住所があり，医療保険に加入している者

▶▶ 被保険者の適用除外と住所地特例

表 2-13 に示す施設や医療機関に入所・入院中の場合は，介護保険の被保険者とならない適用除外という措置がとられます。また，施設入所を理由として自宅から施設に住所を移した場合には，もともとの自宅のある住所地の保険者の被保険者となります。このことを住所地特例といいます。この対象施設は**介護保険施設**[9]（→ p.98 参照）・**特定施設**[10]（→ p.98 参照）・養護老人ホーム，有料老人ホームに該当するサービス付き高齢者向け住宅です。

表 2-13 ● 介護保険の適用除外

・障害者の日常生活及び社会生活を総合的に支援するための法律(障害者総合支援法)上の生活介護および施設入所支援の支給決定を受けて指定障害者支援施設に入所している身体障害者
・身体障害者福祉法の規定により障害者総合支援法上の障害者支援施設(生活介護を行うものに限る)に入所している身体障害者
・児童福祉法上の医療型障害児入所施設の入所者
・児童福祉法上の厚生労働大臣が指定する医療機関の入院者
・独立行政法人国立重度知的障害者総合施設のぞみの園が設置する施設の入所者
・国立ハンセン病療養所等の入所者
・生活保護法上の救護施設の入所者
・労働者災害補償保険法上の介護施設の入所者
・知的障害者福祉法にもとづく措置により障害者総合支援法上の障害者支援施設に入所している知的障害者
・障害者総合支援法上の生活介護および施設入所支援を受けて指定障害者支援施設に入所している知的障害者・精神障害者
・障害者総合支援法上の指定障害福祉サービス事業者である病院(療養介護を行うものに限る)に入院している者

▶▶ 被保険者の義務

被保険者にはいくつかの義務があります。代表的なものに,保険者の定める保険料を納付する義務があります。また,住所変更などの手続きを適切に行うことも求められます。保険者はこれらをもとに被保険者の資格管理を行います。

そうした手続きなどを行うことで,被保険者は要介護状態または要支援状態になったときに介護保険制度によるさまざまな介護サービス(保険給付)を利用する権利が発生することになります。

▶▶ 被保険者が 40 歳以上とされた背景

なぜ介護保険では被保険者が 40 歳以上とされているのでしょうか。本来,介護保険制度は「社会全体での介護に関する助け合いのしくみ」ですから,被保険者が年齢で区切られるべきものではありません。常識的に考えれば,成人全体を被保険者とすべきものと考えられます。しかし,介護保険制度の創設にあたっては,介護という問題をすべての人々が身近に受けとめていた状況ではなく,成人のすべてを強制適用とするには無理があるという意見が大勢を占めました。議論の末,自分自身が介護を身近なこととして考える年代,あるいは自分の親に介護の不安が出てくる年代以上を被保険者とすべきということとなり,40 歳以上が被保険者とされました。

しかしながら,介護保険の制度のあり方が議論されるたび,この被保険者の範囲がどうあるべきか,検討がくり返されています。

3. 保険給付の対象者

❶ 保険事故

▶▶ 保険事故に該当する状態

　保険給付を利用するためには，被保険者が保険事故に該当する状態になっていると認定されることが要件になります。保険事故の状態は，要介護状態・要支援状態（以下，要介護状態等）であり，表2-14のように定義づけられています。また，認定を受けた人をそれぞれ要介護者・要支援者（以下，要介護者等）といいます。

表 2-14 ● 要介護状態・要支援状態の定義

要介護状態	身体上または精神上の障害があるために，日常生活における基本的な動作の全部または一部について，おおむね6か月間にわたり継続して，常時介護を要すると見こまれる状態。
要支援状態	身体上もしくは精神上の障害があるために，日常生活における基本的な動作の全部もしくは一部について，おおむね6か月間にわたり継続して常時介護を要する状態の軽減もしくは悪化の防止に特に資する支援を要すると見込まれ，または日常生活を営むのに支障があると見こまれる状態。

❷ 要介護状態区分等と特定疾病

　要介護状態には5つの区分が，要支援状態には2つの区分が設けられています（表2-15）。この区分の決定（認定）は，保険者が，法令で規定された基準にのっとって行います。これを要介護認定・要支援認定（以下，要介護認定等）といいます。また，その基準は，介護サービスの必要性（介護にかかる手間）に応じて認定されるしくみとなっており，病気の重さや障害の重さとは必ずしも比例するものではありません。

　なお，第2号被保険者については，認定の条件として，要介護状態等の原因が特定疾病（☞第4巻 pp.278-279）（表2-16）にある場合に限定されています。

表 2-15 ● 要介護状態・要支援状態の区分

区分	状態（おおまかな目安）
要支援1	介護は必要ないものの生活の一部に支援が必要な状態。介護サービスを適宜利用すれば心身の機能の改善が見こまれる状態。
要支援2	要介護1と同様の状態ではあるものの，介護サービスを適宜利用すれば心身の機能の改善が見こまれる状態。
要介護1	立ち上がりや歩行が不安定。排泄や入浴などに部分的な介助が必要な状態。
要介護2	立ち上がりや歩行などが自力では困難。排泄・入浴などに一部または全面的な介助が必要な状態。
要介護3	立ち上がりや歩行などが自力ではできない。排泄・入浴・衣服の着脱など全面的な介助が必要な状態。
要介護4	日常生活のうえでの能力の低下がみられ，排泄・入浴・衣服の着脱など全般に全面的な介助が必要な状態。
要介護5	日常生活全般について全面的な介助が必要な状態。意思の伝達も困難となった状態も含む。

表 2-16 ● 特定疾病（16 病名）

・がん（医師が一般に認められている医学的知見にもとづき回復の見こみがない状態にいたったと判断したものに限る）
・関節リウマチ
・筋萎縮性側索硬化症
・後縦靱帯骨化症
・骨折をともなう骨粗鬆症
・初老期における認知症（法第5条の2第1項に規定する認知症（※）をいう）
・進行性核上性麻痺，大脳皮質基底核変性症およびパーキンソン病
・脊髄小脳変性症
・脊柱管狭窄症
・早老症
・多系統萎縮症
・糖尿病性神経障害，糖尿病性腎症および糖尿病性網膜症
・脳血管疾患
・閉塞性動脈硬化症
・慢性閉塞性肺疾患
・両側の膝関節または股関節にいちじるしい変形をともなう変形性関節症

※：「法第5条の2第1項に規定する認知症」とは，アルツハイマー病その他の神経変性疾患，脳血管疾患その他の疾患（特定の疾患に分類されないものを含み，せん妄，鬱病その他の厚生労働省令で定める精神疾患を除く）により日常生活に支障が生じる程度にまで認知機能が低下した状態のことである。

4. 保険給付までの流れ

介護保険で保険給付を利用する手続きとして，①要介護認定等の流れ，②ケアマネジメント（ケアプラン作成）の流れの2つの過程があります。

❶ 要介護認定等の流れ

要介護認定等の流れを図2-3に示します。

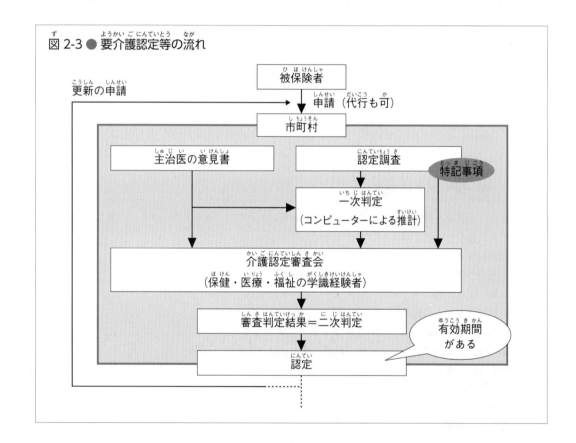

図 2-3 ● 要介護認定等の流れ

▶▶ 申請

要介護認定等には，まず被保険者による申請が必要です。申請は保険者の担当部署で受け付けます。この申請は，家族や**居宅介護支援事業者**[1]（➡ p.98 参照)，地域包括支援センターなどで代行が可能です。

▶▶ 市町村による認定調査・主治医意見書

　申請が受理されると認定調査（訪問調査）が行われます。これは，被保険者の心身の状態に関する調査であり，調査時点の居場所（自宅や入院先など）で行われます。

　認定調査は，法令で決められた全国一律の項目・方法で行われます。内容は概況調査・基本調査・特記事項で構成されています。このうち，一次判定に大きく影響する基本調査は，「身体機能・起居動作」「生活機能」「認知機能」「精神・行動障害」「社会生活への適応」「特別な医療」「日常生活自立度」に関連する項目の7群から構成されています。

　また，要介護認定等には主治医の意見書も必要です。これは，市町村が主治医に作成を依頼します。主治医がいない場合は，市町村が指定する医師の診察を受けることが必要となります。

▶▶ 一次判定

　認定調査項目の基本調査の結果をもとに，厚生労働省の定める統計的手法によって，「介護の必要度」が一定のデータ（数量）として算出され，それが要介護認定等基準時間として表されます。この時間数にもとづいて一次判定が行われます（表2-17）。なお，その際に基本調査，特記事項，主治医の意見書の間に不整合がないかの確認も行われます。

表2-17 ● 一次判定における要介護状態等区分と要介護認定等基準時間

区分	要介護認定等基準時間
非該当	25分未満
要支援1	25分以上32分未満
要支援2・要介護1	32分以上50分未満
要介護2	50分以上70分未満
要介護3	70分以上90分未満
要介護4	90分以上110分未満
要介護5	110分以上

注：要支援2と要介護1の区別は，「認知機能の低下の評価」と「状態の安定性に関する評価」の結果にもとづいて行われます。

▶▶ 二次判定

　一次判定結果をもとに介護認定審査会で二次判定（最終的な審査・判定）が行われます。この介護認定審査会は市町村に設置される機関で，保健・医療・福祉の学識経験者5名（原則）の合議体による判定を行います。複数の市町村で共同設置する場合や，市町村で設置できない事情のあるときに都道府県が設置する場合もあります。

　二次判定は，一次判定結果に主治医の意見書と認定調査の特記事項を加味し，最終的な判定を行います。ここでは，介護の必要性の多少について議論し，特記事項・主治医の意見書の具体的記載からその理由がある場合，一次判定を変更することになります。介護認定審査会は，要介護状態等の軽減または悪化の防止のために必要な療養についての意見などを市町村に述べることもできます。

　同時に，全体的な状況から認定の有効期間を設定します。この期間については，表2-18のように定められています。

表2-18 ● 要介護認定等の有効期間

	原則	設定可能
新規申請	6か月	3～12か月
区分変更申請	6か月	3～12か月
更新申請	12か月	3～36か月（※）

※：要介護状態区分・要支援状態区分が変わらない場合は3～48か月となる。

▶▶ 認定と通知

　介護認定審査会での審査・判定結果を受け，市町村が認定あるいは不認定の決定を行います。認定は申請日から原則30日以内に行われることになっています。認定結果は，申請を行った被保険者に文書で通知されます。なお，認定の有効期間は，申請日にさかのぼって設定されます。

▶▶ 更新・区分変更など

　保険給付を継続的に利用するときには，有効期間の終了前に要介護認定等の更新の申請をする必要があります。また，要介護認定等の有効期間中に状態の変化があった場合，被保険者等が要介護認定等の区分を変更するための申請を行うことができます（軽度に変化した場合に限り，市町村の職権で区分変更の申請が行われる場合もあります）。

❷ ケアマネジメントの流れ

　要介護認定等が行われれば，介護保険による介護サービスが利用可能です。ただし，実際のサービス利用にあたっては，原則的にケアプラン[12]（→ p.98 参照）を作成することが必要です。この際の流れは図 2-4 のようになります。

▶▶ 居宅サービスを利用するとき

　ケアプラン（居宅サービス計画）は利用者が自分で作成することが可能です。また，要介護1〜5の場合は居宅介護支援事業者（作成するのは介護支援専門員（ケアマネジャー））に，要支援1〜2の場合は地域包括支援センター（介護予防支援事業者）（作成するのは保健師など）に依頼をすることができます。実際にはほとんどの利用者がこうした依頼をしています。なお，ケアプランに位置づけられた個別の保険給付（訪問介護（ホームヘルプサービス），訪問看護，通所介護（デイサービス），福祉用具貸与など）は，各サービス事業者で作成する個別サービス計画[13]（→ p.98 参照）（訪問介護計画，訪問看護計画，通所介護計画，福祉用具貸与計画など）にもとづいて実施されます。したがって，ケアプランとこれらの個別サービス計画は常に関連して作成や修正が行われます。

▶▶ 施設サービスを利用するとき

　直接，介護保険施設に連絡をとり，入所のための相談を行います。そして，入所時にケアプラン（施設サービス計画）が施設で作成されます。ケアプランの作成は，介護支援専門員が担当します。

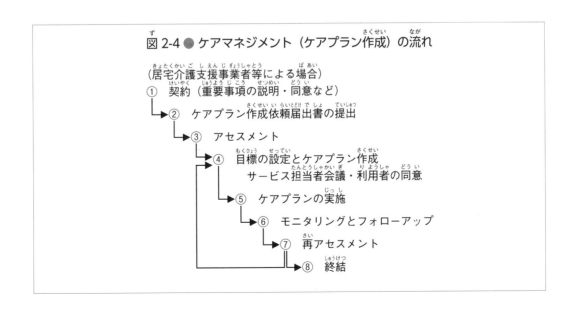

図 2-4 ● ケアマネジメント（ケアプラン作成）の流れ

（居宅介護支援事業者等による場合）
① 契約（重要事項の説明・同意など）
↓
② ケアプラン作成依頼届出書の提出
↓
③ アセスメント
↓
④ 目標の設定とケアプラン作成
　　サービス担当者会議・利用者の同意
↓
⑤ ケアプランの実施
↓
⑥ モニタリングとフォローアップ
↓
⑦ 再アセスメント
↓
⑧ 終結

5. 保険給付の種類と内容

　保険給付は，介護給付と予防給付に大別されます（表2-19）（さらに，市町村の独自の給付を位置づけた市町村特別給付を設けている保険者もあります）。要介護者であれば介護給付を，要支援者であれば予防給付を，それぞれ利用することができます。

　介護給付・予防給付では，要介護状態区分・要支援状態区分に応じ，利用できる保険給付の範囲（金額）について，月ごとに上限額が設定されます。これを区分支給限度基準額といいます。

表2-19 ● 介護給付と予防給付

	市町村が指定を行うもの	都道府県・政令指定都市・中核市が指定を行うもの
介護給付	◎地域密着型サービス ・定期巡回・随時対応型訪問介護看護 ・夜間対応型訪問介護 ・地域密着型通所介護 ・認知症対応型通所介護 ・小規模多機能型居宅介護 ・認知症対応型共同生活介護 ・地域密着型特定施設入居者生活介護 ・地域密着型介護老人福祉施設入所者生活介護 ・看護小規模多機能型居宅介護（複合型サービス） ◎居宅介護支援	◎居宅サービス ・訪問介護 ・訪問入浴介護 ・訪問看護 ・訪問リハビリテーション ・居宅療養管理指導 ・通所介護 ・通所リハビリテーション ・短期入所生活介護 ・短期入所療養介護 ・特定施設入居者生活介護 ・福祉用具貸与 ・特定福祉用具販売 ◎施設サービス ・介護老人福祉施設 ・介護老人保健施設 ・介護医療院 ・介護療養型医療施設（2024（令和6）年3月31日までに廃止）
予防給付	◎地域密着型介護予防サービス ・介護予防認知症対応型通所介護 ・介護予防小規模多機能型居宅介護 ・介護予防認知症対応型共同生活介護 ◎介護予防支援	◎介護予防サービス ・介護予防訪問入浴介護 ・介護予防訪問看護 ・介護予防訪問リハビリテーション ・介護予防居宅療養管理指導 ・介護予防通所リハビリテーション ・介護予防短期入所生活介護 ・介護予防短期入所療養介護 ・介護予防特定施設入居者生活介護 ・介護予防福祉用具貸与 ・特定介護予防福祉用具販売

❶ 介護給付（居宅サービス等）

▶▶ 訪問介護（ホームヘルプサービス）

　介護福祉士や訪問介護員（ホームヘルパー）が利用者の居宅を訪問して行う介護サービスです。具体的には，身体介護（排泄・食事・更衣・入浴など）・生活援助（掃除・洗濯・調理などの家事の援助など）・通院などのための乗車降車の介助（訪問介護員の運転する車両で通院などを行う際の乗降と移動の介助・受診手続き）があります。

訪問介護

▶▶ 訪問入浴介護

　自宅での入浴が困難な利用者の居宅を車両などで訪問し，専用の簡易浴槽を持ちこんで行う入浴のサービスです。

▶▶ 訪問看護

　看護師などが利用者の居宅を訪問し

訪問入浴介護

て，病状の観察，療養上の世話（清潔保持や排泄の支援など），診療の補助（医療処置やバイタルサイン測定など）などを行います（医師の指示が必要です）。

▶▶ 訪問リハビリテーション

　理学療法士・作業療法士・言語聴覚士が利用者の居宅を訪問し，基本動作やADL[14]（➡ p.98参照），家事等のIADL[15]（➡ p.99参照），言語や嚥下などに関する機能訓練を行います（医師の指示が必要です）。

▶▶ 居宅療養管理指導

　医師や薬剤師などの専門職が居宅を訪問し，医学的な面からの療養上の管理・指導（生活上の助言や，服薬，栄養，口腔ケアなどの指導を行うことで在宅生活を送れるよう支援）を行うものです。原則として，利用者は通院などが困難である場合に限られます（医師・歯科医師以外の実施については医師または歯科医師の指示が必要です）。

▶▶ 通所介護（デイサービス）

　日帰りの施設などで行われる通所サービスで，主に日中の時間帯に入浴や食事などの介護や機能訓練を行います。ほとんどの場合，送迎も実施されています。社会的孤立感の解消や生活の活性化，介護者の介護負担軽減などを主目的とするものです。1日あたりの利用定員は19人以上とされています。

▶▶ 通所リハビリテーション

　リハビリテーションの必要性が高い人に対応する通所サービスです。心身の機能の維持・回復が主目的となります。通所介護と同様，ほとんどの場合で送迎が実施されます。また，入浴や食事を実施している事業者も少なくありません。

▶▶ 短期入所生活介護（ショートステイ）

　特別養護老人ホーム，老人短期入所施設などで短期間の入所を行い，入浴，排泄，食事などの介護や日常生活上の世話，機能訓練を行うものです。家族介護者の介護負担軽減や休養，また急病や冠婚葬祭などによる一時的な介護困難に際しても活用されます。同時に，利用者本人の機能改善や活性化も大切な目的です。

▶▶ 短期入所療養介護（ショートステイ）

　介護老人保健施設，介護医療院，病院や診療所（療養病床）などで短期間の入所を行い，看護，医学的管理下の介護や機能訓練，必要な医療，日常生活上の世話を行うものです。利用者の医療的依存度が高い場合やリハビリテーションが必要な場合に多く活用されます。

▶▶ 特定施設入居者生活介護

　特定施設に入居している要介護者について，入浴，排泄，食事などの介護や日常生活上の世話，機能訓練および療養上の世話を行うものです。介護サービスは，特定施設の職員が提供するものと，外部の介護サービス事業者を利用するものがあります。

▶▶ 福祉用具貸与

　要介護状態のためにベッドや車いすなどの福祉用具が必要な場合，保険給付として貸与が受けられます（表2-20）。

▶▶ 特定福祉用具販売

　貸与になじまない福祉用具（入浴や排泄に関するもの）は特定福祉用具として，購入費用を保険給付の対象としています（表2-20）。

表 2-20 ● 介護保険における福祉用具の給付対象種目

福祉用具貸与	特定福祉用具販売
・車いす ・車いす付属品 ・特殊寝台 ・特殊寝台付属品 ・床ずれ防止用具 ・体位変換器 ・手すり ・スロープ ・歩行器 ・歩行補助つえ ・認知症老人徘徊感知機器 ・移動用リフト（つり具の部分を除く） ・自動排泄処理装置（本体部分）	・腰掛便座 ・自動排泄処理装置の交換可能部品 ・排泄予測支援機器 ・入浴補助用具 　　入浴用いす 　　浴槽用手すり 　　浴槽内いす 　　入浴台 　　浴室内すのこ 　　浴槽内すのこ 　　入浴用介助ベルト ・簡易浴槽 ・移動用リフトのつり具の部分

▶▶ 住宅改修

　要介護状態により必要になった自宅などの改修工事の一部は，保険者に事前申請をするなどの手続きをとることにより，保険給付となります（表 2-21）。

表 2-21 ● 介護保険の対象となる住宅改修

① 手すりの取りつけ
② 段差の解消
③ 滑りの防止および移動の円滑化等のための床または通路面の材料の変更
④ 引き戸等への扉の取り替え
⑤ 洋式便器等への便器の取り替え（便器の位置や向きの変更も含む）
⑥ その他①～⑤の住宅改修に付帯して必要となる住宅改修

▶▶ 居宅介護支援

　介護支援専門員が居宅サービス計画の作成にあたり，ケアマネジメントを実施します。

　訪問介護・通所介護・短期入所生活介護については，2017（平成 29）年の介護保険法の改正により，高齢者と障害児・障害者が同一の事業所でサービスを受けやすくするため，介護保険制度と障害福祉制度の両方の指定を受けることができる共生型サービスが 2018（平成 30）年 4 月に創設されました。

❷ 介護給付（施設サービス）

▶▶ 介護老人福祉施設

入浴，排泄，食事などの介護や日常生活上の世話，機能訓練，健康管理などが提供される施設で，介護を中心とした長期入所の生活施設です。

なお，新規の入所にあたっては，原則として要介護3以上の人に限定されます。

老人福祉法にもとづいて設置される特別養護老人ホームが，介護保険法による指定を受けることで運営を行います。

▶▶ 介護老人保健施設

看護，医学的管理下の介護，機能訓練や必要な医療などが提供される施設で，リハビリテーション（おもに維持期）を提供し，家庭復帰の支援を行う点に特徴があります。この施設は介護保険法にもとづいて開設許可を受けることで運営を行うことができます。

▶▶ 介護医療院

療養上の管理，看護，医学的管理下の介護および機能訓練や必要な医療などが提供される施設で，生活施設として住まいの機能も兼ね備え，長期にわたって療養が必要な要介護者をおもな対象としています。2018（平成30）年4月に創設され，介護療養型医療施設の転換先の1つとなっています。この施設は介護保険法にもとづいて開設許可を受けることで運営を行うことができます。

▶▶ 介護療養型医療施設

療養上の管理，看護，医学的管理下の介護，機能訓練などを行う施設で，おもに医療を重視した長期療養者のための施設です。

この施設は，医療法にもとづいて設置される病院・診療所の療養病床が，介護保険法による指定を受けることで運営が行われます。

なお，この介護療養型医療施設は2024（令和6）年3月31日までに廃止されることとなっています。

❸ 介護給付（地域密着型サービス）

▶▶ 定期巡回・随時対応型訪問介護看護

訪問サービスの1つであり，①昼間・夜間を通じて24時間対応，②訪問介護と訪問看護の両方のサービスを提供，③あらかじめ決められた定期的な巡回訪問以外でも利用者からの通報により随時訪問も可能という特徴があります。

74

▶▶ 夜間対応型訪問介護

夜間の時間帯に訪問介護を行うサービスです。サービス提供の時間帯は最低限22時から6時を含むことが必要とされています。なお，8時から18時までを含むことは認められておらず，この時間帯については，通常の訪問介護を利用することとなります。

▶▶ 地域密着型通所介護

通所介護のうち，1日あたりの利用定員が18人以下のものです。

▶▶ 認知症対応型通所介護

認知症の利用者を対象とした通所介護のサービスです。認知症高齢者の特性に配慮し，1日の利用定員を少人数に限定して運営を行うものです。

▶▶ 小規模多機能型居宅介護

登録定員を29人以下に限定し，家庭的な環境と地域住民との交流のもとで，訪問・通い（通所）・泊まり（短期入所）の3つのサービスを利用者にあわせて適宜組み合わせ，在宅生活の支援を行うものです。

▶▶ 認知症対応型共同生活介護（グループホーム）

認知症高齢者のための共同生活住居において，必要な介護サービスを提供するものです。原則として，1つの事業所に共同生活住居は3つまでとされています。共同生活住居ごとの入居定員は5人以上9人以下とされ，利用者の家族や地域住民との交流をはかることができるよう，住宅地に設置されることが基本とされています。

▶▶ 地域密着型特定施設入居者生活介護

特定施設入居者生活介護のうち，定員が29人以下のものです。

▶▶ 地域密着型介護老人福祉施設入所者生活介護

介護老人福祉施設のうち，定員が29人以下のものです。

▶▶ 看護小規模多機能型居宅介護（複合型サービス）

訪問看護と小規模多機能型居宅介護を組み合わせ，利用者に看護などのサービスを提供可能とすることで医療的な問題にも一定程度対応できるようにするものです。

地域密着型通所介護については，2017（平成29）年の介護保険法の改正により，高齢者と障害児・障害者が同一の事業所でサービスを受けやすくするため，介護保険制度と障害福祉制度の両方の指定を受けることができる共生型サービスが2018（平成30）年4月に創設されました。

❹ 予防給付

サービスの種類は介護給付とほぼ同じですが，表2-22のような違いがあります。

何よりも予防給付では，介護サービスの提供・利用にあたって「要介護状態となることを予防するための給付」という意味が強調され，法令上にそのための基準（介護予防のための効果的な支援の方法に関する基準）が加えられています。

表 2-22 ● 予防給付の介護給付との違い

- ・施設サービスは設定されない。
- ・訪問介護と通所介護は設定されず，地域支援事業（介護予防・日常生活支援総合事業）によって行われる。
- ・地域密着型サービスのうち，定期巡回・随時対応型訪問介護看護，夜間対応型訪問介護，地域密着型通所介護，地域密着型特定施設入居者生活介護，地域密着型介護老人福祉施設入所者生活介護，看護小規模多機能型居宅介護に相当するサービスは設定されない。
- ・ケアマネジメントのサービスは介護予防支援とされ，地域包括支援センターで要支援者のケアマネジメントが実施される。
- ・サービス種類の名称の頭に「介護予防」とつく。

❺ 市町村特別給付

介護給付と予防給付は，介護保険法で定められた保険給付ですが，それ以外に市町村独自の給付を条例で定めることができます。これを市町村特別給付といいます。

実際の例としては，紙おむつ支給，移送サービス，配食サービス，寝具乾燥サービスなどの給付を設けている市町村があります。

6. 地域支援事業

❶ 地域支援事業とは

　地域支援事業は保険給付とは別建ての事業であり，介護予防・日常生活支援総合事業，包括的支援事業，任意事業の３つに分けられます。この事業の実施主体は市町村です。

❷ 事業内容

▶▶ 介護予防・日常生活支援総合事業

　介護予防・日常生活支援総合事業は，要支援者等に対して必要な支援を行う「介護予防・生活支援サービス事業（第１号事業）」と，住民主体の介護予防活動の育成や支援等を行う「一般介護予防事業」で構成されています（図2-5）。

　この事業の実施主体は市町村であり，地域によって実施状況・内容が異なります。

(1) 介護予防・生活支援サービス事業（第１号事業）

　この事業の対象となるのは，「要支援者（要支援１〜2）」と「介護予防・生活支援サービス事業対象者（基本チェックリストに該当する第１号被保険者）」，「継続利用要介護者（要介護者のうち，継続して介護予防・生活支援サービス事業を利用することを市町村が認めた者）」です。介護予防サービスと幅広い生活支援サービスを利用者の状況にあわせて一体的に提供するものです。

① 訪問型サービス（第１号訪問事業）

　身体介護を含む訪問介護のほか，市町村から委託を受けた一般事業者や住民組織・ボランティアによる訪問サービス（生活援助のみ）など，地域内の幅広いサービス主体が位置づけられます。保健・医療の専門職による短期間の訪問サービスも位置づけられています。

② 通所型サービス（第１号通所事業）

　機能訓練などを含む通所介護のほか，市町村から委託を受けた一般事業者や住民組織・ボランティアによる通所サービスなど，地域内の幅広いサービス主体が位置づけられます。保健・医療の専門職による短期間の通所サービスも位置づけられています。

③ その他生活支援サービス（第１号生活支援事業）

　配食サービスや住民等による見守り活動などのサービスが位置づけられます。

④ 介護予防ケアマネジメント（第１号介護予防支援事業）

　介護予防・生活支援サービス事業の対象者に対し，サービスの利用にあたってのケアマネジメントを実施します（原則として地域包括支援センターが実施）。

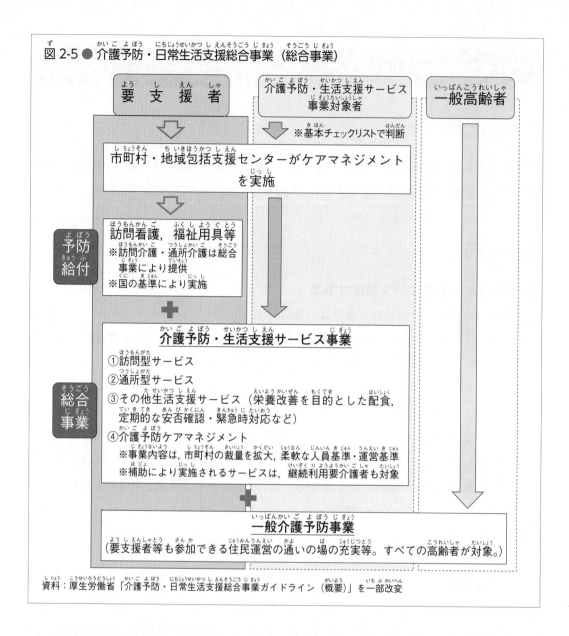

図 2-5 ● 介護予防・日常生活支援総合事業（総合事業）

要支援者　　介護予防・生活支援サービス事業対象者　　一般高齢者

※基本チェックリストで判断

市町村・地域包括支援センターがケアマネジメントを実施

予防給付
訪問看護，福祉用具等
※訪問介護・通所介護は総合事業により提供
※国の基準により実施

介護予防・生活支援サービス事業
①訪問型サービス
②通所型サービス
③その他生活支援サービス（栄養改善を目的とした配食，定期的な安否確認・緊急時対応など）
④介護予防ケアマネジメント
※事業内容は，市町村の裁量を拡大，柔軟な人員基準・運営基準
※補助により実施されるサービスは，継続利用要介護者も対象

総合事業

一般介護予防事業
（要支援者等も参加できる住民運営の通いの場の充実等。すべての高齢者が対象。）

資料：厚生労働省「介護予防・日常生活支援総合事業ガイドライン（概要）」を一部改変

(2)　一般介護予防事業

　すべての第1号被保険者（およびその支援のための活動にかかわる者）を対象として，①介護予防把握事業（何らかの支援を必要とする高齢者を早期に把握し，介護予防活動へつなげる事業），②介護予防普及啓発事業（介護予防の普及・啓発），③地域介護予防活動支援事業（住民主体の介護予防活動の育成・支援），④一般介護予防事業評価事業（一般介護予防事業の成果を把握・評価して改善するための事業），⑤地域リハビリテーション活動支援事業（住民や介護職員等への介護予防に関する技術的助言などを行う事業）が行われます。

▶▶ 包括的支援事業

包括的支援事業は，被保険者に対する幅広い相談支援や地域の介護サービス事業者のネットワーク化など，支援システムを構築するための取り組みです。「地域包括支援センターの運営」として次の(1)～(4)が位置づけられており，これらは地域包括支援センターで実施しています（図2-6）。また，(5)～(7)の実施については，市町村の実情に応じて地域包括支援センター以外の市町村が適当と認める組織・機関に委託することも可能となっています。(8)の地域ケア会議は，市町村や地域包括支援センターが主催します。

(1) 第1号介護予防支援事業（介護予防ケアマネジメント）

介護予防・生活支援サービス事業（第1号事業）の対象者（要支援者を除く）に対するケアマネジメントを行う事業です。

(2) 総合相談支援業務

介護保険制度の範囲にとらわれず，高齢者の生活上のさまざまな課題に対応する包括的な相談を行う事業です。

(3) 権利擁護業務

成年後見制度の活用促進や，高齢者虐待への対応，さらに消費者被害の防止などを行う事業です。

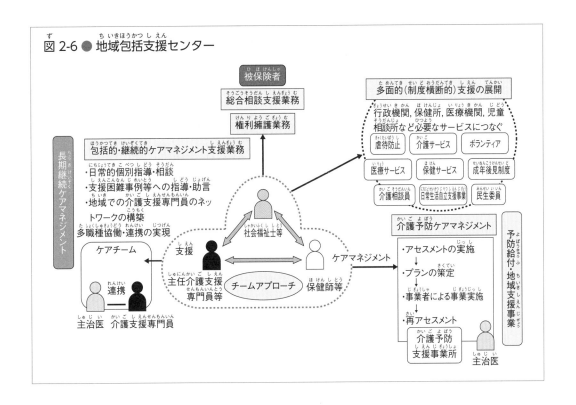

図2-6 ● 地域包括支援センター

(4) 包括的・継続的ケアマネジメント支援業務

　　介護支援専門員の資質向上のためのスーパービジョンや事例検討会などの研修，介護支援専門員と介護サービス事業者や地域内の医療機関，住民組織などのネットワーク構築を行う事業です。

(5) 在宅医療・介護連携推進事業

　　地域内の医療・介護資源の把握，医療・介護関係者間の情報共有や高齢者の退院に関する医療・介護関係者の支援などを行う事業です。

(6) 生活支援体制整備事業

　　各種の制度の範囲外の地域の社会資源（生活支援サービス）を発見・創出するために，生活支援コーディネーター（地域支え合い推進員）を配置したり，関係機関・団体などによる協議体を設置したりする事業です。

(7) 認知症総合支援事業

　　認知症高齢者の初期対応を専門職で行うための認知症初期集中支援チームを配置する認知症初期集中支援事業や，認知症地域支援推進員を配置し，地域内での認知症ケアの普及をはかる認知症地域支援・ケア向上事業を行う事業です。

(8) 地域ケア会議推進事業

　　地域内の医療・介護の専門職等により，介護支援専門員によるケアマネジメントの個別ケースの検討を行う会議（地域ケア個別会議）を開催するとともに，そこで把握された地域の課題を軽減・解決するための関係機関・団体などによる会議（地域ケア推進会議）を開催する事業です。

▶▶ 任意事業

　　任意事業は，地域の実情に応じて市町村独自の発想・形態で企画・実施されます。例としては，介護給付等費用適正化事業としてケアプランの点検を市町村が行って費用の効率化をはかったり，家族介護支援事業として介護者（家族）の支援策を講じたりします。

7. 国・都道府県・市町村の役割

介護保険制度では，保険者である市町村を，国や都道府県などが重層的に支えるしくみがとられています。

❶ 国の役割

国は，制度の枠組みを決め，全体的な方向づけを果たす機能を有します。

表 2-23 ● 介護保険制度における国のおもな役割

① 制度運営に必要な基準などの設定
・要介護認定および要支援認定，介護報酬の基準の設定
・区分支給限度基準額の設定
・地方公共団体がサービス事業者，施設等の人員・設備・運営等の基準を定めるにあたって従うべき基準，または標準とする基準，参酌する基準の設定
・第2号被保険者の費用負担割合の設定
② 保険者の財源にかかる定率の負担，調整交付金の交付，財政安定化基金への拠出などの財政負担
③ 介護サービス基盤の整備に関すること
・基本指針の策定
・市町村・都道府県に対する情報提供や助言等の援助
④ 介護保険事業の円滑な運営のための市町村・都道府県等に対する助言・監督・指導

❷ 都道府県の役割

都道府県は，保険者である市町村の支援をおもに行い，広域的な調整業務などを行う役割も果たします。

介護サービス情報の公表も都道府県の責任で行われます。これは，介護サービスを利用する要介護者等が介護サービス事業者・施設を選択する際に参考にするための情報を広く公表するものです。具体的には，事業者・施設に対して都道府県に所定事項（基本情報と運営情報）を報告することを義務づけるとともに，都道府県に報告内容についての事実確認の調査を行うことができるように規定し，その結果を含めた介護サービス情報を公表することを義務づける制度です。

表 2-24 ● 介護保険制度における都道府県のおもな役割

① 要介護認定および要支援認定の援助に関する業務
  ・市町村が単独で介護認定審査会を設置することがむずかしい場合の共同設置
② 保険者の財源にかかる定率負担，財政安定化基金の運営などの財政支援
③ サービス事業者・施設に関する業務
  ・居宅サービス事業者（介護予防を含む）の指定および介護保険施設の指定（または許可），指定更新，指導や監督，報告命令や立入調査，指定の取り消し等
  ・サービス事業者・施設の人員・設備・運営等の基準を条例で設定
④ 介護サービス情報の公表に関する業務
⑤ 介護支援専門員に関する業務
  ・登録，登録更新，介護支援専門員証の交付，試験および研修の実施等
⑥ 介護サービス基盤の整備に関する業務
  ・都道府県介護保険事業支援計画の策定（3年ごと），市町村への助言等
⑦ その他
  ・介護保険審査会（保険者である市町村が行った要介護認定等の処分に不服があり，審査請求をする際の審理・裁決機関）の設置・運営等

❸ 市町村の役割

保険者である市町村は，介護保険の運営主体としての多様な機能を果たします。

表 2-25 ● 介護保険制度における市町村のおもな役割

① 被保険者の資格管理に関する業務
② 要介護認定および要支援認定に関する業務
  ・認定事務，介護認定審査会の設置等
③ 保険給付に関する業務
  ・現物給付の介護報酬の審査・支払い（国民健康保険団体連合会に委託）
  ・償還払いの保険給付の支給
  ・市町村特別給付の実施
④ サービス事業者に関する業務
  ・地域密着型サービス事業者（介護予防を含む）および居宅介護支援事業者，介護予防支援事業者の指定，指定更新，指導や監督，指定の取り消し等
  ・すべてのサービス事業者・施設への報告命令や立入調査等
  ・サービス事業者の人員・設備・運営等の基準を条例で設定
⑤ 地域支援事業の実施，地域包括支援センターの設置・運営
⑥ 市町村介護保険事業計画の策定（3年ごと）
⑦ 保険料に関する業務
  ・第1号被保険者の保険料率等の決定
  ・第1号被保険者の保険料の普通徴収
⑧ 介護保険の財政運営

8. その他の組織の役割

❶ 国民健康保険団体連合会

　国民健康保険団体連合会（国保連）は，国民健康保険の保険者である都道府県もしくは市町村または国民健康保険組合が共同で都道府県ごとに設置した団体であり，元来より医療保険の国民健康保険にかかる診療報酬の審査・支払いを実施しています。介護保険制度の施行以降は，それとあわせて介護保険に関する**表2-26**の業務も行うこととなっています。介護保険のサービスに関する苦情処理をになっていることに大きな特徴があります。

表 2-26 ● 介護保険制度における国民健康保険団体連合会のおもな業務

① 介護報酬や介護予防・日常生活支援総合事業の費用の審査・支払い（市町村からの委託による）
② 苦情処理の業務
・事業者や施設のサービスに関する利用者からの苦情の受付，調査および必要な指導・助言
・苦情処理担当委員の委嘱
③ 介護保険事業の円滑な運営のための業務
・第三者行為求償事務（※）（市町村からの委託による）

※：保険給付の原因が他者による行為（交通事故等）である場合に，介護保険サービスの提供にかかった費用を加害者に請求すること。

❷ 医療保険者と社会保険診療報酬支払基金

　医療保険者は，その保険者に加入している介護保険の第2号被保険者の介護保険料を医療保険料と一緒に徴収し，社会保険診療報酬支払基金に納付金として納付する業務を行っています。

　社会保険診療報酬支払基金は，医療保険の診療報酬の審査・支払いをする機関ですが，介護保険制度においては，第2号被保険者の保険料を，介護保険の各保険者に交付金として交付する役割をになっています。

❸ 年金保険者

　年金保険者は，第1号被保険者のうちで一定額以上の公的年金を受給している者の年金支給の際に，介護保険料を特別徴収（天引き）し，市町村に納入する業務を行っています。

9. 介護保険の財政

月

日

❶ 保険給付に必要な費用

　保険給付に必要な費用は，利用者の自己負担額を除いて，50％が公費（税）とされ，50％が保険料でまかなわれることになっています。

　このうち，公費50％の内訳は，国の定率負担20％および調整交付金5％，都道府県12.5％，市町村12.5％です。調整交付金は，市町村間の財政力格差の調整などのためにあてられ，市町村ごとの実際の交付率は異なります。なお，施設等給付費（介護保険施設・特定施設の給付費）については，国の定率負担15％および調整交付金5％，都道府県17.5％，市町村12.5％と規定されています（図2-7）。

　また，保険料50％の内訳は，第1号被保険者の保険料23％，第2号被保険者の保険料27％になっています（2021（令和3）年度から2023（令和5）年度まで）。この比率は，第1号被保険者と第2号被保険者の人口比により，3年ごとに見直しが行われます。

　こうした規定の一方，予算では想定できなかった給付費増があった場合に対応する方策も定められています。まず，公費と第2号被保険者の保険料に該当する部分については精算交付が可能になっています。また，第1号被保険者の保険料部分については，保険者に対して，給付費増で不足する費用の貸付，保険料の未納で不足する費用の交付（当該費用の2分の1）と貸付を行うために，財政支援を行う機関として，都道府県に財政安定化基金がおかれています。

図 2-7 ● 介護保険の財源構成（介護給付・予防給付）

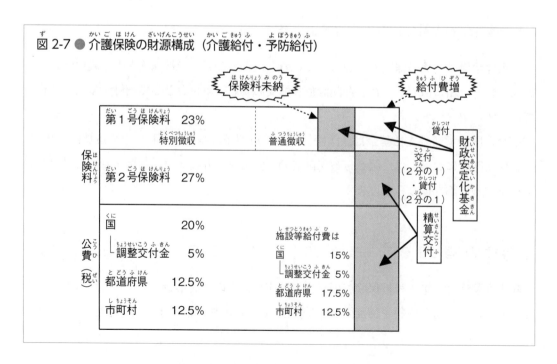

❷ 地域支援事業の財源

　地域支援事業も，保険給付同様に各保険者が予算を管理しますが，事業の種類によって財源構成が異なります。その概要を表 2-27 に示します。

表 2-27 ● 保険給付・地域支援事業の費用負担構造

		国	都道府県	市町村 （一般会計）	第1号 保険料	第2号 保険料
介護給付費	居宅給付費	25.0%（※2）	12.5%	12.5%	23.0%	27.0%
	施設等給付費	20.0%（※2）	17.5%	12.5%	23.0%	27.0%
地域支援事業	総合事業（※1）	25.0%（※2）	12.5%	12.5%	23.0%	27.0%
	包括的支援事業 任意事業	38.5%	19.25%	19.25%	23.0%	―

※1：「総合事業」とは，「介護予防・日常生活支援総合事業」をいう。
　2：調整交付金5%を含む。

❸ 保険料

▶▶ 第1号被保険者の保険料

　第1号被保険者については，一人ひとりが，各保険者の定める保険料基準額を基本として，所得に応じた段階（所得段階）ごとに設定される保険料率に応じて納付することになります。この所得段階は，原則として9段階（表 2-28）です。第1号被保険者の保険料基準額・保険料率は，3年ごとに保険者が決定することになっています。

　この第1号被保険者の保険料の徴収方法は2つあり，特別徴収と普通徴収という方式に分けられます。

　特別徴収とは，年金が支給される際に年金から天引きされる形で保険料が徴収される方法です。これは，年額18万円以上の老齢年金，障害年金，遺族年金などを受給する第1号被保険者が対象となります。

　一方，普通徴収とは，特別徴収に該当しない第1号被保険者が対象であり，保険者が送付する納入通知書により保険者に直接納付する方法です。

表 2-28 ● 第 1 号被保険者の保険料

段階	対象者	保険料
第 1 段階	・生活保護受給者 ・市町村民税世帯非課税かつ老齢福祉年金受給者 ・市町村民税世帯非課税かつ本人年金収入等 80 万円以下	基準額 × 0.3
第 2 段階	市町村民税世帯非課税かつ本人年金収入等 80 万円超 120 万円以下	基準額 × 0.5
第 3 段階	市町村民税世帯非課税かつ本人年金収入等 120 万円超	基準額 × 0.7
第 4 段階	本人が市町村民税非課税（世帯に課税者がいる）かつ本人年金収入等 80 万円以下	基準額 × 0.9
第 5 段階	本人が市町村民税非課税（世帯に課税者がいる）かつ本人年金収入等 80 万円超	基準額 × 1.0
第 6 段階	本人が市町村民税課税かつ合計所得金額 120 万円未満	基準額 × 1.2
第 7 段階	本人が市町村民税課税かつ合計所得金額 120 万円以上 210 万円未満	基準額 × 1.3
第 8 段階	本人が市町村民税課税かつ合計所得金額 210 万円以上 320 万円未満	基準額 × 1.5
第 9 段階	本人が市町村民税課税かつ合計所得金額 320 万円以上	基準額 × 1.7

※：上記表は標準的な段階。市町村が条例により課税層についての区分数を弾力的に設定できる。なお，保険料率はどの段階においても市町村が設定できる。

出典：厚生労働省「令和 4 年版厚生労働白書 資料編」p.231，2022 年を一部改変

▶▶ 第 2 号被保険者の保険料

第 2 号被保険者については，加入する医療保険の医療保険料と一緒に介護保険料が徴収されます。

保険料は，国が毎年度定める第 2 号被保険者 1 人あたりの負担額にもとづいて，社会保険診療報酬支払基金が各医療保険者から納付金として徴収します。医療保険者は，各医療保険者の規定にもとづいて医療保険の被保険者から徴収を行います。

❹ 利用者負担

介護保険制度においては，サービス利用の際，原則として所得にかかわらずサービス費用の総額の一定割合を利用者が負担します。これを応益負担といいます。

自己負担の割合は費用の 1 割と定められ，残りの 9 割が保険給付になります。ただし，一定以上の所得のある第 1 号被保険者については，自己負担が 2 割もしくは 3 割，保険給付が 8 割もしくは 7 割となります。一方，居宅介護支援・介護予防支援といったケアマネジメントについては，利用者負担はなく，10 割全額が保険給付になります。

なお，介護予防・日常生活支援総合事業に関する利用者負担は，これらの保険給付の負担割合を下限として各市町村が設定します。

この定率の自己負担額について，月あたりの金額が一定額を超えて高額となった場合，所得に応じて設定されている自己負担限度額を上回る金額が払い戻される「高額介護サービス費」の給付が行われます。この限度額は，本人または属する世帯の所得に応じて設定されています。

一方で，表2-29に示したものは保険給付の対象とならず，全額が利用者負担になります（このうち，低所得者が負担する施設入所時の居住費・食費と短期入所時の滞在費・食費については，軽減措置として「特定入所者介護サービス費」または「特定入所者介護予防サービス費」（補足給付）の給付が行われます）。

表 2-29 ● 保険給付の対象とならず全額が利用者負担になるもの

- 食費（施設サービス・短期入所サービス・通所サービス）
- 施設入所時の居住費・短期入所時の滞在費
- 特定施設やグループホームでの家賃・管理費など
- 日常生活費・特別なサービスの費用（教養娯楽費，グループホームや特定施設・通所サービスでのおむつ代など）
- 訪問・通所サービスの際の「通常の営業地域外」でのサービス利用時の交通費（通常の営業地域内の場合の交通費は介護報酬に含まれる）

---

❺ 介護報酬のしくみ

介護サービスの費用の単価は，介護報酬（介護給付費）といい，保険給付（介護給付・予防給付）については，厚生労働大臣が社会保障審議会の意見を聴いて定めます。この改定は通常3年ごとに行われ，2021（令和3）年4月からの介護報酬の例は表2-30のように定められています。

介護報酬は単位という単価で全国一律に定められています。サービス事業所の種別・規模やサービス時間数，内容などにより，細かく規定されています。

この1単位は10円が基本ですが，サービスの種類や事業所・施設の所在地域により，割増されることがあります（表2-31）。これは，サービス提供にあたって，都市部の人件費・不動産コストの高さを反映したものです。

なお，地域支援事業の介護予防・生活支援サービス事業における各サービスの報酬は，各市町村が単価を設定します。

表 2-30 ● 介護報酬の例（2021（令和 3）年 4 月〜）

訪問介護			通所介護（通常規模型の場合）		
身体介護	20 分未満	167 単位	・所要時間 7 時間以上 8 時間未満		
	20 分以上 30 分未満	250 単位		要介護 1	655 単位
	30 分以上 1 時間未満	396 単位		要介護 2	773 単位
生活援助（家事援助）				要介護 3	896 単位
	20 分以上 45 分未満	183 単位		要介護 4	1,018 単位
	45 分以上	225 単位		要介護 5	1,142 単位

訪問看護（訪問看護ステーションの場合）		短期入所生活介護（併設型短期入所生活介護費 I の場合）		
20 分未満	313 単位	・1 日あたり	要介護 1	596 単位
30 分未満	470 単位		要介護 2	665 単位
30 分以上 1 時間未満	821 単位		要介護 3	737 単位
1 時間以上 1 時間 30 分未満			要介護 4	806 単位
	1,125 単位		要介護 5	874 単位
理学療法士，作業療法士または言語聴覚士による訪問（1 回につき）				
	293 単位			

表 2-31 ● 地域区分と 1 単位の単価（2021（令和 3）年度〜 2023（令和 5）年度）

	1 級地 例）東京 23 区	2 級地 例）横浜市・大阪市	3 級地 例）千葉市・名古屋市・西宮市	4 級地 例）浦安市・神戸市	5 級地 例）横須賀市・京都市・広島市・福岡市	6 級地 例）仙台市・川口市・静岡市	7 級地 例）札幌市・新潟市・浜松市・岡山市・北九州市・長崎市	その他 1 〜 7 級地以外
訪問介護・居宅介護支援など	11.40 円	11.12 円	11.05 円	10.84 円	10.70 円	10.42 円	10.21 円	10.00 円
訪問リハビリテーション・通所リハビリテーション・小規模多機能型居宅介護など	11.10 円	10.88 円	10.83 円	10.66 円	10.55 円	10.33 円	10.17 円	10.00 円
通所介護・認知症対応型共同生活介護・介護保険施設など	10.90 円	10.72 円	10.68 円	10.54 円	10.45 円	10.27 円	10.14 円	10.00 円
居宅療養管理指導・福祉用具貸与など	10.00 円							

▶▶ 介護サービスの事業の基準

介護保険制度では，介護サービスの事業について，人員，設備および運営に関する基準が定められています。この基準は，厚生労働省令で定める基準に従うなどして，都道府県または市町村の条例によって，サービスの種類ごとにおおむね次のような項目に分けられて細かく定められています。

(1) 人員基準

　配置される職員の職種，資格，人数，勤務体制などの人員に関する基準が定められています。

(2) 設備基準

　サービス事業者・施設に必要とされる建物の構造や面積などの設備に関する基準が定められています。

(3) 運営基準

　介護サービスを提供する際の手順やルール，配慮すべき事項などの運営に関する基準が定められています。

(4) 介護予防のための効果的な支援の方法に関する基準

　予防給付の事業者に対しては，利用者の介護予防に資するための基本的・具体的取扱方針が定められています。

　なお，介護予防・日常生活支援総合事業におけるこれらの基準は，各市町村が独自に定めます。

　いずれにしても，サービス事業者・施設の管理者や職員は，これらの遵守が求められます。

▶▶ 事業者・施設の指定

　上記の基準を満たしていることに加え，サービス事業者・施設が法人格（社会福祉法人などの公益法人，NPO法人，株式会社などの営利法人など）を有している場合には，保険給付の提供者として認められることとなります。この判断はサービス事業者等の所在する都道府県または市町村が行います。この判断を指定といいます。

　この指定の有効期限は6年間であり，事業を継続するためには更新の手続きが必要となります。

　指定をする都道府県または市町村は，各サービス事業者・施設に対する指導・監督も行うこととなり，基準に違反しているようなサービス事業者・施設に対しては，指定の一定期間の停止や指定の取り消しを行う権限もあります。

第3節 介護保険制度における専門職の役割

1. 介護職の役割

❶ 多職種連携とチームケア

　介護保険制度を1つの契機として，**介護職の業務範囲**が施設から在宅，地域へと広がってきました。その流れのなかで，介護職は多くの保健・医療・福祉の専門職と一体となってケアを提供する場面も多くなっています。同時に，1人の高齢者にかかわるとき，その高齢者は多面的なニーズをかかえており，特に高齢者特有の疾病の問題，日常生活や経済面の問題は，介護の問題と表裏一体のものであるといえます。

　こうしたことから，介護職は1人で何らかの支援をするという存在ではなく，ほかの専門職との連携や役割分担をしながら，いわば**チームの一員**として機能することが求められます。したがって，所属機関の内外を問わず，医師や歯科医師，保健師や看護師，歯科衛生士，理学療法士（PT），作業療法士（OT），言語聴覚士（ST），栄養士，社会福祉士，医療ソーシャルワーカー，精神保健福祉士，心理職などとの**多職種連携**が必要です。

　また，高齢者に対する介護の支援を行うとき，保健・医療・福祉の分野以外の関係者と協働する場面もあります。たとえば，利用者の住宅改修の際に建築士や設計士とともに検討する場合や，利用者の移動を支援する際には交通機関の担当者や運転手などとの調整をする場合もあるでしょう。さらに，家族や地域住民などの**インフォーマル・サービス**[16]（→ p.99参照）をになっている人々との連携も日常的に必要となります。

　さまざまな支援の局面での連絡調整，サービス担当者会議での協議，課題が起こったときの役割分担など，具体的な場面を想定し，常にほかの職種・関係者の役割・特徴や機能を念頭におきながら，利用者の支援にあたることが大切です。

❷ 利用者の代弁者としての役割

　介護職は，ほかの職種と比べ，高齢者と密接にかかわる場面が多い職種です。そうした関係のなかで，ほかの専門職が気づかないような高齢者の訴えや望みをくみとり，それを本人に代わって周囲に伝えていくような代弁者としての役割も大切です。せまい意味の介護の支援にとどまることなく，「暮らしの支援をする専門職」という視点から，高齢者の「声なき声」をキャッチしていくことが求められます。

月

日

2. 介護支援専門員の役割

❶ 介護職と介護支援専門員

　介護保険制度において，介護職は介護支援専門員（ケアマネジャー）と常に連携をはかることになります。介護保険制度下では，居宅サービスも施設サービスも，多くは介護支援専門員の作成するケアプランにもとづいて介護を展開することになり，また，介護の状況や利用者の状態についても，ケアマネジメントにおけるモニタリングのために常に連絡調整をしなければならないからです。それだけでなく，介護実践の現場で起こった問題を介護職から介護支援専門員に問題提起して，いち早く解決策を講じていくといった対応が必要になることも少なくありません。

　このように，介護支援専門員は介護保険の要の存在ともいえると同時に，介護職とはいわば双方向の連携が求められる関係にあります。

❷ 介護保険制度と介護支援専門員

　介護支援専門員は介護保険法に規定される資格職です。その職務内容には，**表2-32**のような業務があります。

　居宅サービスの場合は，居宅介護支援事業所の介護支援専門員がケアプラン（居宅サービス計画）を作成し，施設サービスの場合は，各施設の介護支援専門員がケアプラン（施設サービス計画）を作成します。

　また，特定施設入居者生活介護や認知症対応型共同生活介護（グループホーム），小規模多機能型居宅介護にも介護支援専門員は配置されています。

❸ 介護支援専門員の資格

　介護支援専門員の資格については，原則として保健・医療・福祉における実務経験5年以上を有する専門職（介護福祉士・社会福祉士・看護師・理学療法士・作業療法士・医師など）が，都道府県の実施する介護支援専門員実務研修受講試験に合格し，所定の介護支援専門員実務研修を修了したうえで，都道府県知事の登録を受けることで取得できます。なお，この登録は5年ごとに更新が必要で，更新に際しては所定の研修の受講が必要です。

表 2-32 ● 介護支援専門員のおもな業務

① 居宅介護支援（居宅におけるケアマネジメント・ケアプラン作成）
・居宅要介護者からの依頼により，ケアプラン（居宅サービス計画）を作成する。
・ケアプランの作成には，まず居宅要介護者や家族の意向や要望を聴きとり，身体的な状況・心理的な状況・社会環境の状況を全人的に把握して，生活ニーズをとらえる。そして，ニーズに対し社会資源を活用しながら課題を軽減・解決していく。
・業務の流れは，①相談受理，②課題分析（アセスメント），③ケアプラン作成，④サービスの調整および実施，⑤継続的な管理および評価（モニタリング）といった過程からなり，これにそってケアマネジメントを行う。

② 要介護認定に関する業務
・勤務する居宅介護支援事業者・介護保険施設・地域密着型介護老人福祉施設・地域包括支援センターが，保険者から要介護更新認定・要支援更新認定を実施する委託を受けた場合，その認定調査を行う（調査を行う際，刑法その他の罰則の適用については公務員とみなされる）。
・居宅介護支援事業者の業務として，居宅介護支援を担当している居宅要介護者について，要介護更新認定等の手続きを代行・支援する。

③ 給付管理業務
・居宅介護支援事業者の業務として，居宅介護支援を担当している居宅要介護者について，月々の区分支給限度額の管理を行い，その実績を給付管理票として月ごとにまとめ，都道府県国民健康保険団体連合会に提出（実際には伝送システムで送信）する。

④ 施設介護支援（施設におけるケアマネジメント・ケアプラン作成）
・介護保険施設に配置される介護支援専門員は，施設入所者のケアプラン（施設サービス計画）をケアマネジメントの過程にのっとって作成する。
・介護支援専門員がケアプラン作成を担当する利用者数には上限が設けられている。居宅介護支援においては１人あたり35名の利用者まで（原則），施設介護支援では１人あたり100名の利用者までと定められている。

❹ 主任介護支援専門員の資格

　主任介護支援専門員という上位の資格もあります。主任介護支援専門員は，おもに地域内の介護支援専門員のスーパービジョンをになうとともに，地域内のさまざまな課題の把握とその解決のためのネットワークづくりを業務とします。資格取得には，介護支援専門員の実務経験を5年以上積んだ者などが，都道府県の実施する主任介護支援専門員研修を受講・修了し，都道府県知事の登録を受けることが必要です。この登録は5年ごとに更新が必要で，更新に際しては所定の研修の受講が必要です。主任介護支援専門員は，地域包括支援センターに必置になっているとともに，一部の居宅介護支援事業所にも勤務しています。

3. その他の専門職の役割

❶ 医療関係職種

　医師や歯科医師は医療・歯科医療の専門職です。介護の実践にあたって医学的な問題を有する高齢者の場合には，介護職も適宜情報交換を行う必要があるほか，入浴や医療的ケアをめぐっては直接意見をたずねたり指示を受けることもあります。

　薬剤師との連携では，薬剤の作用・副作用や服薬上の留意点についてお互いに情報をやりとりすることがめずらしくありません。高齢者が定められたとおりに服薬できないようなときに，いっしょにその対策を考えるといったことも多くなっています。

　看護師は，療養上の世話と医師の診療補助行為を業務とします。今日では，介護サービスの現場で幅広く活躍しています。療養上の世話については介護と重なる点も多く，利用者の病気の状態の情報も把握しており，お互いの連携は必須です。

　理学療法士は歩行や移動など四肢の動作や体幹に，作業療法士は手指の巧緻性や認知機能を発揮する動作・行為・判断に，言語聴覚士は言葉と聴覚・咀嚼嚥下に関する機能に関して専門性を有しています。この３つの職種からは介護技術における助言を得られることも多いでしょう。

❷ 福祉関係職種

　社会福祉士や精神保健福祉士は，さまざまな人々の生活困難に関する相談援助の専門職です。また，利用者の地域での生活に関する地域ネットワークづくりなどの活動も行います。この２つの福祉士は生活相談員・支援相談員などとして介護サービス事業者・施設に配置されることも多くなっています。特に，社会福祉士は地域包括支援センターには必置となっており，高齢者の総合相談支援業務にあたったり，虐待への対応をになったりすることが多く，介護の実践現場と密着した活動を行っています。

　また，高齢障害者への支援にあたっては，障害福祉サービス分野のケアマネジメント従事者である相談支援専門員と介護職の連携も欠かすことができなくなっています。

　介護職は，こうした専門職と的確に連携をしながら，前述した多職種連携とチームケアの考え方にもとづいて介護を展開するように心がける必要があります。

　特に介護職や介護福祉士は，一定の要件・条件のもとで医療的ケア（喀痰吸引や経管栄養の実施）も可能な状況となってきました。これまで以上に医師・看護師などの医療関係職種とのチームアプローチが求められるようになってきたことをしっかりと理解し，適切に連携をはかることが大切です。

学習のポイント 重要事項を確認しよう！

第**1**節 **介護保険制度創設の背景と目的**

■介護保険制度の創設をめぐる社会的背景

●介護保険制度が創設された背景には，①人口の高齢化が進行したこと，②そのために介護や支援を要する高齢者が増えたこと，③その高齢者の介護を家族だけではになえなくなったことなどがあげられます。→ p.50

●人口の高齢化とは，総人口に占める高齢者（一般には 65 歳以上をさす）の比率が増えることです。→ p.50

●さまざまな要因から，1990 年代前半からは高齢者の介護を家族だけでになうには限界があるとの理解が進み，高齢者介護を社会全体で支えようという，介護の社会化の機運が高まっていきました。→ p.53

■介護保険制度の基本理念

●介護保険制度の基本理念のなかで，とりわけ重要な点は，高齢者の尊厳の保持，高齢者の介護を社会的に支援すること（介護の社会化）と，高齢者の自立の支援などであるといえます。→ p.58

第**2**節 **介護保険制度の基礎的理解**

■保険者・被保険者

●介護保険制度の保険者は市町村および特別区です。→ p.62

●介護保険制度の被保険者の要件に該当すれば法律により加入が義務づけられ，これを強制適用といいます。→ p.62

●被保険者には，保険者の定める保険料を納付する義務があります。→ p.63

■保険給付の対象者

●保険給付を利用するためには，被保険者が保険事故に該当する状態になっていると認定されることが要件になります。→ p.64

●要介護状態には 5 つの区分が，要支援状態には 2 つの区分が設けられています。→ p.64

●第 2 号被保険者については，認定の条件として，要介護状態等の原因が特定疾病にある場合に限定されています。→ p.64

■保険給付までの流れ

● 介護保険で保険給付を利用する手続きとして，①要介護認定・要支援認定の流れ，②ケアマネジメント（ケアプラン作成）の流れの２つの過程があります。
→ p.66

■保険給付の種類と内容

● 保険給付は，介護給付と予防給付に大別されます（さらに，市町村の独自の給付を位置づけた市町村特別給付を設けている保険者もあります）。要介護者であれば介護給付を，要支援者であれば予防給付を，それぞれ利用することができます。
→ p.70

■地域支援事業

● 地域支援事業は保険給付とは別建ての事業であり，介護予防・日常生活支援総合事業，包括的支援事業，任意事業の３つに分けられます。
→ p.77

■介護保険の財政

● 保険給付に必要な費用は，利用者の自己負担額を除いて，50％が公費（税）とされ，50％が保険料でまかなわれることになっています。
→ p.84

● 第１号被保険者の保険料の徴収方法は２つあり，特別徴収と普通徴収という方式に分けられます。
→ p.85

● 第２号被保険者については，加入する医療保険の医療保険料と一緒に介護保険料が徴収されます。
→ p.86

第3節 介護保険制度における専門職の役割

■介護職の役割

● 介護職は１人で何らかの支援をするという存在ではなく，ほかの専門職との連携や役割分担をしながら，いわばチームの一員として機能することが求められます。
→ p.90

● 介護職は，ほかの専門職が気づかないような高齢者の訴えや望みをくみとり，それを本人に代わって周囲に伝えていくような代弁者としての役割も大切です。
→ p.90

■介護支援専門員の役割

● 介護支援専門員は介護保険の要の存在ともいえると同時に，介護職とはいわば双方向の連携が求められる関係にあります。
→ p.91

● 主任介護支援専門員は，おもに地域内の介護支援専門員のスーパービジョンをになうとともに，地域内のさまざまな課題の把握とその解決のためのネットワークづくりを業務とします。
→ p.93

1 高齢化率

こうれいかりつ
➡ p.50 参照
^{さんしょう}

総人口に占める 65 歳以上の人口（老年人
^{そうじんこう} ^し ^{さいいじょう} ^{じんこう} ^{ろうねんじん}
口）の割合。老年人口比率ともいう。
^{こう} ^{わりあい} ^{ろうねんじんこう} ^{ひりつ}

2 平均寿命

へいきんじゅみょう
➡ p.50 参照
^{さんしょう}

0 歳を基点として，その対象集団の平均余
^{さい} ^{きてん} ^{たいしょうしゅうだん} ^{へいきんよ}
命を統計的に推計したもの。
^{めい} ^{とうけいてき} ^{すいけい}

3 合計特殊出生率

ごうけいとくしゅしゅっしょうりつ
➡ p.50 参照
^{さんしょう}

1 人の女性が生涯（15 歳から 49 歳のあい
^{ひとり} ^{じょせい} ^{しょうがい} ^{さい} ^{さい}
だ）に何人の子どもを産むかを示す統計的
^{なんにん} ^こ ^う ^{しめ} ^{とうけいてき}
な値のこと。
^{あたい}

4 前期高齢者

ぜんきこうれいしゃ
➡ p.52 参照
^{さんしょう}

高齢者を 65 歳以上とした場合，65 歳以上
^{こうれいしゃ} ^{さいいじょう} ^{ばあい} ^{さいいじょう}
75 歳未満の高齢者を前期高齢者と区分し
^{さいみまん} ^{こうれいしゃ} ^{ぜんきこうれいしゃ} ^{くぶん}
ている。

5 後期高齢者

こうきこうれいしゃ
➡ p.52 参照
^{さんしょう}

高齢者を 65 歳以上とした場合，75 歳以上
^{こうれいしゃ} ^{さいいじょう} ^{ばあい} ^{さいいじょう}

の高齢者を後期高齢者と区分している。
^{こうれいしゃ} ^{こうきこうれいしゃ} ^{くぶん}

6 社会的入院

しゃかいてきにゅういん
➡ p.55 参照
^{さんしょう}

病状安定期にあって，医学的には入院治療
^{びょうじょうあんていき} ^{いがくてき} ^{にゅういんちりょう}
の必要がなく退院が可能な状態であり，本
^{ひつよう} ^{たいいん} ^{かのう} ^{じょうたい} ^{ほん}
来家庭での療養が望ましいにもかかわら
^{らいかてい} ^{りょうよう} ^{のぞ}
ず，介護者がいないなどの事情によって病
^{かいごしゃ} ^{じじょう} ^{びょう}
院に入院していること。
^{いん} ^{にゅういん}

7 広域連合

こういきれんごう
➡ p.62 参照
^{さんしょう}

自治体の枠を超えたさまざまな広域的な行
^{じちたい} ^{わく} ^こ ^{こういきてき} ^{ぎょう}
政ニーズに対応するとともに，国や都道府
^{せい} ^{たいおう} ^{くに} ^{とどうふ}
県からの権限委譲の受け入れ体制を整備す
^{けん} ^{けんげんいじょう} ^う ^い ^{たいせい} ^{せいび}
るために，地方自治法によって 1995（平
^{ちほうじちほう} ^{へい}
成 7）年から施行されている制度。小規模
^{せい} ^{ねん} ^{せこう} ^{せいど} ^{しょうきぼ}
な個々の自治体では実施困難な事務（業
^{ここ} ^{じちたい} ^{じっしこんなん} ^{じむ} ^{ぎょう}
務）を，法令にもとづいて，直接的に広域
^む ^{ほうれい} ^{ちょくせつてき} ^{こういき}
的な団体として実施・処理することができ
^{てき} ^{だんたい} ^{じっし} ^{しょり}
る。広域連合にはその「長」がおかれ，一
^{こういきれんごう} ^{ちょう} ^{いち}
部事務組合と比べると強い権限を有する。
^{ぶじむくみあい} ^{くら} ^{つよ} ^{けんげん} ^{ゆう}

8 一部事務組合

いちぶじむくみあい
➡ p.62 参照
^{さんしょう}

複数の自治体またはその執行機関の事務の
^{ふくすう} ^{じちたい} ^{しっこうきかん} ^{じむ}
一部を共同処理するための地方自治法によ
^{いちぶ} ^{きょうどうしょり} ^{ちほうじちほう}

る制度。管理者または理事会がおかれ、その運営を行う。隣接する中小規模の市町村が消防やごみ処理、火葬場、公立学校などの事業を行うために設けられる場合が多く、介護保険の市町村業務を共同で行うものもある。

9 介護保険施設

かいごほけんしせつ
→ p.62 参照

介護保険法による施設サービスを提供する施設で、介護老人福祉施設、介護老人保健施設、介護医療院、介護療養型医療施設がある。なお、介護療養型医療施設については、2024（令和6）年3月31日で廃止されることとなっている。

10 特定施設

とくていしせつ
→ p.62 参照

介護保険制度において、設備基準や人員基準などを満たした有料老人ホーム、養護老人ホーム、軽費老人ホームであって、地域密着型特定施設でないもの。

11 居宅介護支援事業者

きょたくかいごしえんじぎょうしゃ
→ p.66 参照

介護保険制度によって制度化されたもので、居宅介護支援（ケアマネジメント）を実施する事業者のこと。人員基準として、事業所ごとに常勤の介護支援専門員（ケアマネジャー）を1名以上配置することが義務づけられている。

12 ケアプラン

けあぷらん
→ p.69 参照

個々人のニーズにあわせた適切な保健・医療・福祉サービスを提供するための計画書のこと。介護保険制度では、居宅介護支援事業所の介護支援専門員（ケアマネジャー）により居宅介護支援（ケアマネジメント）の過程で作成される要介護者の在宅生活を支援するための居宅サービス計画や、介護保険施設で提供されるサービスを明示する施設サービス計画などをいう。

13 個別サービス計画

こべつさーびすけいかく
→ p.69 参照

介護支援専門員（ケアマネジャー）が作成するケアプラン（居宅サービス計画、施設サービス計画など）の目標を実現するために、専門職ごとに立案された、利用者にかかわるより詳細な計画のこと。利用者一人ひとりの状態をふまえ、その人らしい生活をするための援助ができるように、各専門職の視点からアセスメントを行い、課題の解決に向けた目標や具体的な援助の内容・方法を決定する。介護職が立案する個別サービス計画は、介護過程にもとづいて作成するもので、一般に介護計画と呼ばれる。

14 ADL

エーディーエル
→ p.71 参照

Activities of Daily Living の略。「日常生活動作」「日常生活活動」などと訳される。

人間が毎日の生活を送るための基本的動作群のことで，食事，更衣，整容，排泄，入浴，移乗，移動などがある。

15 IADL

アイエーディーエル
➡ p.71 参照

Instrumental Activities of Daily Living の略。「手段的日常生活動作」と訳される。ADL が食事，入浴，排泄などの日常生活の基本動作であるのに対し，IADL は，バスに乗って買い物に行く，電話をかける，食事のしたくをするなどのように，より広義かつ ADL で使用する動作を応用した動作（ADL より複雑な動作）をさす。

16 インフォーマル・サービス

いんふぉーまる・さーびす
➡ p.90 参照

利用者本人に近い立場の家族，友人，近隣住民，ボランティアなどの専門家ではない人々による制度外の援助のこと。インフォーマル・サポートなどともいわれる。

社会のしくみの理解
しゃかい　　　　　　　　　　りかい

（社会の理解Ⅱ）
しゃかい　りかい

第**1**節　社会と生活のしくみ
しゃかい　せいかつ

第**2**節　地域共生社会の実現に向けた制度や施策
ちいききょうせいしゃかい　じつげん　む　　せいど　せさく

第**3**節　社会保障制度
しゃかい ほ しょうせいど

第**4**節　障害者総合支援制度
しょうがいしゃそうごう し えんせいど

第**5**節　介護実践にかかわる諸制度
かい ご じっせん　　　　　　しょせいど

【到達目標】
とうたつもくひょう

- 家族，地域，社会との関連から生活と福祉をとらえることができる。
かぞく　ちいき　しゃかい　　かんれん　　　せいかつ　ふくし

- 地域共生社会の考え方と地域包括ケアのしくみについての基本的な知識を
ちいききょうせいしゃかい　かんが　かた　ちいきほうかつ　　　　　　　　　　　　きほんてき　ちしき
習得している。
しゅうとく

- 社会保障制度の発達，体系，財源等についての基本的な知識を習得してい
しゃかいほしょうせいど　はったつ　たいけい　ざいげんとう　　　　　　きほんてき　ちしき しゅうとく
る。

- 障害者総合支援法の体系，目的，サービスの種類と内容，利用までの流
しょうがいしゃそうごう し えんほう　たいけい　もくてき　　　　　　しゅるい　ないよう　りよう　　　なが
れ，利用者負担，専門職の役割等を理解し，利用者等に助言できる。
りようしゃ ふ たん　せんもんしょく やくわりとう　りかい　りようしゃとう じょげん

- 成年後見制度，生活保護制度，保健医療サービス等，介護実践に関連する
せいねんこうけんせいど　せいかつ ほ ご せいど　ほ けんいりょう　　　　とう　かい ご じっせん かんれん
制度の概要を理解している。
せいど　がいよう　りかい

社会と生活のしくみ

月
日

1. 家庭生活の基本機能

❶ 家庭・家族・世帯

▶▶ 家庭・家族・世帯の由来

「明るい家庭的な雰囲気の施設です」「家庭的な手厚い介護を提供します」。このような表現を介護サービスの広報で目にすることは珍しくありませんし，それらの言葉が伝えようとしているイメージについても基本的には理解が可能でしょう。

現代の日本に生きる私たちにとって，「家庭」という言葉は，あらためてその意味を説明する必要が感じられないほどにきわめてなじみ深い言葉といえます。しかし，実はこの言葉が広く使われるようになったのは，明治の中ごろからのことで，当時の人々にとって「家庭」という言葉は，新鮮な響きを感じる最新の流行語としてとらえられていました。

では，それ以前の日本には，家庭がなかったとでもいうのでしょうか。「家庭」に似た言葉として，「家族」「世帯」といった言葉もあります。それらの言葉はいつごろどのようにして生まれたのでしょうか。

本節のキーワードであるこれらの言葉について，まずはその由来をふり返っておきましょう。

▶▶ 家庭という言葉

家庭 [1]（→ p.262 参照）という言葉は中国に昔からあり，その意味は「家の庭」「家族が生活しているところ」といった具体的な場所をさすものでした。それが日本においては，ホーム（home）の訳語として当時の新しい価値観とともに明治20年代に流行しはじめます。たとえば，1892（明治25）年に『家庭雑誌』という雑誌が創刊されていますが，その創刊号には「家庭改革」という表現が見受けられます。そこで改革がめざされた旧来の家庭の姿とは，家長の専制による封建的な家（いえ）制度にもとづくものでした。それに対して，欧米の文化の影響のもとで新しい家族のあり方を提示しようとする動きが，当時のマスコミを通じて目新しいニュアンスの「家庭」という言葉を流行させたといえるでしょう。

▶▶ 家族という言葉

家族[2]（➡ p.262 参照）という言葉も，日本において用いられるようになったのは，幕末から明治の初めにかけてのことでした。しかし，そのころに家族とみなされた範囲は，今日の私たちの感覚からするとかなり幅広く，非血縁者を含む家の構成員や親族・同族なども含むものでした（逆にいえば，当時はそれらの区別が今ほど明確ではなかったということです）。

そうした家族の範囲を明確に示したのが，1898（明治31）年に公布されたいわゆる明治民法です。そこでは「戸主ノ親族ニシテ其家ニ在ル者及ヒ其配偶者ハ之ヲ家族トス」とされており，家族と親族が明確に分けられ，家族は戸籍に登録された戸主の親族と配偶者に限定されました。

その後，大正期には社会科学の領域において，制度的集団としての家との対比で，夫婦を中心とした血縁者による生活集団である家族について論じられるようになり，学術領域では「家族」という言葉が一般に用いられるようになっていきます。

▶▶ 世帯という言葉

世帯[3]（➡ p.262 参照）という言葉は，1918（大正7）年の国勢調査施行令において行政用語として登場しました（それ以前の調査では日常語の「所帯」が使われていました）。そこでは，その定義として「本令ニ於テ世帯ト称スルハ住居及家計ヲ共ニスル者ヲ謂フ」と述べられており，現実の生活の共同に重点がおかれています。この言葉が登場した背景には，日露戦争後，農村から都市への労働力の移動が激しくなり，従来の制度的な家（＝戸籍上の家族）と現実の家族生活の実態（＝世帯）とのあいだにズレが生じてきたことがあげられるでしょう。

社会学者の森岡清美は，これらの言葉の登場と広がりについて「家庭はジャーナリストにより，家族は社会科学者により，世帯は行政官僚により，採用され洗練された。そして，家にはない新しい価値，意味あるいは有用性を与えられたのである」（森岡清美『現代家族変動論』ミネルヴァ書房，p.87，1993年）とふり返っています。

今日の私たちにとってはあたりまえのようなこれらの言葉が，時代の変化や諸外国の文化の影響，都市化や産業化などの社会の変化と深く結びついて誕生したものであることがわかるでしょう。

▶▶ 内側からみた家庭生活の基本機能

　現代に生きる私たちにとって，家庭はどのような意味を有しているでしょうか。図3-1は，内閣府が行った「国民生活に関する世論調査」における「あなたにとって家庭はどのような意味をもっていますか」という質問に対する回答です。

　もっとも多くの人々に認識されているのは，「休息・やすらぎの場」「家族の団らんの場」としての役割であることがわかります。「国王であれ農民であれ，自分の家庭に平和を見いだす者がもっとも幸福である」というのは，有名な文豪ゲーテ（Goethe, J.W.）の言葉ですが，今日の日本においても，家庭にはそうした役割が期待されているといえるでしょう。

　続いて高いのが「家族の絆を強める場」という項目です。家族の絆と一口にいっても，そこには親子の絆，夫婦の絆をはじめとしてさまざまな絆があるでしょうから，この項目は，それ以降の複数の項目を包含している側面があるかもしれません。

▶▶ 外側からみた家庭生活の基本機能

　図3-1は，人々が家庭の一員としてその内側からみた家庭生活の機能をあらわしていますが，それをその外側，いわば社会の側からながめてみるとどうでしょうか。

　まず，「休息・やすらぎの場」としての家庭は，心理的および身体的にその成員の健康を保つことを通して，広く社会の安定化機能および労働力の再生産機能を果たしているとみなすことができます。「子どもをしつける場」としての家庭は，文化の伝達機能を果たしているとみなせるでしょうし，「親の世話をする場」としての家庭は，介護機能を有しているといえるでしょう。

　「夫婦の愛情をはぐくむ場」としての家庭を外側からみれば，社会における性的統制機能を果たしている面もあります。そして，「子どもを生み，育てる場」という点では，人間という種の再生産機能を有しています。

　もちろん，家庭生活の機能が以上に述べたことに尽きるわけではなく，さらに多様な観点からの検討が可能でしょう。

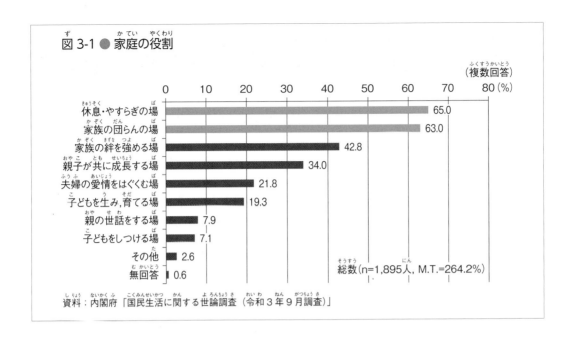

図 3-1 ● 家庭の役割

（複数回答）

- 休息・やすらぎの場 65.0
- 家族の団らんの場 63.0
- 家族の絆を強める場 42.8
- 親子が共に成長する場 34.0
- 夫婦の愛情をはぐくむ場 21.8
- 子どもを生み，育てる場 19.3
- 親の世話をする場 7.9
- 子どもをしつける場 7.1
- その他 2.6
- 無回答 0.6

総数（n=1,895人，M.T.=264.2%）

資料：内閣府「国民生活に関する世論調査（令和3年9月調査）」

▶▶ 家庭生活の機能の外部化

　以上，家庭生活の機能がきわめて多岐にわたることを確認してきましたが，それらの機能は決して不変のものではありません。そして，多くの場合，社会の近代化・産業化が進むにつれて，家庭生活が有していた機能は徐々に外部化されていく傾向にあります。

　たとえば，かつて家族で自営業に従事する人々が多かった時代（1950年代まで国内の労働者の過半数を自営業主や家族従業者が占めていました）に家庭が有していた経済的生産機能は，すでに多くの部分が企業に吸収されています。また，文化の伝達という意味での子どもの教育・養育機能は学校や保育所・幼稚園，さらに各種の習い事などにかなりの部分がゆだねられています。

　介護福祉領域に目を向ければ，介護保険制度の創設に際して「介護の社会化」という言葉が用いられたように，これまで家庭においてになわれてきた介護機能の一部を専門的な介護サービスにゆだねることも一般化しています。

　こうした家庭機能の外部化は，一見すると家庭の衰退ととらえられるかもしれませんが，さまざまな社会システムの機能分化が進む現代において，家庭の機能がより本質的なものに特化してきていると考えることもできるでしょう。そのような観点からあらためて図3-1をみると，現在の日本においてもっとも多くの人に受けとめられている家庭の役割が「休息・やすらぎの場」「家族の団らんの場」であることは，まさにそうした傾向を示しているといえるかもしれません。

2. 家族

① 家族とは

▶▶ 家族の定義

　　家族は，私たちにとってもっとも身近なあたりまえの存在といえますが，家族の形や家族への思いは，人それぞれにきわめて多様です。介護職として利用者とかかわっていく際には，利用者の家族関係や家族を取り巻く問題を十分に理解したうえで，家族と協働していくことが求められるでしょう。ここでは，家族について考えるためのいくつかの基本的な視点を紹介していきます。

　　そもそも家族とは何でしょうか。家族の定義は，専門家のあいだでもこれまでさまざまになされてきましたが，森岡清美による「家族とは，夫婦・親子・きょうだいなど少数の近親者を主要な成員とし，成員相互の深い感情的かかわりあいで結ばれた，幸福（well-being）追求の集団である」（森岡清美・望月嵩『新しい家族社会学 四訂版』培風館，p.4，1997年）という定義が，現時点におけるオーソドックスな定義としてあげられます。

　　この定義には，3つの要点が含まれています。①構成員という点では，家族は少数の近親者からなること，②結合の性質という点では，深い感情的なかかわりを有すること，③家族機能という点では，幸福追求がかかげられていること，の3点です。

▶▶ 家族について考えるための基本的視点

　　以上の3点について個々に吟味してみましょう。

　　①についてみると，かつての日本では，幅広い親族や非血縁者である使用人や奉公人なども家（いえ）の成員と考えられていました。今日でも，現実の家族には多様な構成員を見いだすことができるでしょうが，家族の中核的成員として夫婦・親子・きょうだいを主要とすることは妥当でしょう。

　　②についてみると，近年，家族をめぐる問題として注目されるドメスティック・バイオレンス（DV）[4]（→ p.262 参照）や児童虐待（☞第1巻 p.225），高齢者虐待（☞第1巻 p.220）などについて考えるとき，現代の家族の結びつきに疑問が感じられるかもしれません。しかし，愛情にせよ憎しみにせよ，深い感情的なかかわり合いを避けられない関係にあるのが家族であるともいえるでしょう。

　　③についてみると，家族は実にさまざまな機能を有しており，そこにあげられた個々の機能は，家族成員の側からみるとき，いずれも基本的にその幸福追求に方向づけられていると考えることができます。

106

❷ 家族の構造と形態 ::

▶▶ 核家族

　家族を観察する際の基本的な枠組みをいくつかみていきましょう。

　アメリカの社会人類学者であるマードック（Murdock, G.P.）は，人間社会に関する多数のデータ比較をふまえ，家族のもっとも基礎的なユニットとして夫婦と未婚の子どもたちからなる**核家族** [5]（➡ p.262 参照）の概念を提唱しました。

　核家族は，単独で存在する場合もありますが，夫婦関係が複合して複婚家族（一夫多妻や一妻多夫の家族）を構成する場合や，親子関係が複合して拡大家族（結婚した子どもが親夫婦と同居する家族）を構成する場合もあります。

　核家族は，親と子の2つの世代を含んでいるので，親世代からみるか，子世代からみるかによって異なる様相を示します。親世代からみれば，自分が配偶者と結婚して子どもを生み育てていく家族ですので，これを**生殖家族**と呼びます。子世代からみれば，そこには父や母がおり，自分の意思にかかわらずそこで生み育てられていく家族ですので，これを**定位家族**と呼びます。

　人が生殖家族をつくろうとするとき，人間社会に普遍的に存在するインセスト・タブー（近親相姦禁忌）により，自分と同じ定位家族の異性とは結婚できませんから，ほかの定位家族に生まれ育った異性と結婚し，その結果，核家族の世代的な結びつきが再生産されていくことになります。

▶▶ 直系家族

　核家族間の世代関係について，その居住規則（結婚後にどこに住むのか）に着目することで，家族形成のパターンにより主要な2つの類型を取り出すことができます。

　直系家族制は，跡取りが結婚後も親と同居して，代々家族を直系的に継承していくものです。跡取り以外のきょうだいが結婚後もまれに同居することがありますが，一時的なものにすぎません。跡取りには，親の社会的地位や財産などが優先的に配分されます。

　こうした類型の家族は，農業や商業など生活基盤が家族経営におかれているような社会に適合し，親子の世代間扶養を容易にします。日本におけるかつての家制度は，その1つの典型といえます。

▶▶ 夫婦家族

直系家族制に対して，夫婦家族制は，夫婦の結婚によって家族が形成され，その死亡によって消滅する一代限りのものです。

子は成長に従って就職や結婚を機に親元を離れ，親の生殖家族とは別に自分の生殖家族を構成します。ただし，配偶者を亡くした老親が子の家族に身を寄せることはあります。財産などは，原則として子どものあいだで均分して相続されます。

こうした類型の家族は，労働力の地域移動が盛んな社会に適合し，夫婦単位の生活の維持を老後も可能とするために，ある程度の所得水準と社会保障制度などの支えが必要となります。現在の日本では，この夫婦家族制の考え方が広く浸透しているといえるでしょう。

▶▶ 複合家族

以上の2つの類型のほかにも，複数の子ども家族が親と同居することを原則とした複合家族制があります。

以上のような類型をふまえ，現実の家族をその外面的特徴により分類する場合，図3-2のように「夫婦家族」「直系家族」「複合家族」という3つの分類が得られます。

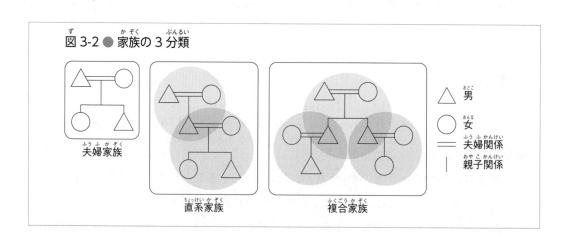

図 3-2 ● 家族の3分類

夫婦家族　直系家族　複合家族

△ 男
○ 女
＝ 夫婦関係
｜ 親子関係

108

❸ 家族の変容と家族観の多様化

　家族は，社会の変動にともなってその形態を変化させつづけています。「家庭」という言葉の流行にもみてとれるように，明治民法下においても，家族を夫婦本位にとらえる新しい家族観は，教養ある階層を中心に受けとめられはじめていましたし，産業化の進展，総人口の増加，都市部への人口移動という変化も進展していました。

　しかし，とりわけ第2次世界大戦後から今日にいたるまでのあいだに，日本の家族は大きく変動しました。その大きな要因として，戦後の民法改正により，それまで明治民法が規定していた直系家族としての家（いえ）制度が廃止され，夫婦家族制が法規範として導入されたこと，そして，高度経済成長による急速な産業化，都市化の過程で，都市における農村出身者の就労機会が増え，彼らが都市で結婚することによって，核家族化した雇用労働者の家族が増大したことがあげられるでしょう。

　こうしたなかで，1960年代には配偶者選択様式の主流が見合い結婚から恋愛結婚へと転換し，出生率の減少や寿命の延びとともに日本社会における家族像を変化させていきます。さらに，1970（昭和45）年から今日までの世帯構成の変化をみると，図3-3に明らかなように，単独世帯，夫婦のみの世帯の割合が増加し，夫婦と子どもの世帯，三世代同居等の「その他」の世帯の割合が減少していることがわかります。

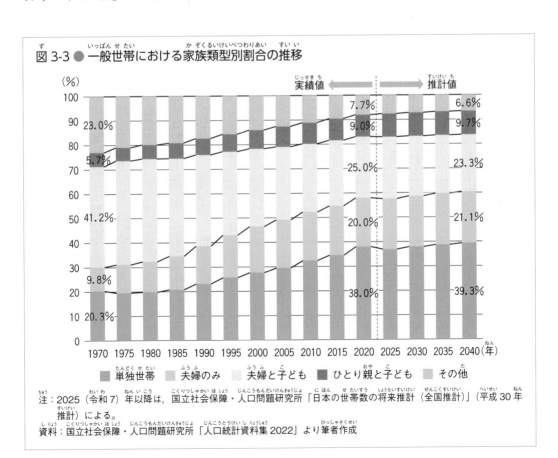

図 3-3 ● 一般世帯における家族類型別割合の推移

注：2025（令和7）年以降は，国立社会保障・人口問題研究所「日本の世帯数の将来推計（全国推計）」（平成30年推計）による。
資料：国立社会保障・人口問題研究所「人口統計資料集2022」より筆者作成

❹ 家族と生活問題

▶▶ 家族の変容と生活問題

　生活問題とは，社会福祉の対象をとらえる概念です。生活問題には，その主要な類型として早くから注目されてきた貧困問題，問題の局面に着目した類型である教育問題，住宅問題，犯罪問題，家族成員に着目した類型である高齢者問題，児童問題，障害者問題など，きわめて幅広く，かつ，多様な分類が存在しています。各種の分類は，必ずしも体系的に整序されたものではありませんが，私たちの生活の基本単位が個人とその家族である以上，急速な社会の変動にともない家族の形態が変化していくなかで，個々人が直面する生活問題のありようも大きく変化しています。

　たとえば，高齢者に着目すると，国内の65歳以上の高齢者における子どもとの同居率は，1980（昭和55）年に69％であったものが，2021（令和3）年には36.2％となっており，子どもとの同居の割合は大幅に減少しています。その一方で，一人暮らしや，夫婦のみの世帯の割合は，大幅に増加しています。図3-4を見ると，一人暮らしの高齢者がこの30年間ほどのあいだに4倍以上と顕著に増加していることがわかります。

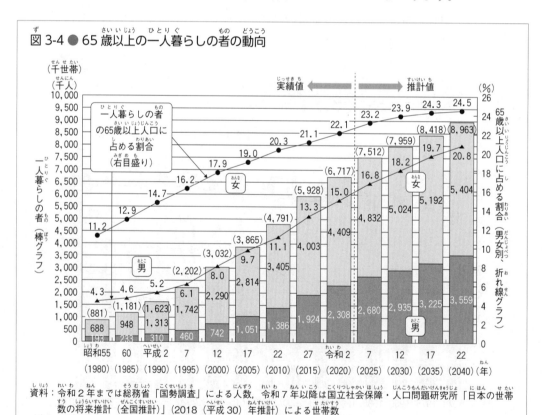

図 3-4 ● 65歳以上の一人暮らしの者の動向

資料：令和2年までは総務省「国勢調査」による人数，令和7年以降は国立社会保障・人口問題研究所「日本の世帯数の将来推計（全国推計）」（2018（平成30）年推計）による世帯数
（注1）「一人暮らし」とは，上記の調査・推計における「単独世帯」又は「一般世帯（1人）」のことを指す。
（注2）棒グラフ上の（　）内は65歳以上の一人暮らしの者の男女計
（注3）四捨五入のため合計は必ずしも一致しない。
出典：内閣府編『令和4年版 高齢社会白書』p.10，2022年

こうしたなかで，近年，家族や地域社会との交流がきわめてとぼしい社会的孤立と呼ばれる状態にある高齢者の問題が注目されています。高齢者の社会的孤立は，生きがいの低下や犯罪被害，孤立死の問題等にもつながっているため，孤立化を防ぎ，地域社会での生活を支える取り組みが求められています。

▶▶ 介護をめぐる問題

家族形態の変容は，介護をめぐる問題にも大きな影響を与えています。図3-5にみられるように，要介護者等からみたおもな介護者は，半数以上が同居している人となっており，そのうち女性が6割以上を占めています。介護者の年齢についてみると，男女とも7割以上が60歳以上であり，いわゆる老老介護のケースが相当数存在していることがわかります。

また，家族の介護と仕事との両立という課題に直面するなかで，介護離職と呼ばれるように，離職や転職を余儀なくされる介護者も少なくありません。「平成29年就業構造基本調査」によると，2016（平成28）年10月から2017（平成29）年9月の1年間に介護・看護のために前職を離職した者は9万9000人で，そのうち女性が約8割を占めています。

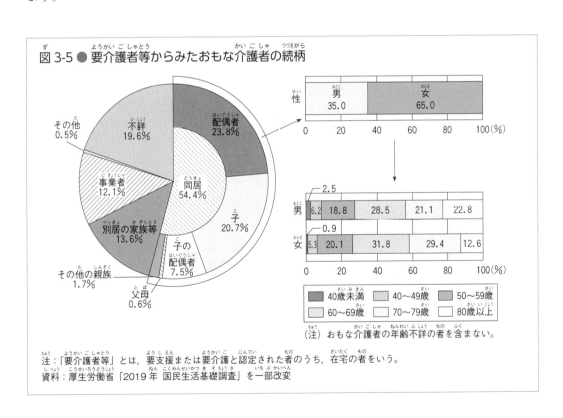

図3-5 ● 要介護者等からみたおもな介護者の続柄

（注）おもな介護者の年齢不詳の者を含まない。

注：「要介護者等」とは，要支援または要介護と認定された者のうち，在宅の者をいう。
資料：厚生労働省「2019年 国民生活基礎調査」を一部改変

3. 地域

❶ 地域社会とコミュニティ

▶▶ 地域社会とは

　一般に，地域という場合，社会的・文化的に相対的に自立した一定の空間領域をさしますが，その空間的広がりに社会的なつながりや生活の共同が認められ，相対的なまとまりをもつ場合，それを地域社会と呼びます。

　伝統的な農村や漁村などにおける生産や消費，祭礼や冠婚葬祭などさまざまな場面での共同をみれば，そこでの人々の生活が，家族や親族の内部だけでなく，地域社会という単位で行われてきたことがよくわかるでしょう。

　一方で，現代の都市で暮らす多くの人々にとっては，自分たちの暮らす地域社会が，毎朝そこから仕事や学校に出かけて，夜に寝に帰るだけの場所とさえ感じられるかもしれません。そうした人それぞれに多様である地域社会とのかかわりについて，あらためて考える際に有用なのがコミュニティという概念です。

▶▶ コミュニティとアソシエーション

　アメリカの社会学者マッキーバー（MacIver, R.M.）の類型によれば，地域社会の集団はコミュニティとアソシエーションに区別されます。

　アソシエーションとは，参加者に共通する特定の関心を追求するため人為的に構成された組織体で，人はたとえば学校や会社，政治団体など複数のアソシエーションの成員になることができます。それらアソシエーションが部分的なものであるのに対して，コミュニティは統合的であり，さまざまなアソシエーションを包摂する共同生活の領域を意味しており，そこには強い「われわれ意識」が存在しているとされます。

　ただし，近年，地域社会への関心の高まりとともに，コミュニティという言葉は，きわめて幅広い領域に普及し，さまざまな文脈で用いられており，文脈に応じてその意味内容が大きく異なる傾向にあります。

　大きく分けて，コミュニティを包括的なもの（かつての村落共同体や中世都市など）ととらえるか，限定的なもの（地域性やコミュニティ意識など，包括的コミュニティにみられる特徴の一部のみに着目する）ととらえるか，また，望ましい状態やあるべき姿を示す規範概念ととらえるか，実際あるがままの状況を把握するための実体概念ととらえるか，という2つの考え方の軸があり，その組み合わせのいずれの領域でコミュニティ概念が用いられているのか，注意する必要があるでしょう。

❷ 都市化と過疎化 ∷∷∷

▶▶ 地域社会の変遷

日本において地域社会はどのように変化してきたのでしょうか。

図3-6は，この1世紀余りの人口量と人口の集中状況の推移を示したものです。データとして用いた「国勢調査」では，市部とは，全国の市および区をまとめたもの，郡部とは，町および村をまとめたものを意味します。

1950（昭和25）年ごろまでは，日本人の多くは郡部に住んでいたこと，それ以降，急速に市部人口の比重が高まったことがみてとれるでしょう。ただし，1953（昭和28）年の町村合併促進法制定から新市町村建設促進法を経て，「昭和の大合併」と呼ばれる町村の合併や新市創設が進み，市部地域が拡大したため，市部が必ずしも都市的地域の特質を明確に示さなくなった面もあります。そこで，1960（昭和35）年から，人口密度を用いた人口集中地区が設定されるようになりました。

2020（令和2）年時点で，日本の人口の約7割は人口集中地区に暮らしていることがわかります。

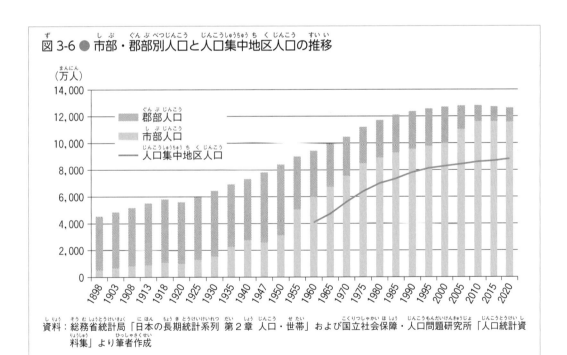

図3-6 ● 市部・郡部別人口と人口集中地区人口の推移

資料：総務省統計局「日本の長期統計系列 第2章 人口・世帯」および国立社会保障・人口問題研究所「人口統計資料集」より筆者作成

▶▶ 都市化の課題

　1950年代半ばから1970年代前半のいわゆる高度経済成長期の日本では，第1次産業（農林漁業）から第2次産業（鉱業，建設業，製造業など），第3次産業（電気・ガス・熱供給・水道業，情報通信業，サービス業など）を中心とする産業構造・就業構造への転換が生じましたが，それは地方から東京圏，大阪圏，名古屋圏という三大都市圏をはじめとする都市部への大量の人口移動による急速な都市化の進展と表裏一体をなすものでした（こうした変化は，前項でみた家族形態の変化とも深く結びついています）。

　人口の急激な地域移動は，一方の地域（都市）における過密と，他方の地域（農村部）における過疎をめぐる問題を引き起こします。多数の若年人口が急速に流入することで，都市では住宅不足や生活環境の悪化といったハード面の問題が生じると同時に，社会関係の希薄化というソフト面の問題も顕在化していきました。

　アメリカの社会学者ワース（Wirth, L.）は，都市を「社会的に異質な諸個人の，相対的に大きい・密度のある・永続的な集落である」（鈴木広訳編『都市化の社会学』誠信書房，p.133，1965年）と定義しています。すなわち，都市では，大多数の人がほかのほとんどの人を個人的に深く知ることのないまま，物理的にはきわめて近接して暮らしており，その結果，アーバニズムと呼ばれる都市的生活様式の諸特徴（都会人が人間関係において示すひかえめな態度や無関心さ，社会的連帯の伝統的基盤の弱化など）が生み出されることになります。

　こうしたワースの議論は，都市部におけるコミュニティの衰退可能性を指摘したものといえるでしょう。同様の事態は，宅地開発による非農家の急激な流入が住民層の異質化をもたらし，混住化と呼ばれる事態が生じた都市近郊農村においても見受けられます。

▶▶ 過疎化と高齢化

　他方，過疎問題とは，急激な人口の流出により，その地域の住民の生産（農林漁業）と社会生活の諸機能が衰退し，生産の縮小，生活の困難，すなわちコミュニティの危機が生じることをいいます。

　高度経済成長期，若年人口を中心に人々が都市へ流出した農村部では，地域社会の年齢構成が不均衡になり，今日では，残された人々の高齢化が進むなかで，人口の再生産が困難な状況（出生数よりも死亡数が上回る状況）に直面しています。

　近年，限界集落といった概念のもとでこうした状況への警鐘が鳴らされていますが，すでに日本全体が人口減少期を迎えた今日，過疎化をめぐる問題は，当該集落のみならず社会全体のあり方にかかわる重要なテーマといえるでしょう。

❸ 地域社会のさまざまな集団 ::

　高度経済成長にともなう急速な都市化，過疎化を経て，生活のあらゆる場面での共同がみられたかつてのような地域社会の姿は大きく変貌しました。とはいえ，今日でも地域社会には多くの役割が期待されており，それをになうさまざまな集団も存在しています。

　生活者への公共サービスのにない手である地方公共団体や，民間の社会福祉活動を推進することを目的とした社会福祉協議会といった公的組織，また，戦前から行政との強いつながりをもってきた町内会や自治会は，その代表的なものですが，その他にも，婦人会や老人会，子ども会，青年団といった集団は多くの地域社会にみられます。

　近年では，1998（平成10）年に成立した**特定非営利活動促進法** [6] (➡ p.262 参照) により法人格を認められるようになった各種の**NPO** [7] (➡ p.263 参照) の活動が注目されており，諸団体の連携によるコミュニティ再生への取り組みも各地で始まっています。

月

日

4. 社会集団と組織

❶ 集団の概念と組織の概念

家族，町内会，趣味のサークル，職場のチーム，勤務先の福祉施設や病院，職能団体，ボランティア・グループなど，私たちは，社会生活を送るなかで多くの集団に所属しています。介護福祉の領域に目を向けると，そこでは実にさまざまな専門性をもったたくさんの人々が各々の仕事に取り組んでいることがみてとれるでしょう。

近年では，多職種連携（チームアプローチ）といった言葉が頻繁に聞かれるように，時には専門分野を超えて複数の人々と協力しながらいっしょに仕事を進めていく機会もいっそう多くなりつつあります。ここでは，そうした場面で重要な意味を有する集団や組織について考えるための基本的視点を紹介しましょう。

▶▶ 社会集団のあり方

集団というと，単に人が集まっている状態をイメージするかもしれませんが，通勤時の駅前の人だかりなどは，集団とは呼びません。アメリカの社会学者マートン（Merton, R. K.）は，集団とみなされるものについて3つの基準をあげています。

①既定の形式に従った相互行為を行う一群の人々からなること，②相互行為を行う人間は自分たちを「成員」として規定していること，③相互行為を行っている人々はほかの人（同じ仲間の成員やそうでない者）によって「その集団に所属する者」として規定されていること，の3点です。すなわち，集団においては，「だれがそのメンバーであるのか」という一定の規定（ルール）にもとづいて相互行為が重ねられることになり，時には強い帰属意識を生じる場合もあります。

社会的動物である私たちは，毎日をさまざまな集団とのかかわりのなかで生きる存在といえます。私たちがふだん抱く何らかの意見や態度も，一定の集団の規範や価値との関係においてつくられた枠組みをよりどころとしており，そのような集団のことを準拠集団と呼びます。

たとえば，あなたがそれまで自分の職場での地位に十分満足していたのに，ほかの同期たちが先に出世した際に急に失望感をもってしまう場合には，同期グループが準拠集団として位置づけられているといえるでしょうし，「クラスの友達はみんな持ってるから」とゲーム機をねだる子どもにとっては，そうしたクラスメートが準拠集団といえるでしょう。

準拠集団となるのは，必ずしも自分が所属している集団ばかりではなく，かつて所属した集団や，将来所属したい集団など，非所属の集団である場合もあります。

116

▶▶ 組織のあり方

　私たちを取り巻く集団は，どのように変化しているのでしょうか。

　マッキーバーの「コミュニティ」と「アソシエーション」のように，集団をより基礎的なものと，より機能的なものとに分ける考え方は，ほかの社会学者によってもなされており，代表的なものとして，ドイツの社会学者テンニース（Tönnies, F.）による「ゲマインシャフト」（家族や村落など）と「ゲゼルシャフト」（企業や大都市など），アメリカの社会学者クーリー（Cooley, C.H.）による「第1次集団」（家族や近隣，仲間など）と「第2次集団」（企業や政党など）といった類型があります。いずれの議論も，社会の近代化にともなって，後者の「機能集団」が私たちの生活のより大きな部分を占めるようになったことに着目しています。

　機能集団とは，特定の目的をめざして運営される集団であり，その機能の遂行のために計画的・意図的な運営がなされる必要があります。そこにおいて人々の諸活動を調整し，制御するシステムのことを組織といいます。

　たとえば，企業という集団がその内部に企業組織をもち，学校という集団がその内部に学校組織をもっていることは周知のとおりです。

　近代化・産業化が進み，社会生活において大きな集団の組織が重要性を増すなかで，組織された集団それ自体を「組織」という言葉で意味することも多くなっています。すなわち，組織とは，何らかの目的達成のために意図的な調整を受けながら存続するフォーマル（公式）な集団であるといえるでしょう。

▶▶ 官僚制の組織機能

　公式な組織の純粋な型ともいえるのが，ドイツの社会学者ウェーバー（Weber, M.）によって定義された官僚制です。「官僚」と聞くと霞が関の庁舎で働く公務員の姿や，マスメディアを通してたびたび伝えられる官僚の天下り批判などがイメージされるかもしれません。しかし，官僚制自体は，複雑で大規模な組織の目的を能率的に達成するための管理運営体系であり，一定規模以上の組織であれば，多くの組織において見いだされるしくみです。官僚制の特徴としては，①フォーマルに制定された合理的規則の支配，②ヒエラルキーの形をとった権威と権限の構造，③非人格的な人間関係，④各部署の専門化などがあげられます。

　それぞれの特徴について順にみていきましょう。まず，官僚制は，きちんと定められた合理的な規則にもとづいて運営されるため，特定の個人の横暴や好き勝手なふるまいは排除されます。次に，ヒエラルキーというのは，ピラミッド型の階層的な序列関係を意味する概念ですが，官僚制においては権威や権限がヒエラルキー的に配分され，命令は上から下へ降り，責任は下から上へと昇っていきます。また，このヒエラルキー的な関係のもとでは，公私は分離され，個人の私的な関係性や思いではなく，明確な規則に従って限定的な職務を果たすことが求められます。最後に，各職務は規則にもとづいて機能的に専門分化しているので，職務活動のためには専門的訓練や専門教育が必要とされます。

　以上のような官僚制の特徴は，大規模な組織において仕事を能率的に遂行するうえできわめて優れているため，合理化の進んだ近代社会では，行政組織にせよ，企業組織にせよ，官僚制が支配的になるとウェーバーは考えました。

▶▶ 官僚制の負の側面

　一見，とても優れたしくみに思える官僚制ですが（実際，きわめて有効な面も多いのですが），その一方で，みなさんのなかには，「お役所仕事」などといわれるように，形式ばかり重視して少しも効率的ではない行政機関の仕事の進め方や，融通のきかない役所の対応などに対して悪い印象を抱いている人も少なくないかもしれません。そうした事態についてマートンは，官僚制の逆機能 ⁸（➡ p.263 参照）を指摘しています。

　たとえば，官僚制組織において規則をきちんと守ることは，あくまで組織の目的を効率的に達成するための手段であったはずなのに，いつのまにか規則を守ることそれ自体が自己目的化してしまい，変化する状況への迅速な適応ができなくなることなどがそれにあたります。こうした手段と目的が転倒してしまう誤りは，私たちの周りにしばしば見受けられるでしょう。

❸ 集団・組織における人間関係と役割 ::

　効率的に目標を達成するための組織も，あくまで人間がそれを構成している以上，無機質な部品からなる機械のように思いどおりにはいかないことは，みなさんも職場などでの経験を通してよく知っているでしょう。

　前述した官僚制の逆機能も，そうした例の1つですが，生きた人間の集まりとしての組織という見方が科学的に知られるようになったのは，シカゴ郊外のホーソン工場という電機部品製作工場で1920年代から行われた，いわゆるホーソン実験によってでした。

　この実験において，社会学者のメイヨー（Mayo, G.E.）らは，物理的な環境条件が作業効率と明確な関係をもたないこと，物理的な環境条件よりも感情や態度が生産能率を高めること，人間関係や監督のあり方などの集団と個人の関係が重要であること，インフォーマル集団（公式組織の内部でメンバーのあいだのつながりによって自然につくられた非公式な集団）の規範が標準的作業量を規制していることなどを明らかにしました。

　規則でしばりつけたり，報酬を増やすことを条件にしても，人を思いどおりに働かせることは必ずしもできないし，職場内の仲間集団やつきあいといったインフォーマルな側面も，組織の目標達成には大きな影響力をもつということが確認されたわけです。

　介護職は，介護を通して利用者のQOL[9]（→ p.263参照）の向上をめざす専門職チームという機能集団の一員であると同時に，勤務する福祉施設や医療機関等に所属する一職員でもあるでしょう。また，職場のインフォーマルな仲間集団の一員であり，地域社会やボランティア・グループその他のさまざまな集団や組織の一員であるかもしれません。

　多様な集団や組織とのかかわりは，そのかかわりの内容に応じた複数の社会的役割を個人ににないわせます。そのなかで，たとえば専門職チームとしてめざす目標（きめ細やかで一人ひとりのニーズにそった介護）と，施設や法人がめざす目標（効率の重視や収益の確保）とのあいだに齟齬が生じ，個人のなかに葛藤を生み出す場合もあるでしょう。そうした葛藤状況にいかに取り組んでいくかということもまた，専門職にとっての課題であるといえます。

5. ライフスタイルの変化

❶ ライフサイクルとライフコース

　たとえば，同じ職場で働く同僚であっても，当然のことながら人生観や価値観は実にさまざまで，仕事一筋の生き方や趣味を最優先した生き方，マイホーム主義など，それぞれがどのようなライフスタイルを選択するかは，きわめて幅広いものでしょう。そして，そうした個人の生き方は，実は全体社会の変化とも密接に関連しています。ここでは，社会におけるライフスタイルの変化についてみていきましょう。

　生命をもつものの一生の生活にみられる規則的な推移をライフサイクルといいます。社会的な存在である人間は，ライフサイクルのなかで，就学や就職，結婚や出産など，一定の段階（ライフステージ）を経ながらその人生を歩んでいきます。

　日本社会における近代化の進展のなかで，人々のライフサイクルの時間的な幅がどのように変化してきたのかを示しているのが図 3-7 です。

　大正期から今日までのライフサイクルの推移をみると，子どもの数が減少し，平均寿命が大きく延びたことによって，子どもが独立し，夫が引退して以降の期間がかなり長くなっていることがわかるでしょう。

　このようなライフサイクルの視点は，たとえば，かつてと現在との高齢期をめぐる状況の明確な差異を示すという点で一定の意義を有していますが，同時に現代的な限界も有しています。すなわち，統計的な平均値を用いたこうした整理では，結婚・離婚の有無や子どもの有無，健康状態や経済状態など，多様であろう人生のあり方を把握するには難しい点があります。

　家族社会学の領域では，そうした多様性を把握するために，家族集団に注目したライフサイクルのアプローチに代わって，個人の人生に焦点をあて，その人生の軌跡を家族歴・教育歴・職業歴・社会活動歴といった複数の経歴の束としてとらえるライフコースという概念が登場しています。

図 3-7 ● 統計でみた平均的なライフサイクル

> ○子どもの数は減少したが，平均寿命の上昇より夫引退からの期間も長くなった。

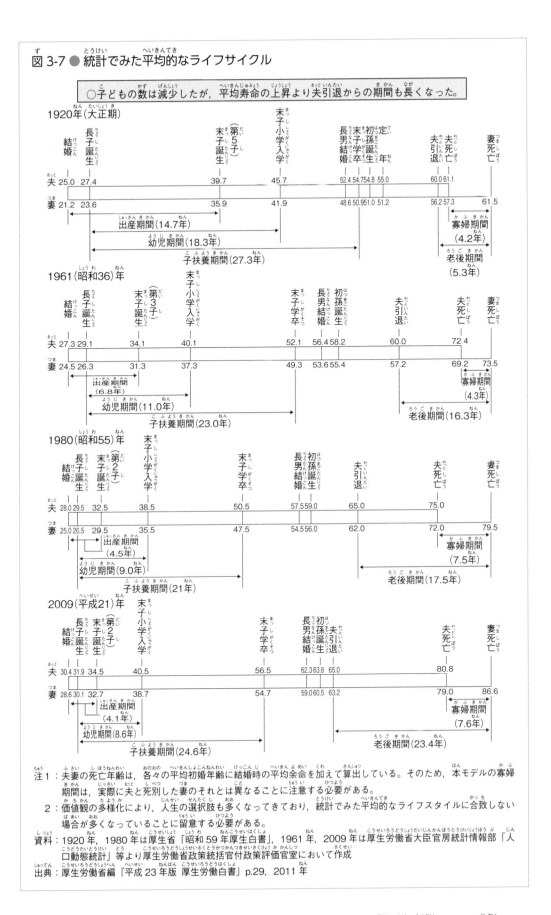

注1：夫妻の死亡年齢は，各々の平均初婚年齢に結婚時の平均余命を加えて算出している。そのため，本モデルの寡婦期間は，実際に夫と死別した妻のそれとは異なることに注意する必要がある。

2：価値観の多様化により，人生の選択肢も多くなってきており，統計でみた平均的なライフスタイルに合致しない場合が多くなっていることに留意する必要がある。

資料：1920年，1980年は厚生省「昭和59年厚生白書」，1961年，2009年は厚生労働省大臣官房統計情報部「人口動態統計」等より厚生労働省政策統括官付政策評価官室において作成

出典：厚生労働省編『平成23年版 厚生労働白書』p.29，2011年

❷ ジェンダーの視点 ::

　ライフコースに関する研究が登場してくる背景の1つに，集団としての家族を自明視せず，個人の生き方に着目して家族をとらえ直そうとする，ジェンダーの視点があります。

　ジェンダーとは，社会的・文化的に形成された性差，すなわち，その時代や社会における「男らしさ」や「女らしさ」とみなされるもので，私たちのライフスタイルの選択にも大きな影響を与えています。

　たとえば「男性は外で働き，女性は家庭を守る」というかつて主流であった性別分業の考え方も，1985（昭和60）年の雇用の分野における男女の均等な機会及び待遇の確保等女子労働者の福祉の増進に関する法律（男女雇用機会均等法）（現・雇用の分野における男女の均等な機会及び待遇の確保等に関する法律）の成立や，1999（平成11）年の男女共同参画社会基本法の制定といった社会の流れのなかで大きく変化してきており，1990年代には，いわゆる専業主婦世帯（男性雇用者と無業の妻からなる世帯）と共働き世帯の数は逆転し，専業主婦世帯の数はその後も減少傾向にあります。

　図3-8は，女性の年齢階級別労働力率の推移ですが，女性が結婚や出産を機に退職し，子育て後に再就職することで生じるM字型曲線の傾向が徐々に減少していることがみてとれるでしょう。こうした女性の就労状況の変化は，離婚の増加や非婚化・晩婚化の傾向にも現れているように，個々の女性のライフスタイルに多様な選択肢をもたらしつつあります。

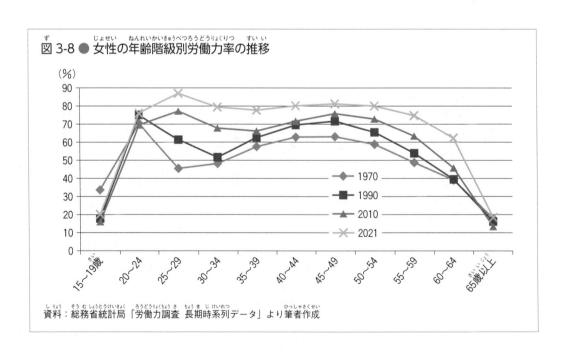

図 3-8 ● 女性の年齢階級別労働力率の推移

資料：総務省統計局「労働力調査 長期時系列データ」より筆者作成

❸ ワーク・ライフ・バランスの可能性

　年齢階級別労働力率の推移からみてとれる女性の社会進出の一方で，家庭における家事分担に関しては，現在も，常勤で働いている場合でさえ，妻がその大半をになっており，「家事も仕事も」という二重の役割分担を負っていることが指摘されています。

　近代化にともない家庭機能が外部化してきたとはいえ，家事や育児，介護に費やす労力の大きさを考えるとき，それらを男女が互いににになっていけるようなあり方を検討していく必要があるでしょう。しかし，そのためには，今日多くの人々がそこで働いている企業組織における労働者像にも大きな転換が求められます。

　すなわち，仕事と家事・育児・介護等が両立できるような制度や，柔軟な働き方をそれぞれの労働者がそのライフスタイルに応じて選択できるしくみが構築されなければ，男女がともに働き，ともに家庭に向き合うことは容易ではありません。また，それと同時に，育児や介護の社会化のいっそうの進展も必要とされるでしょう。

　法制度としては，育児休業等に関する法律（育児休業法）が 1991（平成 3）年に公布され，1995（平成 7）年には，これが大幅に改正され，育児休業，介護休業等育児又は家族介護を行う労働者の福祉に関する法律（育児・介護休業法）となりました。この育児・介護休業法は，男女がともに子育てや介護等をしながら働きつづけられる環境を整備することを目的としており，その後もたびたび改正がなされています。

　また，2007（平成 19）年，関係閣僚，経済界・労働界・地方公共団体の代表等からなる「仕事と生活の調和推進官民トップ会議」において，「仕事と生活の調和（ワーク・ライフ・バランス）憲章」および「仕事と生活の調和推進のための行動指針」が策定されました。憲章では，「誰もがやりがいや充実感を感じながら働き，仕事上の責任を果たす一方で，子育て・介護の時間や，家庭，地域，自己啓発等にかかる個人の時間を持てる健康で豊かな生活ができるよう，今こそ，社会全体で仕事と生活の双方の調和の実現を希求していかなければならない」と述べられています。

　仕事と生活の調和がとれたライフスタイルは，男女ともに多くの人々が期待するものでしょうが，今日にいたるまでの日本社会における家族の変化，地域社会の変化をあらためて直視するならば，かつての社会にみられたようなつながりをそこに再現するというよりも，新たな社会関係を構築していく取り組みとそのための工夫が必要となるでしょう。

地域共生社会の実現に向けた制度や施策

月

日

1. 地域共生社会とは

❶ 地域共生社会の社会的背景と理念

▶▶ 地域共生社会の社会的背景

地域共生社会という考え方が出てきた社会的背景には，日本が少子高齢化，そして人口減少へと進みはじめ，日本全体の経済・社会の存続の危機に直面しているという認識があります。

現代社会で暮らす人たちの生活に目を向けると，「生活のしづらさ」が深刻になってきています。かつてあった家族や親戚，隣近所の支え合いも衰退し，暮らしにおける困りごとを1人でかかえこみ，だれにも相談できない状態にある人や世帯（家族）があります。たとえば，高齢の親と50代の働いていない独身の子が同居している世帯（「8050問題」），介護と育児に同時に直面する世帯（ダブルケア），障害のある子の親が高齢化し介護を要する世帯など，さまざまな問題が複合化したために生活に困窮している人たちがいます。

このような困窮した状態にあっても，個人の尊厳が尊重され，多様性を認め合うことができる地域社会を住民主体によってつくっていく必要があります。しかし，実際の地域の状況は複雑であり，互いの価値観や権利がぶつかり，差別や排除が起きてしまうことがあります。それぞれの地域で社会的孤立や社会的排除をなくし，だれもが役割をもち，互いに支え合うことのできる地域共生社会を実現することは高い理想でもあります。

地域共生社会というめざすべき社会像が提起された背景には，生活に困難をかかえた状態を「我が事」として思える地域づくりに取り組み，さらにはそれが文化として定着するよう挑むことに価値をおこうというねらいがあります。

さらに，地域住民としてとらえる範囲を広げる必要があります。2018（平成30）年に出入国管理及び難民認定法が改正され，特定の技能をもつ外国人を労働者として積極的に受け入れることが決まりました。出入国在留管理庁の「在留外国人統計」によれば，2020（令和2）年からの新型コロナウイルス感染症の感染拡大により，在留外国人については感染拡大前の2019（令和元）年の293万3137人に比べて，2021（令和3）年には276万635人と減少してはいるものの，2018（平成30）年以前と比べて増加しています。また，厚生労働省の「『外国人雇用状況』の届出状況まとめ」によれば，2021（令和3）年の外国人労働者数は172万7221人と，届出が義務化されて以降，最高を更新していま

す。このように，地域で暮らす外国人は以前に比べて増えてきています。地域でともに暮らす外国人を排除することなく，国籍や文化を超えて，図 3-9 で示す多文化共生の地域づくりをさらに進めることも重要です。

図 3-9 ● 多文化共生推進の施策

コミュニケーション支援
・地域における情報の多言語化
・日本語および日本社会に関する学習の支援

生活支援
・居住　　　　　　・教育
・労働環境　　　　・医療・保健・福祉
・防災　　　　　　・その他

多文化共生の地域づくり
・地域社会に対する意識啓発
・外国人住民の自立と社会参画

資料：総務省「多文化共生の推進に関する研究会報告書── 地域における多文化共生の推進に向けて」pp.11-37，2006 年より筆者作成

▶▶ 地域共生社会の理念

　それでは，地域共生社会がめざす理念とはどのようなものでしょうか。2016（平成 28）年 6 月 2 日に閣議決定された「ニッポン一億総活躍プラン」によれば，地域共生社会とは，「子供・高齢者・障害者など全ての人々が地域，暮らし，生きがいを共に創り，高め合うことができる」社会とされています。その実現のために，「支え手側と受け手側に分かれるのではなく，地域のあらゆる住民が役割を持ち，支え合いながら，自分らしく活躍できる地域コミュニティを育成し，福祉などの地域の公的サービスと協働して助け合いながら暮らすことのできる」しくみの構築，寄附文化の醸成，NPO 等の民間団体との連携や民間の資金の活用をはかるとしています。

　このような地域共生社会の理念は，ソーシャルインクルージョン（社会的包摂）をめざすことを意味します。ソーシャルインクルージョンとは，社会的排除に対する目標としてかかげられてきた理念です。社会的に望ましいとされる生活水準が維持されるとともに，すべての人に選択肢の広がりと選択する自由が保障され，社会とのつながりを通してその人らしく生きていける社会の実現をめざします。

❷ 地域共生社会の実現に向けた取り組み

「ニッポン一億総活躍プラン」の閣議決定のあとに設置された，「我が事・丸ごと」地域共生社会実現本部による「『地域共生社会』の実現に向けて（当面の改革工程）」では，地域共生社会の実現に向けた改革について，図3-10に示す①地域課題の解決力の強化，②地域丸ごとのつながりの強化，③地域を基盤とする包括的支援の強化，④専門人材の機能強化・最大活用の4つの柱にそって進めるとされています。

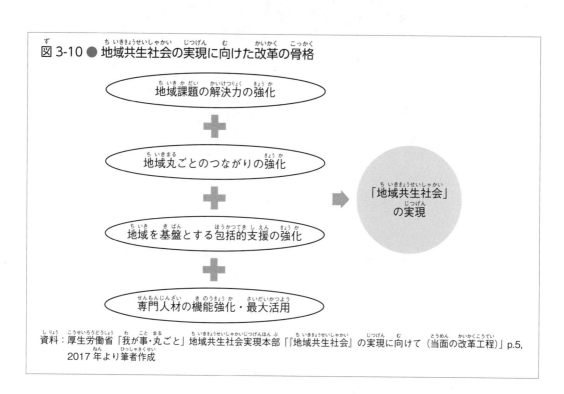

図3-10 ● 地域共生社会の実現に向けた改革の骨格

地域課題の解決力の強化

＋

地域丸ごとのつながりの強化

＋

地域を基盤とする包括的支援の強化

＋

専門人材の機能強化・最大活用

「地域共生社会」の実現

資料：厚生労働省「我が事・丸ごと」地域共生社会実現本部「『地域共生社会』の実現に向けて（当面の改革工程）」p.5，2017年より筆者作成

さらに，地域力強化検討会が2017（平成29）年9月にとりまとめた「地域力強化検討会最終とりまとめ」では，地域共生社会に向けて，①共生文化，②参加・協働，③包括的支援体制，④予防的福祉の推進，⑤多様な場の創造をめざすとされ，その各論として，❶市町村における包括的な支援体制の構築，❷横断的かつ多様な分野と連携した地域福祉（支援）計画の作成，❸地方自治体と国の役割の明確化が述べられています（図3-11）。

「市町村における包括的な支援体制の構築」において示されているように，地域共生社会は，図3-12に示した3つの地域づくりを通じて，地域住民が地域生活課題を「我が事」として考える意識を高めていくことをめざしています。このような地域づくりは，福祉とこれまで関係の少なかったほかの分野をつなぐ地域づくりへの提案でもあります。また，地域づくりを進めるための財源については，各分野の補助金や共同募金[10]（➡ p.263参照），クラウドファンディング[11]（➡ p.263参照）やふるさと納税，企業の社会貢献活動，そし

126

図 3-11 ● 地域共生社会の実現に向けた方向性と取り組み

総論

・地域共生が<u>文化</u>として定着する挑戦
・専門職による<u>多職種連携</u>，地域住民等との協働による<u>地域連携</u>
・「点」としての取り組みから，有機的に連携・協働する「面」としての取り組みへ
・「待ち」の姿勢から，「予防」の視点にもとづく，<u>早期発見，早期支援</u>へ
・「支え手」「受け手」が固定されない，<u>多様な参加の場，働く場の創造</u>

各論1　市町村における包括的な支援体制の構築
① 他人事を「我が事」に変えていくようなはたらきかけをする機能
② 「複合課題丸ごと」「世帯丸ごと」「とりあえず丸ごと」受けとめる場
③ 市町村における包括的な相談支援体制
各論2　横断的かつ多様な分野と連携した地域福祉（支援）計画の作成
各論3　地方自治体と国の役割の明確化
〇市町村が包括的な支援体制の整備について，責任をもって進めていく。
〇都道府県は，単独の市町村では解決がむずかしい課題への支援体制の構築，都道府県域の独自施策の企画・立案，市町村への技術的助言を行う。
〇国は，指針等の作成で終わることなく，「我が事・丸ごと」の人材育成，プロセスを重視した評価指標の検討，財源の確保・あり方についての検討を行う。

資料：地域における住民主体の課題解決力強化・相談支援体制の在り方に関する検討会（地域力強化検討会）「地域力強化検討会最終とりまとめ」2017年より筆者作成

図 3-12 ● 3つの地域づくりの方向性と取り組み

①まちづくりにつながる「地域づくり」

「自分や家族が暮らしたい地域を考える」という主体的，積極的な姿勢と福祉以外の分野との連携・協働によるまちづくりに広がる地域づくり

②福祉コミュニティとしての「地域づくり」

「地域で困っている課題を解決したい」という気持ちで，さまざまな取り組みを行う地域住民や福祉関係者によるネットワークにより共生の文化が広がる地域づくり

③1人を支えることができる「地域づくり」

「1人の課題から」，地域住民と関係機関がいっしょになって解決するプロセスをくり返して気づきと学びがうながされることで，一人ひとりを支えることができる地域づくり

資料：地域における住民主体の課題解決力強化・相談支援体制の在り方に関する検討会（地域力強化検討会）「地域力強化検討会最終とりまとめ」2017年より筆者作成

て社会福祉法人の地域における公益的取り組みなどの活用が期待されています。たとえば，地域づくりを行ううえでは，事例1や事例2のような取り組みが考えられます。

事例1　高齢化団地における個別訪問とサロン活動

　建設されてから50年が経過したU団地では，毎週金曜日に集会所を使ってサロン活動が行われています。サロンでは団地に住んでいるAさん(70歳，女性)をはじめ，6名ほどの高齢者がボランティアとして活動に参加しています。団地で一人暮らしをしているBさん(80歳，男性)は，先日，個別訪問にやってきた地域見守りボランティアのCさん(50歳，女性)から「サロンへ参加してみませんか？」と誘われ，今日は天気もよいので参加してみようと考えています。

事例2　認知症高齢者の徘徊捜索模擬訓練の活用

　ボランティア活動に取り組んでいるDさんとEさんは，昼前にメールで徘徊捜索依頼が届いていた，認知症のあるFさん(87歳，女性)が，公園のベンチに座っているところを発見しました。先日参加した徘徊捜索模擬訓練を思い出しながら，市役所の地域福祉課と警察署に発見・保護の連絡を入れ，家族のもとに無事に送り届けることができました。2人はあらためて訓練の重要性を感じました。

　地域共生社会の実現に向け，介護職には，単に目の前にいる介護サービスの利用者だけではなく，その家族全体を丸ごととらえた支援，他職種との連携，地域づくりへの提言，施設や事業所における地域貢献への取り組みなどが期待されています。1人の利用者の身のまわりの生活を支援するという立場から，その利用者を支える関係づくり，地域づくり，まちづくりにまでかかわっていくことが介護職に求められています。

月

日

2. 地域包括ケアシステムとは

❶ 地域包括ケアシステムの社会的背景と理念

▶▶ 地域包括ケアシステムの社会的背景

　高齢者の医療・介護ニーズの高度化・多様化，そしてニーズそのものの増大によって，病院や施設を中心としたこれまでの介護サービスのあり方で対応していくことに限界がみられるようになってきました。そこで，2025（令和7）年をめどに，高齢者介護のあり方の方向性として提起され，システムとして構築が推進されているのが地域包括ケアシステムです。

　地域包括ケアという言葉は，1970年代以降に，当時の広島県御調町（現在は尾道市に合併）で展開された医療と福祉の連携による地域ケア実践を表現するために用いられはじめました。その後，高齢者が要介護状態になったとしても，住み慣れた地域で適切な住環境が確保され，そして保健，医療，福祉が途切れることなく提供され，その人らしく生きていくことができる地域づくりのあり方として，広まってきました。

　2003（平成15）年6月には，「高齢者介護研究会報告書」において「介護が必要になっても，自宅に住み，家族や親しい人々と共に，不安のない生活を送りたいという高齢者の願いに応えること，施設への入所は最後の選択肢と考え，可能な限り住み慣れた環境の中でそれまでと変わらない生活を続け，最期までその人らしい人生を送ることができるようにすること」が，これからの高齢者介護のめざすべき方向として示されました。

　これをふまえ2005（平成17）年には介護保険法が改正され，地域包括支援センターが創設されました。地域包括支援センターの運営にあたっては，開設当初より業務マニュアルやガイドラインが公表されてきましたが，2011（平成23）年に出された「地域包括支援センター業務マニュアル」によれば，地域包括ケアとは「地域住民が住み慣れた地域で安心して尊厳あるその人らしい生活を継続することができるように，介護保険制度による公的サービスのみならず，その他のフォーマルやインフォーマルな多様な社会資源を本人が活用できるように，包括的および継続的に支援すること」とされています。

▶▶ 地域包括ケアシステムの理念

　地域包括ケアシステムの理念とは，介護が必要になったとしても，保健，医療，福祉といった専門的なサービスの切れ目ない提供とともに，ボランティアや近隣の友人知人からの助けも得ながら，住み慣れた地域で暮らしつづけられることをめざすことだといえます。多様な職種やボランティアが連携し，チームとして地域での生活を支える取り組みは，このような理念にもとづいた実践例であるといえます。

　また，地域共生社会と地域包括ケアシステムの関係について整理すると，これからの日本がめざす社会全体のイメージやビジョンが地域共生社会であり，高齢者分野から始まった地域包括ケアシステムは，地域共生社会を実現するためのシステムの1つであるといえます。

❷ 地域包括ケアシステムの実現に向けた取り組み

　代表的な定義によると，地域包括ケアシステムとは，「ニーズに応じた住宅が提供されることを基本とした上で，生活上の安全・安心・健康を確保するために，医療や介護のみならず，福祉サービスを含めた様々な生活支援サービスが日常生活の場（日常生活圏域）で適切に提供できるような地域での体制」であり，その際，地域包括ケア圏域については，「『おおむね30分以内に駆けつけられる圏域』を理想的な圏域として定義し，具体的には，中学校区を基本とする」とされています。近年，地域で取り組まれている「認知症高齢者の徘徊捜索模擬訓練」などは，このような体制で取り組まれることが多くみられます。

　地域包括ケアシステムには，①医療，②介護，③予防，④住まい，⑤生活支援の5つの要素が含まれると考えられています。この考え方を図にしたものが図3-13です。

　地域包括ケアシステムは，図3-14のように介護職等による専門的サービス（公助[12]（➡p.263参照）・共助[13]（➡p.264参照））だけでなく，ボランティアや住民組織，当事者団体の活動（互助[14]（➡p.264参照）），民間企業などが提供する商品としての市場サービス（自助[15]（➡p.264参照））を利用する福祉ミックスを重視しています。このなかで介護職は，身体介護や生活援助のみならず，認知症の人への介護，喀痰吸引等の医療的ケア，介護に関する家族等への指導・助言，家族会の立ち上げが期待されているといえるでしょう。

図 3-13 ● 地域包括ケアシステムの「植木鉢」

出典：三菱ＵＦＪリサーチ＆コンサルティング「〈地域包括ケア研究会〉地域包括ケアシステムと地域マネジメント」（地域包括ケアシステム構築に向けた制度及びサービスのあり方に関する研究事業），平成 27 年度厚生労働省老人保健健康増進等事業，p.15，2016 年

図 3-14 ● 地域包括ケアシステムを支える「自助・互助・共助・公助」

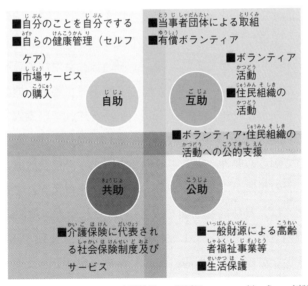

出典：三菱ＵＦＪリサーチ＆コンサルティング「〈地域包括ケア研究会〉―2040 年に向けた挑戦―」（地域包括ケアシステム構築に向けた制度及びサービスのあり方に関する研究事業），平成 28 年度厚生労働省老人保健健康増進等事業，p.50，2017 年

第3節 社会保障制度

1. 社会保障の概念・範囲

月

日

❶ 社会保障とは

　多くの人々が社会保障に抱くイメージは，「覚えることが多くてむずかしそう」「法律は苦手」というようなマイナスイメージではないでしょうか。しかし，働いたり，親が高齢になったり，家族をもったりすると，社会保障について知りたいと思うことが多くなるようです。

　なぜ，苦手意識をもっていた社会保障について，急に知りたいと思うのでしょうか。このような変化のきっかけとして，現実に問題をかかえる人を目の当たりにする，あるいは自分自身が問題に直面するという経験があげられます。それまでは問題なく生活を送っていたとしても，介護，子育て，疾病，失業など不測の事態（＝生活問題，生活上のリスク）が起こってしまいます。年齢を重ねることで，あるいは社会生活を経験することで，それまで想像もしなかった問題の多様さや大きさに不安や困難を感じる機会が増えます。

　実際に問題をかかえた人だけでなく，安定した生活を送れている人ですら，今後の生活に不安を感じ，その問題や不安を少しでもやわらげたいと考えることになります。そこで，社会保障について知る必要性を実感するのです。また，社会保障に対するマイナスイメージは，具体的場面の想像ができないまま，知識だけを得ようとする場合に大きくなってしまいます。たとえば，具体的な場面を抜きにして，「介護保険法にもとづく包括的支援事業とは…」と説明されても困ってしまいます。そこで，事例を用いることによって，具体的な場面を想像しながら，社会保障のイメージをつかんでみようと思います。

事例3　介護が必要な状態の祖父をもつ知人からの相談

　みなさんは介護福祉士をめざして勉強しています。そのみなさんに知人から相談がありました。相談内容は以下のとおりです。

　知人の祖父（81歳）は数か月前まで健康でしたが，この2，3か月で介護が必要な状態になりました。現在は家族でなんとか対応していますが，もう限界です。今後どうすればよいのか家族全体で悩んでいます。どのような方法があるのか，具体的な選択肢を教えてほしい。

132

この相談に対して，みなさんは次のようなアドバイスを考えたのではないでしょうか。

・家族で助け合って介護を行う。
・介護保険施設（介護老人福祉施設や介護老人保健施設等）に入所する。
・訪問介護（ホームヘルプサービス）を利用する（訪問介護員（ホームヘルパー）に来てもらう）。
・通所介護（デイサービス）や短期入所生活介護（ショートステイ）などを利用する。
・家政婦を雇う。
・近隣住民やボランティアにお願いする。

　細かくいえばほかにもありますが，およそこのような選択肢になるのではないでしょうか。これらの選択肢は，その特性によって①家族，②市場，③制度利用，④ボランティア等の4つに分類することができます（表3-1）。

表3-1 ● 福祉生産の4類型

① **家族**
　家族で介護を行うことである。事例では，祖母，父母，伯父伯母（叔父叔母）あるいは相談者である知人本人などもあり得る。

② **市場**
　お金を払って介護を手に入れることである。事例では，家政婦を雇うことが該当する。

③ **制度利用**
　介護保険を利用することである。事例では，介護保険施設，訪問介護，通所介護，短期入所生活介護が該当する。介護保険を通した介護サービスを利用することで，原則1割の費用負担でそれぞれのサービスを利用できる。②の家政婦と訪問介護は似ているが，家政婦を雇う場合は全額自費となるのに対して，訪問介護を利用する場合は原則1割の費用負担ですむという大きな違いがある。

④ **ボランティア等**
　インフォーマルな支援や支え合いを利用することである。事例では，近隣の住民に手伝ってもらったり，大学のボランティアサークルに依頼したりすることが該当する。無償であることがポイントだが，継続的利用が困難になることが多いといえる。

　ここまで介護の事例を用いて説明してきましたが，このような4つの分類は，介護だけでなくさまざまな分野で共通する福祉生産の4類型ととらえることができます。介護に限らず，私たちが生活を送るうえで発生した問題に対して，制度を利用して対応する方法が準備されています。この制度が社会保障制度なのです。

　社会保障制度は，福祉生産の4類型のうち，「制度利用」に属します。では，社会保障制度とは具体的にどのような範囲を示しているのでしょうか。図3-15の「A 内容別分類」は，社会保障制度をその目的や内容によって3つに分類したものです。それぞれの説明については，表3-2のとおりです。

図 3-15 ● 社会保障の範囲

A 内容別分類（最近のとらえ方）

社会保障 {
　所得保障（生活保護，年金保険，雇用保険など）
　医療保障（医療保険，公費負担医療制度など）
　社会福祉（児童福祉，障害者福祉，高齢者福祉など）

B 制度別分類（伝統的とらえ方）

社会保障 {
　社会保険（医療保険，年金保険，雇用保険，労働者災害補償保険，介護保険）
　公的扶助（生活保護）
　社会福祉（児童福祉，障害者福祉，高齢者福祉など）
　社会手当（児童手当，児童扶養手当など）
　保健医療・公衆衛生（母子保健，疾病予防など）

表 3-2 ● 社会保障の分類と内容

所得保障	生活保護や年金保険などのように現金を給付することで所得を保障しようとするもの
医療保障	医療保険や公費負担医療制度なども含めた医療サービスや医療費の保障に関連するもの
社会福祉	児童福祉（保育や児童虐待対応など），障害者福祉（介護や就労支援など），高齢者福祉（介護や生活支援など）など，所得保障や医療保障に含まれないもの

このように分類することで，社会保障の全体像を大まかにつかむことができます。ごく単純にすれば，金銭の給付，医療の提供，社会福祉の提供の3つによって社会保障は構成されているのです。

　しかし，この内容別分類には弱点があります。たとえば，医療保険は医療保障だけでなく所得保障（傷病手当金など）も含んでいます。そのため，医療保障の範囲で医療保険を学び，さらに所得保障の範囲でも医療保険を学ぶことになります。これでは制度の理解が非常に複雑になってしまいます。

　そこで社会保障制度を体系的に学ぶために必要となる分類が，図3-15の「B　制度別分類」です。社会保障制度を理解するには，まずは内容別分類でイメージをつかみ，続いて制度別分類で制度ごとの内容を知るという順番が最適です。

2. 日本の社会保障の発達

❶ 社会保障の歴史を学ぶ意義 :::

　　ここでは戦後の社会保障の歴史を簡潔にみていきます。社会保障制度はどこかの時点でいきなり誕生したのではありません。数十年以上の歴史を経て現在の形に落ち着いたのです。社会保障制度がどのような歴史を重ねて発達したのかを知ることは，現在の社会保障制度を理解する助けにもなりますし，今後の社会保障制度を展望していく基準にもなります。

　　社会保障の歴史を学ぶうえで，とくに重要なポイントが，ただ物事を順に並べて覚えるのではなく，社会経済状況と関連させて理解することです。社会経済状況とは，表3-3に示す内容をさします。つながりなく，順に制度を並べるだけでは理解が深まりません。第2次世界大戦の終戦から現在までを大きく5つに区分して，どのような要因によって社会保障が発達したのか，「変化」をキーワードとしてみていきましょう。

表 3-3 ● 社会経済状況

・経済発展や好景気・不景気（経済状況） ・人口の変化（人口構造） ・働き方の変化（就業構造） ・家族の変化（家族構造） ・生活の変化（生活水準）

❷ 戦後の社会保障の歴史

▶▶ 社会保障の基盤整備（1945（昭和20）年～1954（昭和29）年）

　日本は敗戦によって，数多くの人命を失い，国土が荒れ果て，国富も大幅に減少しました。国民の生活状況は劣悪でさまざまな問題が発生していましたが，そのなかでも生活困窮者，戦災孤児，傷痍軍人の増加が大きな問題となりました。これらに対応するために，生活保護法（1946（昭和21）年），児童福祉法（1947（昭和22）年），身体障害者福祉法（1949（昭和24）年）が制定されました。その後，生活保護法は1950（昭和25）年に全面改正されました。生活保護法，児童福祉法，身体障害者福祉法を福祉三法と呼んでいます。

　福祉三法に加え，1951（昭和26）年の社会福祉事業法（現・社会福祉法）の制定によって福祉三法体制が整備され，日本の社会保障制度が急速に発達するきっかけとなりました。日本の社会保障制度（特に公的扶助と社会福祉分野）が発達するきっかけは，敗戦後の混乱への対応であったのです。

▶▶ 国民皆保険・皆年金と社会保障の拡充（1955（昭和30）年～1974（昭和49）年）

　1950年代半ばから，日本の経済成長率は年平均10％を超え，高度経済成長期と呼ばれる時代に入りました。戦後の混乱も落ち着き，1956（昭和31）年の『経済白書』では「もはや戦後ではない」とする宣言が行われました。

　しかし，高度経済成長期になれば生活問題が解消されるわけではありません。健康で働けているあいだは問題なくとも，病気やけがで働けなくなった場合や，定年後の生活費をどのように準備するのかなどの問題が急浮上しました。今はよくても何か（病気，障害，定年など）あったら困るという状況です。そこで，何があっても困らないように，つまり貧困におちいるのを未然に防ぐ「防貧」の必要性が高まったのです。

　この時代に，社会保障の重心が生活保護を中心とする救貧から，社会保険を中心とする防貧に移り変わりました。特に医療や年金は防貧には欠かせないため，急ピッチで全国民をカバーするための法整備が行われ，1961（昭和36）年に国民皆保険と国民皆年金の体制が確立されました。

　さらに，この時期は社会福祉分野の発展がめざましく，1960（昭和35）年に精神薄弱者福祉法（現・知的障害者福祉法）が，1963（昭和38）年に老人福祉法が，1964（昭和39）年に母子福祉法（現・母子及び父子並びに寡婦福祉法）が制定されています。

　このように社会福祉分野が大きく発展することとなった要因は2つあります。1つは高度経済成長によって財源が豊富であったこと，もう1つは，高度経済成長が目に見える形で生活問題を顕在化させたことです。高度経済成長は産業構造に急激な変化をもたらし，農村から都市部へ人口が流入する都市化が急速に進みました。それにともなって就業構造

や家族構造が大きく変化し，高齢者，障害者，母子の問題が顕在化しました。これらの問題への対応として，高齢者福祉，障害者福祉，母子福祉が発展していきました。

　福祉三法に，精神薄弱者福祉法，老人福祉法，母子福祉法を加えたことによって，社会福祉分野の主要な制度が整備されることとなり，福祉六法体制が確立されました。

▶▶ 社会保障の見直し（1975（昭和50）年～1989（平成元）年）

　社会福祉分野の法整備が進んだことや，社会保険制度の給付水準の改善が相次いだことによって，1973（昭和48）年は福祉元年と呼ばれました。しかし，その矢先であった同年10月に発生した石油危機（オイルショック）によって，経済成長は一気に鈍化し，日本の高度経済成長は終わりをむかえました。不況や低成長によって税収が落ちこみ，それまで良好だった国の財政バランスが数年間で急激にくずれてしまいました。

　このような経済状況のもと，「増税なき財政再建」をめざした，第2次臨時行政調査会（第2次臨調）が1981（昭和56）年に設置され，活発な議論が行われました。第2次臨調では，社会保障制度について見直しが行われ，社会保障関係の予算についても厳しく抑制する方向が示されました。これ以降，現在まで社会保障の費用を抑えようとする費用抑制政策が常に社会保障全体を取り巻くことになりました。

▶▶ 介護保険と福祉の考え方の変化（1990（平成2）年～2000（平成12）年）

　1997（平成9）年に成立し2000（平成12）年に施行された介護保険制度によって，社会福祉の考え方が大きく転換されました。日本の福祉制度は長年にわたり措置制度（☞第1巻p.56）によって行われてきましたが，介護保険制度は措置制度ではなく，新たに利用契約制度を導入しました。

　措置制度は，利用者にサービス提供事業者（施設・事業所）を選ぶ権利がないなど，利用者本位とはいえない制度でした。しかし，利用契約制度によって利用者が事業者を選択できるようになり，対等な関係にもとづいたサービス利用が行えるようになりました。行政主体の措置制度から，利用者主体（利用者本位）の利用契約制度への変更です。

　さらに介護保険制度によって，民間営利企業もサービス提供事業者として参入できるようになりました。それまでは，国，地方自治体，社会福祉法人などに限られていたサービス提供事業者の範囲が拡大され，株式会社などが含まれたことも大きな変革といえます。

　このような，介護保険制度を中心に行われた福祉制度の大きな変革を基礎づけたものが，社会福祉事業法の大改正です。1951（昭和26）年から約50年間続いた社会福祉事業法が，2000（平成12）年に社会福祉法に改称され，内容も大きく改正されました。社会福祉分野全般に影響を及ぼす変革なので，社会福祉基礎構造改革（☞第1巻p.57）と呼んでいます。これにより，介護保険制度だけでなく，障害福祉領域にも利用契約制度や民間事業者参入が波及することになりました。

▶▶ 社会保障改革（2001（平成13）年〜現在）

　社会保障制度には給付の側面のほかに，負担の側面もあります。高齢化の進行などによってふくらむ社会保障費を支えているのは，税金や社会保険料です。つまり，社会保障制度の給付を増やそうとすれば負担を増やす必要があり，負担を減らそうとすれば給付を減らす必要があるという表裏一体の関係にあります。

　近年の社会保障制度の見直しのなかでも，社会保障と税の一体改革は，とくに大きなものです。2008（平成20）年に設置された社会保障国民会議における議論を起点として，社会保障改革の全体像や必要な財源を確保するための税制抜本改革が積み重ねられました。

　その結果，2012（平成24）年に社会保障制度改革推進法が成立し，公的年金制度，医療保険制度，介護保険制度，少子化対策について改革の基本方針が示されました。また，同年に成立した社会保障の安定財源の確保等を図る税制の抜本的な改革を行うための消費税法の一部を改正する等の法律（税制抜本改革法）では，消費税率の引き上げなどが定められました。

　社会保障制度改革推進法にもとづいて設置された社会保障制度改革国民会議では，それぞれの分野を改革するための具体的な方向性が議論され，2013（平成25）年に報告書がまとめられました。そこでは，すべての世代が年齢ではなく負担能力に応じて負担し，支え合う「全世代型の社会保障」をめざすとされています。

　報告書をふまえて，2013（平成25）年に持続可能な社会保障制度の確立を図るための改革の推進に関する法律（社会保障改革プログラム法）が成立・施行されました。社会保障改革プログラム法にもとづいて，2014（平成26）年から社会保障の4分野（年金，医療，介護，少子化対策）の改革が進められました。

　この「全世代型の社会保障」は，近年の社会保障を考えるうえで非常に重要です。2019（令和元）年に設置された全世代型社会保障検討会議では，人生100年時代の到来を見すえながら，高齢者だけでなく，子どもや現役世代をも含む全世代の安心を支えていくため，社会保障全般にわたる持続可能な改革が検討されました。

　さらに，2021（令和3）年に設置された全世代型社会保障構築会議においても，給付と負担のバランスを確保しつつ，全世代（子ども，若者，現役，高齢）を対象とした，全世代型社会保障の構築が目指されています。

3. 社会保障の意義・役割
しゃかい ほ しょう い ぎ やくわり

❶ 社会保障の意義
しゃかい ほ しょう い ぎ

　現代社会では，みずからの能力を活用しながら，みずからの生活を維持・発展させてい
げんだいしゃかい　　　　　　　　　　のうりょく　かつよう　　　　　　　　　　　　　せいかつ　い じ　はってん
くことが基本とされています。つまり，自己責任によって生活を営むことが求められるの
き ほん　　　　　　　　　　　　　　　じ こ せきにん　　　　　　せいかつ　いとな　　　　　もと
です。しかし，生活を送るうえで健康問題（病気やけが），雇用問題（失業や労働不能），
せいかつ　おく　　　　　けんこうもんだい　びょうき　　　　　こようもんだい　しつぎょう　ろうどう ふ のう
介護問題（障害や高齢）など思いがけない事態が起こることがあります。このような問題
かい ご もんだい　しょうがい　こうれい　　　おも　　　　　　じ たい　お　　　　　　　　　　　　　　もんだい
は，自己責任や家族の責任だけで対応できるものではありません。
じ こ せきにん　か ぞく　せきにん　　　　　たいおう

　さらに，複数の問題が重なる場合も多くあります。病気で働くことができなければ，健
ふくすう　もんだい　かさ　　　ば あい　おお　　　　　　　びょうき　はたら　　　　　　　　　　　　けん
康問題だけでなく経済的問題も重なりますし，子どもがいる家庭では子育てに関する経済
こうもんだい　　　　けいざいてきもんだい　かさ　　　　　　こ　　　　　　か てい　こ そだ　かん　けいざい
的問題や保育問題をかかえます。また，年金の少ない高齢者が要介護状態となった場合，
てきもんだい　ほ いくもんだい　　　　　　　　ねんきん　すく　こうれいしゃ　ようかい ご じょうたい　　　　ば あい
健康問題，介護問題，経済的問題が複雑にからみ合います。
けんこうもんだい　かい ご もんだい　けいざいてきもんだい　ふくざつ　　　あ

　人生80年から90年の時代となった現代社会では，長い人生のなかで大きいものから
じんせい　ねん　　　ねん　じ だい　　　　　げんだいしゃかい　　　なが　じんせい　　　　おお
小さいものまで多様な問題が発生します。これらをすべて自己責任や家族の責任で対応す
ちい　　　　　　た よう　もんだい　はっせい　　　　　　　　　　　　じ こ せきにん　か ぞく　せきにん　たいおう
ることは不可能でしょう。そこで社会的支援が必要になるのです。
ふ か のう　　　　　　　　しゃかいてき し えん　ひつよう

　福祉生産の4類型（☞第1巻p.133）のところで解説したように，もし，社会保障制度
ふく し せいさん　るいけい　だいかん　　　　　　　　　　かいせつ　　　　　　　　　　しゃかい ほ しょうせい ど
（制度利用）が弱い社会であれば，家族に頼るか（家族），自分でどうにかするか（市場），
せい ど り よう　　よわ　しゃかい　　　　　　　か ぞく　たよ　　　か ぞく　　じ ぶん　　　　　　　　し じょう
近隣で助け合う（ボランティア等）しか方法がありません。しかし，現代社会でそれを実
きんりん　たす　あ　　　　　　　　　とう　　　　ほうほう　　　　　　　　　　　　　げんだいしゃかい　　　　　じっ
践するのは困難でしょう。核家族化が進む状況で家族に頼ることには限界があります。必
せん　　　　　　こんなん　　　　　かくか ぞく か　すす　じょうきょう　か ぞく　たよ　　　　　　　げんかい　　　　　ひつ
要なサービスを自分で購入するには多額の費用が必要ですし，その費用を十分に準備でき
よう　　　　　　　　　じ ぶん　こうにゅう　　　　　た がく　ひ よう　ひつよう　　　　　　ひ よう　じゅうぶん　じゅん び
る世帯は少ないでしょう。また地域関係が希薄となっているため，近隣に頼ることもむず
せ たい　すく　　　　　　　　　　ち いきかんけい　き はく　　　　　　　　　きんりん　たよ
かしいです。

　このように現代社会は，「家族」「市場」「ボランティア等」だけにまかせておくことが
げんだいしゃかい　　か ぞく　し じょう　　　　　　　　とう
できない時代でもあります。つまり，「制度利用」を中心におくしか道は残されていない
じ だい　　　　　　　　　　　　　せい ど り よう　ちゅうしん　　　　みち　のこ
のです。「制度利用」を中心に「家族」「市場」「ボランティア等」で補足していくことが
せい ど り よう　ちゅうしん　か ぞく　し じょう　　　　　　とう　ほ そく
必要ではないでしょうか。これが，社会保障の意義であり必要性といえます。
ひつよう　　　　　　　　　　　　　しゃかい ほ しょう　い ぎ　　　ひつようせい

❷ 社会保障の役割

　私たちが人生を送るうえで発生する問題や抱く不安には多くの共通性があります。病気，失業，介護，貧困などは，すべての人に共通する危険（リスク）です。すべての人に共通するという特徴は，裏を返せば事前準備が可能ということにもなります。人々が人生を送るうえで直面するであろう不測の事態を予測し，それに備えるべく設けられた制度が社会保障制度です。生活の安定を損なう原因となる多様な危険に対して，一定の備えをすることで，安心で安定した生活を送ることが可能となります。

　社会保障について『平成29年版 厚生労働白書』では，「国民の生活の安定が損なわれた場合に，国民に健やかで安心できる生活を保障することを目的として，公的責任で生活を支える給付を行うもの」とされています。つまり，病気やけが，出産や子育て，障害，介護，失業，老齢，貧困など生活が不安定になる要因に対して，社会保障制度を通じた社会的支援を提供することで，安定した生活を維持できるようにするものといえます。

　さらに，社会保障制度のことをセーフティネットと説明することもあります。セーフティネットとは，高所作業やサーカスにおいて，万が一落下した際にけがや死亡を防ぐために設置されている安全網のことです。そこから転じて，人生における危険に対応し，事態の悪化を防ぐ社会保障制度にも用いられるようになりました。

　高所作業やサーカスの場合，落下というリスクのみによるけがや死亡を防ぐことが目的ですが，人生におけるリスクは病気やけが，子育て，失業など複数あります。複数のリスクに対応した多様なセーフティネットが必要となります。

　多様なセーフティネットにはそれぞれの関係性が浅いものもありますが，それぞれの関係性が非常に深いものもあります。とくに関係性が深く，重層的に張りめぐらされているセーフティネットについては，第1，第2，第3と順番をつけることもあります。

　失業を例にあげると，失業した場合にただちに対応する「第1のセーフティネット」として社会保険制度（雇用保険）が，それで対応しきれなかった場合に「第2のセーフティネット」として生活困窮者対策や求職者支援制度が，それでも問題の解消・解決ができなかった場合，最終的に「第3のセーフティネット」として生活保護制度が準備されています。

4. 社会保障の目的・機能

① 社会保障の目的

　社会保障制度はいくつもの制度から構成されています。医療保険，介護保険，年金保険，生活保護などがその代表です。それぞれの制度に固有の目的はありますが，社会保障制度全体に共通する普遍的な目的もあります。それは，生活の安定・生活の保障と個人の尊厳の保持・自立支援です。

▶▶ 生活の安定・生活の保障

　生活の安定を損なう原因には，どのようなものがあるでしょうか。生活の安定を損なうとは，お金が不足して生活を送ることが困難になる状態などをいいます。このような問題をかかえた場合に，利用できる制度がなかったとしたら生活がいきづまってしまいます。そこで，生活の安定を損なう多様な要因（＝生活上のリスク）に対応できるいくつもの制度を設けることで，安定した生活を送ることが可能となります（表3-4）。生活の安定を実現するために，国家として社会保障制度を設けていることから，社会保障制度を生活の保障と呼ぶ場合もあります。

　生活の安定や生活の保障は日本国憲法第25条が基盤となっています。日本国憲法第25条において，最低限度の生活保障（生存権保障）の理念が明記されており，この理念を実現しようとする具体的な方法が社会保障制度です。

表 3-4 ● 生活上のリスクに対応する社会保障制度の例

・仕事を定年退職したら収入がなくなり生活ができない
　→年金保険（老齢年金）
・治療が必要なのに医療費が高くて支払えない
　→医療保険
・生活が苦しくて働きたいのに，子どもがいるため働けない
　→児童福祉（保育所）
・重い病気や障害で働けず，助けてくれる家族もいない
　→生活保護

142

▶▶ 個人の尊厳の保持・自立支援

　個人の尊厳の保持は非常に重要な目的です。たとえば，生活保護を受けている，寝たきりで介護保険を利用している，大きな病気で長期間入院している，などの理由でその人の人格や尊厳を否定される社会でよいでしょうか。そのような社会を望む人は少ないでしょう。

　社会保障の歴史をたどれば，自分の人格や尊厳を捨て去ることを制度利用の条件にしていた時代もありました。そのような時代から180度変化し，近年の社会保障制度は個人の尊厳を保持することを目的にかかげています。大きな病気や失業といった人生における大問題を経験したとしても安定した生活を送れるように，そして個々人の人格や尊厳を守れるように，社会保障制度が支援を行います。

　自立支援は，特に2000（平成12）年以降から数多く使われるようになったキーワードです。介護保険法では第1条（目的）に「自立した日常生活」が明記されており，障害者の日常生活及び社会生活を総合的に支援するための法律（障害者総合支援法）では「自立した日常生活又は社会生活」が条文中に多く含まれています。現代社会は，みずからの生活についてみずから責任をもって営むこと，つまり自立した生活を基本としています。しかし，自立した生活が困難となる場合も数多くあります。ここで，少しですが，自立について考えてみましょう。

　自立には，身体的自立，精神的自立，経済的自立，社会的自立などがあります。とくに社会福祉分野では自己決定を非常に重視しますが，これは精神的自立の言い換えと理解できます。自己決定をさらに具体的にすると，自分の生活やふだんの行動を主体的決定にもとづいて行うことと説明できます。介護が必要となると身体的自立は困難になりますが，身体的介護のサービスを利用しながら，主体的に自分の生活や人生を決めていくことはできます。また，生活保護受給者にとって経済的な自立はむずかしいかもしれませんが，生活保護の金銭給付を主体的に使って生活を組み立てることはできます。

　つまり，社会保障制度が不足部分を支援することによって，個々人がみずからの判断や責任において主体的に生活することが可能となります。このように自立支援は，社会保障制度の重要な目的の1つとなっているのです。

❷ 社会保障の機能 :::

　社会保障の機能として，①生活安定・向上機能，②所得再分配機能，③家族機能の支援・代替機能，④経済安定機能の４つがあげられます。

▶▶ 生活安定・向上機能

　社会保障の目的と直接的に合致する機能であり，生活上のリスクに対応することで生活の安定や安心をもたらす機能です。さらに生活安定だけでなく，生活向上も重要な機能となります。社会保障制度が弱ければ，生活上のリスクに怯えながら生活を送ることになってしまいます。病気やけがをしたら医療費はどうしよう，失業したらお金がなくなる，親が要介護状態になったらだれも助けてくれない，というような不安です。

　このような不安をかかえたままでは活力ある生活を送ることは困難です。何かあっても社会保障制度が支えてくれるのであれば，不安をかかえず生き生きとした生活を送ることが可能です。これが生活安定・向上機能であり，社会全体の活力の源にもなります。

▶▶ 所得再分配機能

　社会保障のおもな財源は税金（公費）と社会保険料です。税金の代表として所得税，住民税（市町村民税，都道府県民税），消費税などがあり，社会保険料の代表として医療保険料や国民年金保険料などがあります。個人が所得から支払った税金や社会保険料は，社会保障制度などを通じてほかのだれかに移ります。このような所得移転を所得再分配といいます。所得再分配によって所得格差が縮小されるとともに，低所得者や生活問題をかかえた人々の生活安定をはかることが可能となります。

▶▶ 家族機能の支援・代替機能

　もともと高齢者介護や子どもの保育は家族内で対応されていました。しかし，就業構造や家族構造といった社会経済状況の変化によって，家族内での対応に支障が出はじめました。つまり，家族の福祉機能が限界をむかえたことになります。

　そこで現在は，社会として介護保険制度や保育所を準備することで，弱まった家族機能の支援や代替（代わり）を社会保障制度がになっています。家族機能が弱まれば弱まるほど，家族機能の支援・代替機能の重要性が増加するので，今後さらに社会保障制度の重要性が増すでしょう。

▶▶ 経済安定機能

　社会保障と経済は関係が薄そうに感じるかもしれませんが，経済安定機能は社会保障の重要な機能です。

　たとえば，年金制度がなくなった場合にどのような問題が発生するか考えてください。このような問いに対し，みなさんの多くが高齢者やその家族の立場に立って問題を考えるのではないでしょうか。しかし，異なる視点に立てば，高齢者が毎日買い物をしている商店の売り上げは落ち，高齢者が所有している車を手離さざるを得ない状況になるとガソリンスタンドの売り上げも下がると考えることもできます。つまり社会保障制度は，個人を支えているのはもちろんのこと，地域経済や日本の経済全体を支えていることにもなります。

　また，生活上のリスクに対する不安が大きい社会では，人々はどのような行動をとるでしょうか。病気のため，老後のため，失業のために貯金に熱心にならざるを得なくなってしまいます。これでは消費が冷えこみ，経済状況が悪化してしまいます。社会保障制度が安心を提供できることで，不安による貯金の必要性が減少し，消費の活性化が期待できます。このように，経済の安定あるいは発展に社会保障制度が寄与しています。

❸ ライフサイクルからみた社会保障 ::

　社会保障が対象とする範囲は幅広く，多様な生活上のリスクに対応しています。私たちの人生全体を通して，社会保障制度がどのように関係しているのかについて確認してみましょう。図 3-16 は，出生段階から最期をむかえるまでのライフサイクルとそれぞれの段階に応じた社会保障制度を示しています。

▶▶ 保健・医療

　人は，生まれる前から母子保健制度による母子健診などがあり，生まれてからも予防接種や学校保健による健康診断が準備されています。一方，40 歳以上には特定健康診査（特定健診）（☞第 1 巻 p.235），75 歳以上には高齢者医療があります。また，一生を通して医療保険が病気やけがに対応しており，保健・医療制度は誕生から亡くなるまでの長期間にわたり個人を支えているといえます。

▶▶ 社会福祉等

　児童福祉分野の代表は保育所です。共働き世帯や一人親世帯が増加していることから保育所は欠かせない存在であり，2022（令和 4）年 4 月 1 日時点での保育所等を利用する児童数はおよそ 273 万人となっています。また，子のいる多くの家庭に関係する制度が，児童手当制度でしょう。児童手当制度は，中学校卒業までの児童を対象に現金が給付されます。

　障害者福祉は身体障害，知的障害，精神障害のみならず発達障害や難病患者なども対象となっています。介護や手当の給付が代表的ですが，社会参加促進を忘れてはいけません。図 3-16 には記載されていませんが，就労支援は社会参加に不可欠な要素であり，障害者福祉の重要な役割です。

　高齢者福祉の要として，2000（平成 12）年から介護保険制度がスタートしました。2021（令和 3）年 3 月末現在で，要介護・要支援の認定を受けた高齢者の割合は，高齢者（第 1 号被保険者）の 18.7％になっています。介護保険は訪問介護や通所介護などの居宅サービスのほか，介護老人福祉施設などによる施設サービスも提供しています。

▶▶ 所得保障

　所得保障の代表が年金保険と生活保護です。仕事を定年退職した，障害を負って働けなくなった，一家の大黒柱が亡くなったときなどは収入が途絶えてしまう大きなリスクです。これらのリスクに対し年金保険が対応することで，一定の所得を継続して得ることができます。また，生活保護はリスクの種類を問わず，困窮者に対し最低限度の生活を送ることができるよう，最後のセーフティネットとして所得保障を行っています。

▶▶ 雇用

　労働者災害補償保険・雇用保険は労働者を対象にした社会保障制度です。公共職業安定所（ハローワーク）における職業紹介や，雇用保険による失業給付，育児休業給付などが含まれます。

　このように，生まれてから亡くなるまでの長期間にわたり多様な方法で私たちの生活を支えてくれているのが社会保障制度です。もう少し視野を広げ，自分自身だけでなく家族全体で考えると，たくさんの場面で非常に多くの社会保障制度に支えられていることがわかります。

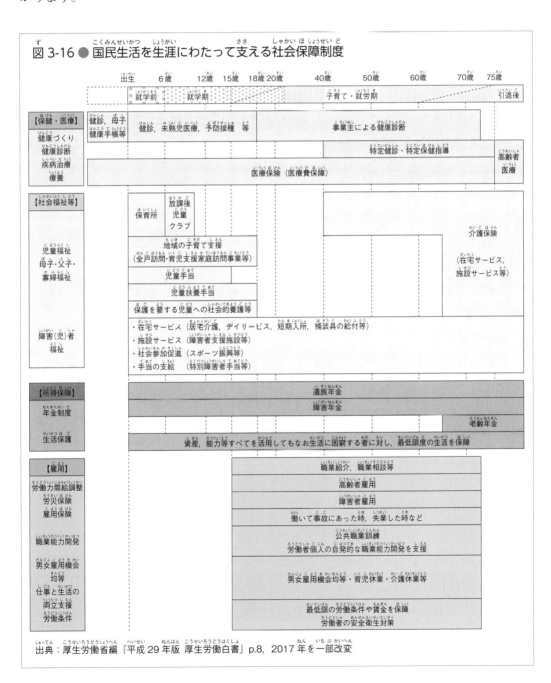

図 3-16 ● 国民生活を生涯にわたって支える社会保障制度

出典：厚生労働省編『平成 29 年版 厚生労働白書』p.8, 2017 年を一部改変

5. 日本の社会保障制度のしくみ

❶ 社会保障制度を支えるもの

　社会保障制度の根底にある考え方として相互扶助と社会連帯があります。私たちは，何か困ったことが発生した場合には，相互扶助の精神によって互いに助け合いますし，社会の一員としてみんなで協力し合う社会連帯の精神ももち合わせています。社会保障制度が準備されるまでの時代では，家族の助け合い，親族の助け合い，地域住民の助け合いによって生活上のリスクに立ち向かっていました。しかし，そのような小規模グループでの助け合いには限界がありました。そこで規模の大きなグループである国家として，制度を設け国家全体で助け合うしくみを構築してきたのです。

　私たちのだれもが，生活を送るうえで思いがけない事態に直面するおそれがあります。経済的問題，健康問題，子育て問題などがその代表です。これらの問題に対して，社会保障制度を通じて支え合うことが可能となりました。

❷ 社会保障制度のしくみ

▶▶ 社会保険と社会扶助

　社会保障制度の負担と給付のしくみとして，社会保険方式と社会扶助方式の2つがあります。

(1) 社会保険方式

　現代社会で生活していると，保険という用語を数多く目にしたり耳にしたりします。保険は社会保険と民間保険に分けることができます。社会保険の代表として年金保険，医療保険，介護保険などがあり，民間保険の代表として自動車保険，火災保険，生命保険などがあります。社会保険と民間保険は保険の技術を用いている点は共通ですが，異なる点も多くあります。

　保険の技術とは次のようなものです。

・共通の危険（リスク）にさらされている多数の人々がグループを組む。
・加入者が事前に保険料を拠出する（出し合う）。
・想定していた危険（＝保険事故）が実際に起こった場合，プールしていた（蓄えておいた）保険料から給付を受けることで損害をおぎなう。

　このような保険の技術は，保険料を事前に拠出することで集団として危険を分散するしくみといえます。

　社会保険と民間保険が大きく異なる点を3つ紹介します（表3-5）。

148

表3-5 ● 社会保険と民間保険の違い

① 運営主体（保険者）が異なる
　民間保険の場合は株式会社などの民間企業が保険者だが，社会保険の場合は国，地方自治体，公的な団体が保険者となる。

② 法律を基礎としている
　国民年金法，健康保険法，介護保険法に代表されるように，社会保険には基礎となる法律が設けられている。法律にもとづく保険なので，強制的に加入させることが可能で，保険給付も法律で規定されている。それに対して，民間保険は強制加入ではなく，保険給付も保険会社が独自に設定している。

③ 財源に国庫負担や地方負担が入る
　民間保険には税金からの補助は出ないが，多くの社会保険では国や地方自治体の税金から補助や繰入が行われている。また，サラリーマンなどの被用者の保険料については，被保険者（本人）と事業主（企業）が保険料を半分ずつ支払っている（＝労使折半）。さらに，低所得者に対する保険料減免（保険料が減らされたり，保険料の支払いを免除されたりする）なども行われている。このような労使折半や所得による保険料減免は社会保険に特有なしくみである。

　表3-5に示す3点が社会保険と民間保険の大きな違いです。民間保険には多数の種類がありますが，社会保険は年金保険，医療保険，介護保険，雇用保険，労働者災害補償保険の5種類です。

(2) 社会扶助方式
　社会扶助とは，保険料ではなく税金を財源として国や地方自治体が実施するサービスの提供などのしくみです。社会保険方式は，世界的には1880年代のドイツで誕生し，日本では1920年代に導入された比較的新しいしくみです。それに対し，社会扶助方式は1500年代のイギリスで誕生し，日本でも1800年代後半から国家的に用いられています。
　社会扶助方式にはいくつかの種類があり，公的扶助制度である生活保護，社会サービスである児童福祉や障害者福祉，社会手当である児童手当や児童扶養手当などがあります。

▶▶ 社会保障制度の給付と負担の方法

(1) 給付の方法
　社会保障制度による給付は現金給付とサービス給付（現物給付）に分けることができます。現金給付とは，金銭を直接給付する方法です。年金保険や生活保護（医療扶助，介護扶助を除く）は，対象者に現金を給付します。そのほか，児童手当や，失業時の所得保障を行う雇用保険も同様です。現金給付に対してサービス給付は，現金ではなく，サービスを提供します。その代表が，医療サービス，介護サービス，保育サービスです。対象者は，現金ではなく専門職の専門的活動を受けることになります。

これら現金給付とサービス給付の違いを示したものが図3-17です。現金給付は、制度と対象者のあいだが直接的につながりますが、サービス給付は、専門機関や専門職が制度と対象者とのあいだに入り（介在し）ます。それぞれの代表として、年金保険と医療保険を例にしているので参考にしてください。

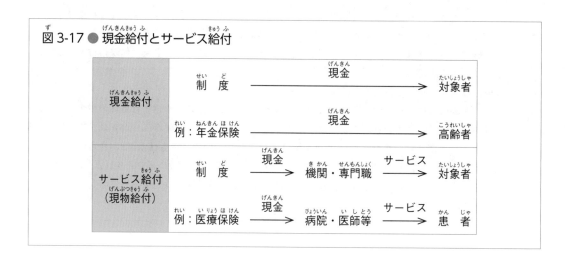

図 3-17 ● 現金給付とサービス給付

現金給付	制　度	——現金——→	対象者
	例：年金保険	——現金——→	高齢者
サービス給付 （現物給付）	制　度 ——現金→	機関・専門職 ——サービス→	対象者
	例：医療保険 ——現金→	病院・医師等 ——サービス→	患　者

(2) 負担の方法

負担の方法とは、言い換えると利用料の支払い方法で、応能負担と応益負担に分かれます。応能負担とは、利用者の支払い能力（所得など）に応じて負担額を増減させる方法で、保育料が代表です。保育料は親の所得によって、月額数千円〜10万円以上と大きな開きがあります。つまり応能負担とは、高所得者からは多く、低所得者からは少なく、その利用料を徴収する（集める）方法です。

一方、応益負担は受けたサービス量に応じて支払う方法です。たとえば、就学後から70歳未満の場合、医療費の自己負担は3割ですが、これは所得が多くても少なくても同じ3割負担です（ただし、減免などの措置がある場合があります）。このように応益負担は支払い能力を考慮しないため、結果的に定率負担あるいは定額負担となります。

支払い能力に応じた負担を求める応能負担、支払い能力を原則考慮しない応益負担と理解すればよいでしょう。

❸ 社会保障制度の体系 :::

現在の日本における社会保障制度の体系は表3-6のようになります。重要なポイントは、1つの制度が複数の保障（給付）を行っていることです。

たとえば、生活保護制度は所得保障というイメージがありますが、医療保障と社会福祉も兼ねています。また、医療保険は医療保障だけでなく所得保障（傷病手当金など）も

行っています。このようにそれぞれの制度には，そのなかで別々の異なる問題に対応しているものが多くあります。

表 3-6 ● 日本の社会保障制度の体系

		所得保障	医療保障	社会福祉	法制度の例
社会保険	年金保険	老齢年金 遺族年金 障害年金 等			国民年金法 厚生年金保険法
	医療保険	傷病手当金 出産育児一時金 出産手当金 葬祭費 等	療養の給付 健診・保健指導		国民健康保険法 健康保険法 各種共済組合法 高齢者医療確保法
	介護保険			施設サービス 居宅サービス 特定福祉用具販売 住宅改修 等	介護保険法
	雇用保険	失業等給付（求職者給付，雇用継続給付 等）			雇用保険法
	労働者災害補償保険	休業(補償)給付 障害(補償)給付 遺族(補償)給付 介護(補償)給付 等	療養(補償)給付		労働者災害補償保険法
社会扶助	公的扶助	生活扶助 教育扶助 住宅扶助 等	医療扶助	介護扶助	生活保護法
	社会手当	児童手当 児童扶養手当 特別障害者手当 等			児童手当法 児童扶養手当法 特別児童扶養手当等の支給に関する法律
	社会サービス 児童福祉			保育所 放課後児童健全育成事業 児童養護施設 等	児童福祉法
	社会サービス 障害(児)者福祉		自立支援医療（育成医療・更生医療・精神通院医療）費の支給	介護給付 訓練等給付 補装具費の支給 地域生活支援事業 等	障害者総合支援法 身体障害者福祉法 知的障害者福祉法 精神保健福祉法 児童福祉法
	社会サービス 老人(高齢者)福祉			老人福祉施設 生きがい・健康づくり対策 等	老人福祉法
	社会サービス 母子父子寡婦福祉	母子父子寡婦福祉資金の貸し付け		自立支援 生活指導 等	母子及び父子並びに寡婦福祉法
	社会サービス 低所得者対策等	住居確保給付金 生活福祉資金貸付制度		自立相談支援事業 就労準備支援事業	生活困窮者自立支援法 社会福祉法

注1：給付内容はおもなものを記載している。
　　2：法律名の長いものは，略称で表記している。

6. 年金保険

❶ 年金保険の目的

▶▶ 年金保険とは

年金保険とは，所得を保障して経済的に支えるしくみのことをいいます。それぞれのリスクに対応した形でおもに3つの種類に分けられます。社会の第一線で働いて収入を得ることができる，おもに20歳代から50歳代ごろまでのうちに保険料として一定の金額を拠出しておくことで，定年などで社会の第一線から引退して収入を得られなくなる高齢期に支給される老齢年金，障害を有した場合に支給される障害年金，家計を支えるにない手が死亡した場合に支給される遺族年金があります。

▶▶ 公的年金と私的年金

日本における年金保険制度は，1961（昭和36）年に国民年金法が全面施行されて以来，すべての国民が公的年金制度に加入して老齢，障害，死亡に備える国民皆年金体制となっています。

ここでいう公的年金は，私たちの生活の安定をはかるための基本的な部分を支える役割をになっています。

それに対して私的年金とは，より豊かな生活を実現するために，一定の集団や個人の努力や判断によって実施されるものです。具体的には，従業員の福利厚生の一環として実施される企業年金や，民間の保険会社などが個人を対象として販売している個人年金があります。

表 3-7 ● 公的年金と私的年金の違い

・公的年金の特徴
①対象となる国民（被保険者）すべてが強制加入である。
②社会経済の動向に応じて年金額に変化はあるものの，その実質的な価値は維持される。
③生涯にわたって支給される終身年金である。
④本人が拠出した保険料のほかに，ほかの現役世代の保険料や国庫負担が財源となっている。
・私的年金の特徴
①基本的に任意の制度である。
②社会経済の変化に応じた年金額の価値の維持は困難である。
③一般的に，支給期間が一定期間に限られた有限年金が多い。

▶▶ 賦課方式と積立方式

公的年金制度は，一定期間に保険料の拠出が行われることによって現金の給付が行われる社会保険方式というしくみによって成り立っていますが，その方式には賦課方式と積立方式の2種類の方式があることを理解しておく必要があります。

賦課方式とは，年金の給付に必要な費用を，その時々に加入している現役世代の保険料によってまかなうという考え方による方式です。一方，積立方式とは，将来の年金給付に必要な費用を見越してあらかじめ積み立てを行い，その支払いに備えておくという考え方による方式です。

なお，制度の発足当初は積立方式でしたが，現在では賦課方式を基本としています。

▶▶ 公的年金制度の体系

これまで，日本の公的年金制度は，基礎年金制度である国民年金と，被用者年金制度と呼ばれ，それぞれに成立の背景が異なる厚生年金と共済年金から成り立っていました。

しかし，①今後の少子高齢化のいっそうの進展に備えた制度の安定性の確保，②公的年金制度に対する国民の信頼をより高めるための公平性の担保，といった必要から，2015（平成27）年10月から，共済年金は厚生年金に一元化されました（図3-18）。

この一元化によって公務員や私立学校教職員も厚生年金の被保険者になるとともに，保険料も統一されました。また，共済年金の職域加算相当部分（以前の「3階部分」）は廃止され，新たに退職等年金給付（年金払い退職給付）が創設されました。

図 3-18 ● 年金制度の体系

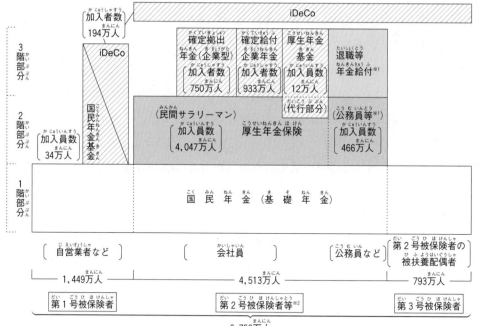

※1 被用者年金制度の一元化に伴い，平成27年10月1日から公務員および私学教職員も厚生年金に加入。また，共済年金の職域加算部分は廃止され，新たに退職等年金給付が創設。ただし，平成27年9月30日までの共済年金に加入していた期間分については，平成27年10月以後においても，加入期間に応じた職域加算部分を支給。

※2 第2号被保険者等とは，厚生年金被保険者のことをいう（第2号被保険者のほか，65歳以上で老齢，または，退職を支給事由とする年金給付の受給権を有する者を含む）。

資料：厚生労働省編『令和4年版 厚生労働白書（資料編）』p.240，2022年

❷ 国民年金

▶▶ 国民年金とは

現在の国民年金制度は，20歳以上60歳未満の人すべてを適用の対象とした，全国民共通の基礎的な給付（基礎年金）を行う制度です。

被保険者は強制加入とされており，表3-8に示す3種類に分類されています。

このほかに，自分の意思で加入できる任意加入被保険者という分類もあります。たとえば，日本国内に住所を有しない20歳以上65歳未満の日本国民は，第1号被保険者として任意加入することができます。

また，第1号被保険者のうち，一定所得以下の低所得者や学生に対しては，保険料の減免制度や軽減制度，納付の猶予制度などが設けられています。

表 3-8 ● 国民年金の被保険者

・第1号被保険者
　日本国内に住所を有する20歳以上60歳未満の者であって，第2号被保険者や第3号被保険者でない者。おもに自営業を営んでいる人やパート労働に従事している人や学生，無職の人などが該当する。
・第2号被保険者
　厚生年金の被保険者。いわゆるサラリーマンと呼ばれる人たちや公務員などが該当する。
・第3号被保険者
　第2号被保険者の被扶養配偶者であって，20歳以上60歳未満の者。いわゆる専業主婦と呼ばれる人たちが該当する。

▶▶ 給付の種類

(1) 老齢基礎年金

　老齢基礎年金とは，原則として，支給を受けることのできる資格期間（保険料納付済期間，保険料免除期間，合算対象期間を合わせた期間）が10年以上ある人が，65歳に達したときに支給される年金です。なお，支給開始年齢については，本人の希望によって60歳から64歳での繰り上げ支給（この場合は支給額が減額されます），66歳から75歳での繰り下げ支給（この場合は支給額が増額されます）を選択することも可能です。

(2) 障害基礎年金

　障害基礎年金とは，年金加入者が，病気やけがなどの結果，障害等級の1級または2級の障害の状態になった場合に支給される年金です。受給にあたっては，障害が発生したと確認できた日（初診日）の属する月の2か月前までの被保険者期間のうち，保険料納付済期間と保険料免除期間とを合算した期間が3分の2以上あること，または特例として，2026（令和8）年4月1日前に初診日のある傷病による障害については，初診日のある月の2か月前までの1年間に保険料滞納期間がないこと，という条件があります。

　年金というと高齢者に支給されるものというイメージをもつ人が多いと思いますが，障害基礎年金は「65歳」というような年齢条件はありませんので，若いときに障害の状態になった場合でも対象になることは，しっかりと理解しておきましょう。

(3) 遺族基礎年金

　遺族基礎年金も，「65歳」という年齢条件はありませんので，若い世代にも関係のある年金であるといえます。①国民年金の被保険者，②被保険者であった者で，日本国内に住所がある60歳以上65歳未満の者，③老齢基礎年金の受給権者（ただし，保険料納付済期間と保険料免除期間とを合算した期間が25年以上の者に限る），④保険料納付済期間と保険料免除期間とを合算した期間が25年以上の者のいずれかに該当する人が亡くなった場合に，その人によって生計維持されていた「18歳到達年度の末日までにある子（障害の状態にある場合は20歳未満）のいる配偶者」または「子」に支給される年金です。

　この年金にも，たとえば①および②の場合は死亡した日の前日までで，死亡日の属する月の2か月前までの被保険者期間のうち，保険料納付済期間と保険料免除期間とを合算した期間が3分の2以上あることなどの条件があります。

(4) その他

　そのほかに，第1号被保険者のみを対象とした，付加年金（老齢基礎年金に上乗せされる任意加入の給付），寡婦年金（一定の条件を満たした被保険者であった夫の妻に給付），死亡一時金（遺族基礎年金は受け取れないが一定の条件は満たしている被保険者の遺族に給付）があります。

❸ 被用者年金

▶▶ 厚生年金とは

　民間企業などで働く人々の老齢・障害・死亡についての保険給付を行うことを通じて，労働者本人とその家族の生活を支えるしくみのことを厚生年金といいます。

　その源流は戦前の1941（昭和16）年制定の労働者年金保険法と，さらにそれを改正した1944（昭和19）年の厚生年金保険法にまでさかのぼることができます。戦後の1954（昭和29）年に大改正されて以降，数度の改正を経て，先にも述べたように2015（平成27）年10月からは，共済年金と一元化されました。

　厚生年金では，①常時5人以上の従業員を使用する一定の業種の事業所，②常時従業員を使用する国，地方公共団体または法人の事業所，③船員として船舶所有者に使用される者が乗り組む船舶については強制適用事業所となり，ここで働く70歳未満の人は，必ず被保険者になります。なお，厚生年金の被保険者は，同時に国民年金の第2号被保険者となります。

　給付の種類ですが，年金給付として，老齢厚生年金，障害厚生年金，遺族厚生年金などがあり，原則的には基礎年金の支給要件を満たした場合にそれに上乗せする形で支給されます。

　また，あわせて加入者がみずからの責任で年金資産の運用を行う確定拠出年金制度なども，公的年金制度に関連するしくみとして理解しておく必要があります。なお，厚生年金保険に特有の制度であった**厚生年金基金**[16]（➡ p.264参照）については，2013（平成25）年6月に成立した公的年金制度の健全性及び信頼性の確保のための厚生年金保険法等の一部を改正する法律により，大多数の厚生年金基金が解散しました。

　厚生年金保険の保険料は，被保険者の標準報酬月額と標準賞与額（一般的にいう毎月の給料とボーナス）に保険料率を乗じた金額を被保険者と事業主が折半して納めています。なお，育児休業期間中の保険料については被保険者と事業主双方とも免除されていることも，あわせて理解しておきましょう。

7. 医療保険

❶ 医療保険の目的

▶▶ 医療保険とは

　医療保険とは，疾病などで治療が必要になった場合の医療費を保障するためにあらかじめ保険料を拠出しておくことで，実際に医療費が必要になった場合に一定部分を保険から給付するしくみのことです。

　日本では，1922（大正 11）年の健康保険法の制定に始まり，1938（昭和 13）年の国民健康保険法を経て，国民が何らかの医療保険制度に加入するという考え方のもと，1961（昭和 36）年に国民皆保険体制が確立され，現在にいたっています。

　日本の現在の医療保険制度の概要を図にすると図 3-19 のように整理できるのですが，この図を見てもわかるように，国民皆保険とはいいながら，実際には職業や職場，あるいは住所地のある市町村などによって保険者が細かく分かれており，まさにこの点が，日本の医療保険制度の特徴の 1 つであるともいえるのです。

図 3-19 ● 日本の医療保険制度の概要

	国民健康保険		健康保険		船員保険	各種共済
75歳〜	後期高齢者医療制度（75歳以上の者）				47運営主体 1,806万人	
65歳〜	前期高齢者（65〜74歳）					
	市町村国保	国保組合	組合健保	協会けんぽ		国家公務員 地方公務員 私学教職員
0歳〜						
（対象者）	自営・農林水産業 パート・無職	事業団体	大企業の サラリーマン	中小企業の サラリーマン	船員	公務員等
（保険者）	市町村	国保組合	健保組合	全国健康保険協会		共済組合等
（保険者数）	1,716	162	1,388	1		85
（加入者数）	2,619	271	2,868	4,030	12	855

注 1：保険者数，加入者数は 2021（令和 3）年 3 月末現在。
　　2：加入者数は四捨五入。
　　3：加入者数の単位は万人。
資料：厚生労働省『令和 4 年版 厚生労働白書（資料編）』p.27，2022 年より作成

▶▶ 健康保険とは

被保険者がサラリーマン（被用者）の場合の医療保険を健康保険といいます。

勤務先が大企業の場合は，企業単独または複数が集まって設立される組合管掌健康保険（組合健保）に，また中小企業の場合には，全国健康保険協会が保険者となっている全国健康保険協会管掌健康保険（協会けんぽ）に加入します。被保険者は事業所に勤めている本人ですが，その被扶養者も健康保険に加入できます。

なお，健康保険法においては，①サービス業等の一部を除く常時5人以上の従業員を使用する事業所，②常時従業員を使用する国，地方公共団体または法人の事業所は強制適用事業所，強制適用に含まれなくても一定の条件を満たし別途手続きを行った事業所は，任意適用事業所と規定しています。これらの事業所に勤務する被用者は原則として健康保険の被保険者であり，その扶養家族に対しても被扶養者として保険給付が行われます。

健康保険のおもな給付の種類は，表3-9のとおりです。

表3-9 ● 健康保険のおもな給付の種類

・療養の給付（現物給付）
　　被保険者の疾病や負傷にかかる診察，薬剤などの支給，処置，手術などの治療，看護サービスなど
・入院時食事療養費（現物給付）
　　入院時の食事療養費（療養病床に長期入院する65歳以上の患者にかかるものを除く）
・入院時生活療養費（現物給付）
　　療養病床に長期入院する65歳以上の患者にかかる生活療養費（食費と居住費）
・傷病手当金（現金給付）
　　被保険者が療養のため就労不能となり，給与が支給されないとき，欠勤1日につき標準報酬日額の3分の2を，休業日4日目から1年6か月の範囲で支給
・出産育児一時金（現金給付）
　　被保険者または被扶養者が出産した場合，1児につき42万円を支給
・出産手当金（現金給付）
　　出産で業務につけず，給与が支給されないとき，出産の日（予定日）以前42日＋出産の日後56日までの期間，標準報酬日額の3分の2を支給
・高額療養費（現金給付）
　　保険診療にともなう自己負担額が，1か月で一定の限度額を超えたとき，その超えた額を支給

▶▶ その他の被用者保険

　このほかの被用者保険制度としては，国家公務員共済組合，地方公務員共済組合，私立学校教職員共済，船員保険があります。これらは，それぞれ異なるしくみから成り立っていますので当然違う部分はありますが，一方で，たとえばどの制度も基本的に毎月の給与から天引き（源泉徴収）されているなどの共通性が多い制度であり，健康保険も含めて職域保険とも呼ばれています。

❸ 国民健康保険

▶▶ 国民健康保険とは

　被用者保険がサラリーマンを主たる被保険者としているのに対して，国民健康保険はそれ以外の人々が被保険者となります。具体的には，自営業者，農林水産業従事者，パート労働者，さらには無職や失業中の人々まで対象になります。

　国民健康保険の保険者には，①都道府県・市町村，②国民健康保険組合（国保組合）があります。2018（平成30）年4月から，財政運営の責任主体として保険者に都道府県が加わりました。健康保険や船員保険などほかの保険の被保険者とならない者で，都道府県の区域内に住所を有する者は，都道府県が市町村とともに行う国民健康保険の被保険者となります。また，弁護士，医師，薬剤師，土木建築業などの業種に従事する者は，同種の事業または業務に従事する者300人以上で組織される国保組合の被保険者となります。

　給付の種類については職域保険の場合と大きな違いはありません（表3-10）。

　なお，実際に医療にかかった場合の患者の自己負担は，被用者保険も国民健康保険も同様であり，原則として0～6歳（小学校入学前）の乳幼児は2割，6～69歳は3割，70～74歳は2割（現役並みの所得のある人は3割）の負担となっています。

表 3-10 ● 被用者保険と国民健康保険の給付の種類

給付の種類	被用者保険	国民健康保険
療養の給付	○	○
入院時食事療養費	○	○
入院時生活療養費	○	○
保険外併用療養費	○	○
訪問看護療養費	○	○
療養費	○	○
特別療養費		○
高額療養費	○	○
移送費	○	○
埋葬料（葬祭費）	○	○
出産育児一時金	○	○
家族療養費等	○	
傷病手当金	○	
出産手当金	○	
高額介護合算療養費	○	○

8. 後期高齢者医療制度
こうきこうれいしゃいりょうせいど

❶ 老人保健制度から後期高齢者医療制度への流れ

第2次世界大戦後の混乱期を経て，経済の高度成長期のただなかにあった1961（昭和36）年に国民皆保険・国民皆年金体制が確立され，日本の社会保障体制は急速に整えられていきました。その後，福祉元年といわれた1973（昭和48）年には，老人医療費の無料化も実現しました。

しかし，その後の高度成長期の終焉と社会経済状況の変化のなかで，老人医療費の高騰は財政を圧迫する大きな問題となり，1982（昭和57）年制定の老人保健法ではついに無料であった老人医療費が見直され，患者の一部負担が導入されました。

日本の少子高齢化の進行は，その後も老人医療費を増大させて，財政を圧迫しつづけたため，20世紀末には医療保険制度の抜本的な見直しをせざるを得ない状況となってしまったのです。

そのような流れのなかで行われた議論の結果，2006（平成18）年，老人保健制度に代わる新たな制度として，65歳以上を一括して「高齢者」としていた従来の区分から，65歳以上75歳未満の者を「前期高齢者」，75歳以上の者を「後期高齢者」とする新たな区分の考え方にもとづいた後期高齢者医療制度が創設されました。この制度は2008（平成20）年4月より実施され，現在にいたっています。

❷ 制度の概要 ∷∷∷

　後期高齢者医療制度の被保険者は，後期高齢者医療広域連合[17]（➡ p.264 参照）の区域内に住所を有する者であり，① 75 歳以上の後期高齢者，② 65 歳以上 75 歳未満の者で，一定の障害の状態にあると後期高齢者医療広域連合の認定を受けたものとされています。保険料の徴収は市町村が行いますが，運営の主体は新たに設立された，都道府県ごとにすべての市町村が加入する後期高齢者医療広域連合という組織がになっています。

　財源の構成については，後期高齢者自身が払う保険料が約 1 割，国，都道府県，市町村といった公費が約 5 割，各医療保険制度を通じた現役世代からの支援が約 4 割となっています。なお，患者負担は 1 割ですが，一定以上の所得のある人は 2 割の負担，現役並みの所得のある人は 3 割の負担となっています。

　これまでの老人保健制度とは違う後期高齢者医療制度の特徴は，増大する老人医療費の負担をそれぞれの立場で明確にするとともに，後期高齢者自身も被保険者として保険料負担をになう立場としたことにあるといえます。

9. 雇用保険

❶ 雇用保険の目的

　雇用保険は，雇用保険法にもとづいて実施，運営がなされています。労働者が失業したときに必要な給付を行うなど，労働者の生活と雇用の安定をはかるために，失業の予防，雇用状態の是正および雇用機会の増大，労働者の能力の開発とその向上，その他労働者の福祉の増進をはかることを目的とした社会保険の1つです。

　1947（昭和22）年に制定された失業保険法に代わり，1974（昭和49）年に雇用保険法が制定されました（施行は1975（昭和50）年4月）。その後も社会状況にあわせて多くの改正を行いながら，今日にいたっています。

❷ 保険者・被保険者

　雇用保険の保険者は政府です。これを政府管掌といいます。実際の現業業務の窓口は公共職業安定所（ハローワーク）[18]（➡ p.264 参照）がになっています（図 3-20）。

　雇用保険の加入者，つまり被保険者は業種，規模にかかわらず全産業（一部任意適用もある）の労働者に適用され，事業主に被保険者の届出義務があります。被保険者は，①一般被保険者，②高年齢被保険者，③短期雇用特例被保険者，④日雇労働被保険者に分類されます（図 3-20）。それぞれの定義については表 3-11 を参照してください。

　なお，被保険者とならない者としては，所定労働時間が週 20 時間未満の者，短期雇用労働者や季節労働者，学生または生徒，特定の漁船に乗り組むために雇用された船員，そして国や地方自治体に雇用される人たちなどがあげられます。

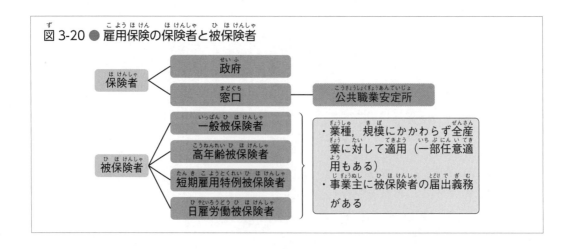

図 3-20 ● 雇用保険の保険者と被保険者

表 3-11 ● 雇用保険の被保険者

被保険者	規定
❶一般被保険者	次の❷〜❹でない者
❷高年齢被保険者	65 歳以上の被保険者（❸・❹を除く）（法第 37 条の 2）
❸短期雇用特例被保険者	被保険者であって，季節的に雇用されるもののうち次のいずれにも該当しない者（❹を除く）（法第 38 条） ① 4 か月以内の期間を定めて雇用される者 ② 1 週間の所定労働時間が 20 時間以上であって厚生労働大臣の定める時間数未満である者
❹日雇労働被保険者	被保険者である日雇労働者（※）であって，次のいずれかに該当するもの（法第 43 条） ①特別区もしくは公共職業安定所の所在する市町村の区域（厚生労働大臣が指定する区域を除く）またはこれらに隣接する市町村の全部または一部の区域であって，厚生労働大臣が指定するもの（以下，適用区域）に居住し，適用事業に雇用される者 ②適用区域外の地域に居住し，適用区域内にある適用事業に雇用される者 ③適用区域外の地域に居住し，適用区域外の地域にある適用事業であって，日雇労働の労働市場の状況その他の事情にもとづいて厚生労働大臣が指定したものに雇用される者 ④①〜③にかかげる者のほか，厚生労働省令で定めるところにより公共職業安定所長の認可を受けた者

※：日雇労働者とは，①日々雇用される者，② 30 日以内の期間を定めて雇用される者のいずれかに該当する労働者（前 2 月の各月において 18 日以上同一の事業主の適用事業に雇用された者および同一の事業主の適用事業に継続して 31 日以上雇用された者を除く）（法第 42 条）。

❸ 保険の給付と事業

▶▶ 失業等給付

　失業等給付は求職者給付，就職促進給付，教育訓練給付，雇用継続給付からなります（図 3-21）。求職者給付は各被保険者に対応する形で給付があります。そのなかでも一般被保険者に対する求職者給付は，基本手当，技能習得手当，寄宿手当，傷病手当から構成されています。雇用継続給付には 60 歳を過ぎてから給与が大きく減少したり，60 歳を過ぎてから再就職をしたあとに給与が大きく減少した人に対する高年齢雇用継続給付，家族の介護をするために介護休業を取得した人に対する介護休業給付があります。

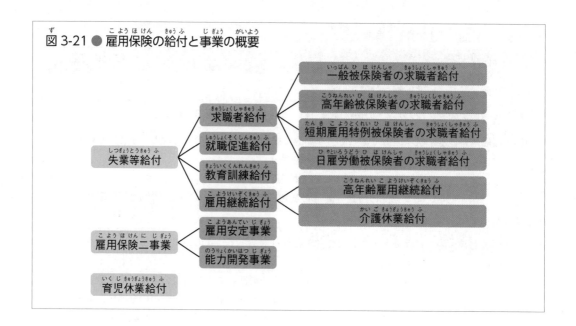

図 3-21 ● 雇用保険の給付と事業の概要

一般被保険者の求職者給付

高年齢被保険者の求職者給付

短期雇用特例被保険者の求職者給付

日雇労働被保険者の求職者給付

高年齢雇用継続給付

介護休業給付

求職者給付

就職促進給付

教育訓練給付

雇用継続給付

失業等給付

雇用安定事業

能力開発事業

雇用保険二事業

育児休業給付

▶▶ 雇用保険二事業

　雇用保険二事業は，雇用安定事業と能力開発事業から構成されています（図 3-21）。
　雇用安定事業は，「失業の予防」「雇用状態の是正」「雇用機会の増大」など雇用の安定をはかるために政府が行う事業です。能力開発事業は，職業生活の全期間を通じて，能力の開発・向上を促進するために政府が行う事業です。
　これらの事業は，職業の安定をはかるため，労働生産性の向上に資するものとなるように留意しつつ行われるものとされています。

月

日

10. 労働者災害補償保険

❶ 労働者災害補償保険の目的

　労働者災害補償保険（以下，労災保険）は，業務が原因であるか，もしくは通勤途中に起きた労働者の負傷，疾病，障害，死亡などに対してすばやくかつ公正な保護をするため，必要な保険給付や社会復帰を促進するための事業などを行います。これらは労働者の福祉の増進に寄与することを目的としています。

❷ 事務の所轄と適用

　労災保険は政府が管掌しています。これにより政府が保険者となるのですが，実際の事務は，厚生労働省および厚生労働省労働基準局，都道府県労働局，労働基準監督署が行っています。第一線の現業業務は労働基準監督署がになうことになっています。

　労災保険では労働者個人単位の加入ではなく，事業所単位での加入である点がほかの社会保険と異なります。したがって，被保険者という概念はありません。ただし，保険給付等の対象者は適用事業に使用される労働者となります。

　労働者を使用する事業は，適用除外，暫定任意適用事業に該当する場合を除き，すべて適用事業（強制適用事業）となります。

　適用除外となるのは，事務部門の役所です。事務部門の公務員には，国家公務員災害補償法または地方公務員災害補償法が適用されるからです。なお，地方公務員のうち現業部門の非常勤職員は労災保険が適用されることになっています。

　暫定任意適用事業に該当するのは，農林水産業のうち常時5人未満の労働者を使用する事業の一部です。この場合は，事業主または労働者の意思にまかされています。

　労災保険は事業所単位で加入する保険であるため，その財源となる保険料は，すべて事業主負担であり，労働者の負担がないことも，ほかの社会保険と大きく異なる特徴といえます。

労災保険における給付を整理したものが，図 3-22 です。業務災害や複数業務要因災害，通勤災害による傷病などを対象とする給付と，定期健康診断などによって異常の所見が出た際の給付の2つに分けることができます。

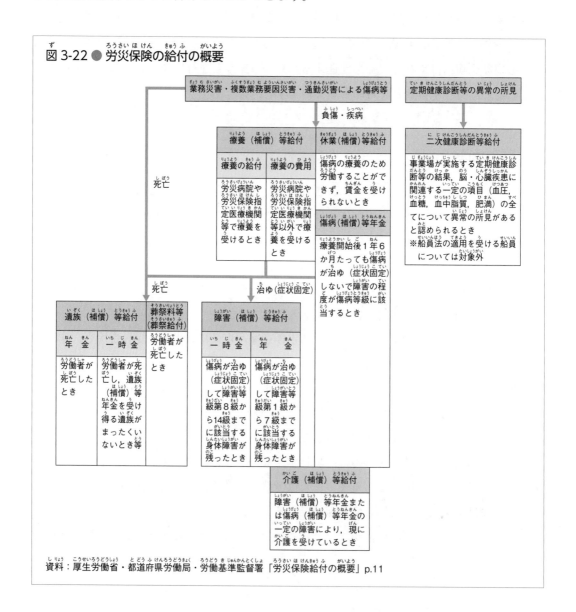

図 3-22 ● 労災保険の給付の概要

資料：厚生労働省・都道府県労働局・労働基準監督署「労災保険給付の概要」p.11

▶▶ 業務災害・複数業務要因災害・通勤災害による傷病などへの給付

業務災害，複数業務要因災害または通勤災害による傷病などへの給付は，療養（補償）等給付，休業（補償）等給付，傷病（補償）等年金，障害（補償）等給付，介護（補償）等給付，遺族（補償）等給付，葬祭料等（葬祭給付）から構成されています。

▶▶ 二次健康診断等給付

　定期健康診断などにおける異常の所見に対応する給付は，二次健康診断等給付といいます。この給付は，過労死などの原因とされる脳・心臓疾患の予防をはかるための保険給付で，労働者の健康確保をめざしています。職場などの定期的な健康診断（一次健康診断）において血圧検査，血液検査その他業務上の原因による脳血管疾患および心臓疾患の発生にかかわる身体の状態に関する検査が行われた際に，いずれの項目にも異常の所見があると診断された場合，労働者本人の請求により受けることができます。給付の内容には二次健康診断と特定保健指導があります。

▶▶ 社会復帰促進等事業

　労災保険において保険給付とともに行われる社会復帰促進等事業は，社会復帰促進事業，被災労働者等援護事業，安全衛生確保等事業の3つから構成されています。それらを整理したのが表3-12です。

表3-12 ● 社会復帰促進等事業の一覧

社会復帰促進事業	被災労働者の円滑な社会復帰を促進するために必要な事業 ・義肢等補装具費の支給，外科後処置，労災はり・きゅう施術特別援護措置，アフターケア，アフターケア通院費の支給，振動障害者社会復帰援護金の支給，頭頸部外傷症候群等に対する職能回復援護
被災労働者等援護事業	被災労働者とその遺族の援護をはかるために必要な事業 ・労災就学援護費，労災就労保育援護費，休業補償特別援護金，長期家族介護者援護金の支給
安全衛生確保等事業	労働者の安全と衛生の確保などのために必要な事業 ・働き方改革推進支援助成金，受動喫煙防止対策助成金の支給

月

日

11. 公的扶助

❶ 日本国憲法第 25 条と生活保護

　日本において公的扶助をになっている制度は生活保護（☞第 1 巻 p.244）です。その根拠は日本国憲法第 25 条に求めることができます。

　憲法第 25 条で規定している生存権を，具体的に保障することを目的として，生活を維持することができない状態にある生活困窮者（低所得者，貧困者）に対して生活保護が実施されています。

❷ 生活保護の基本原理と原則

　生活保護を制度として展開していくにあたっての基本的な考え方を「基本原理」，基本的な実施方法を「原則」といいます。

▶▶ 生活保護の基本原理

(1)　国家責任の原理

　国家責任の原理とは，憲法第 25 条の理念にもとづき，国家が責任をもって，国民に対して健康で文化的な最低限度の生活水準を保障するという考え方です。

(2)　無差別平等の原理

　無差別平等の原理とは，すべての国民は，生活保護法の定める要件を満たしていれば，差別されることなく平等に保護を受けることができるという考え方です。これは普遍主義にもとづく保護のことを意味し，年齢や性別，労働能力の有無などによって対象者を選ぶ選別主義をとらないという意味があります。

(3)　最低生活保障の原理

　最低生活保障の原理とは，憲法第 25 条にもうたわれている健康で文化的な最低限度の生活水準を保障するナショナル・ミニマム[19]（➡ p.264 参照）という考え方です。ただしこれは，「国民のなかの最低の生活を保障する」ような劣等処遇の考え方でなく，あくまで「社会の構成員たるに値する健康で文化的な生活水準」を設定し，その水準にもとづいて保護を行うという考え方です。

(4)　補足性の原理

　補足性の原理とは，生活困窮者がもっている資産や能力を最大限活用し，それでも不足する場合に，その不足分をおぎなう形で保護を行うという考え方です。したがって，年金などによって一定の収入があったとしても，ナショナル・ミニマムを下回る場合は，

ナショナル・ミニマムとの差をおぎなう形で各扶助が支給されます。

▶▶ 生活保護の原則

(1) 申請保護の原則

　　申請保護の原則とは，生活保護の開始には，生活困窮者（要保護者）本人もしくはその扶養義務者や同居の親族による福祉事務所への申請が必要であるという申請主義の考え方です。ただし，非常に緊急性の高い場合についてはその限りではありません。

(2) 基準および程度の原則

　　基準および程度の原則とは，厚生労働大臣が基準を定め，その基準を満たさない部分をおぎなう程度に保護を行うという考え方です。この厚生労働大臣が定める基準は，保護を必要としている人（要保護者）の年齢や性別，世帯構成，住んでいる地域ごとに細かく基準が設けられています。また，最低限度の生活を満たすに十分な程度であり，これを超えるような過度の保護は実施しないということになっています。

(3) 必要即応の原則

　　必要即応の原則とは，保護は，要保護者の年齢，性別，健康状態など，その個人または世帯の実際の必要の相違を考慮して，有効かつ適切に保護を行うという考え方です。

(4) 世帯単位の原則

　　世帯単位の原則とは，保護の必要性を判断したり，保護を実施する程度を考える際には世帯単位で考えるということです。ただし，場合によっては世帯を分離し，個人単位で判断，実施することも可能になっています。

❸ 保護の種類

保護は8つの扶助から構成されています（表3-13）。「基準および程度の原則」で述べましたが，年齢や性別，世帯構成，住んでいる地域に応じて支給する程度が異なります。

給付の方法には現金給付（☞第1巻p.149）と，直接サービスを提供する現物給付（☞第1巻p.149）の2種類があります。該当する世帯の生活困窮状況について，福祉事務所のケースワーカー[20]（➡p.265参照）がアセスメントを行い，ナショナル・ミニマムを満たすために必要な分をおぎなうように，各扶助を組み合わせて保護を行います。

表3-13 ● 保護の種類

扶助	支給方法	おもな内容
生活扶助	現金給付	・衣食その他日常生活の需要を満たすために必要なもの ・移送
教育扶助	現金給付	・義務教育にともなって必要な教科書その他の学用品 ・義務教育にともなって必要な通学用品 ・学校給食その他義務教育にともなって必要なもの
住宅扶助	現金給付	・住居（家賃等の支給） ・補修その他住宅の維持のために必要なもの
医療扶助	現物給付	・診察，薬剤・治療材料，医学的処置・手術・治療・施術，看護，移送
介護扶助	現物給付	・居宅介護，福祉用具，住宅改修，施設介護，介護予防，介護予防福祉用具，介護予防住宅改修，介護予防・日常生活支援，移送
出産扶助	現金給付	・分娩の介助，分娩前後の処置，衛生材料
生業扶助	現金給付	・生業に必要な資金，器具，資料 ・生業に必要な技能の修得（高等学校の入学金・授業料などの学習支援費を含む） ・就労のために必要なもの
葬祭扶助	現金給付	・検案 ・死体の運搬 ・火葬または埋葬 ・納骨その他葬祭のために必要なもの

❹ 被保護者数と被保護世帯数の年次推移

現在，日本の経済状況と社会状況を反映し，被保護実人員数と被保護実世帯数は，図3-23 に示したように増加傾向にあります。増加要因として経済動向の影響をあげることができますが，一方で高齢者世帯の生活保護受給も顕著です。「被保護者調査」によると，ここ約50年間で，1か月平均で21万7578世帯（1973（昭和48）年）から90万3991世帯（2020（令和2）年）へと約4倍に増加しており，被保護世帯総数に対する高齢者世帯が占める割合も31.4%から55.5%へと1.77倍の増加傾向にあります。

「令和2年度 被保護者調査」によると，2000（平成12）年の介護保険制度の開始とともに始まった介護扶助は，2020（令和2）年度には1か月平均で40万5137人の受給者になっています。生活保護を受給している人の1か月平均が205万2114人ですので，約19.7%の人が介護扶助を利用していることになります。

また，介護扶助によるサービス利用については，在宅での受給が89.6%であるのに対して，施設での受給は10.4%です。介護扶助の多くは，在宅での介護サービスに利用されています。

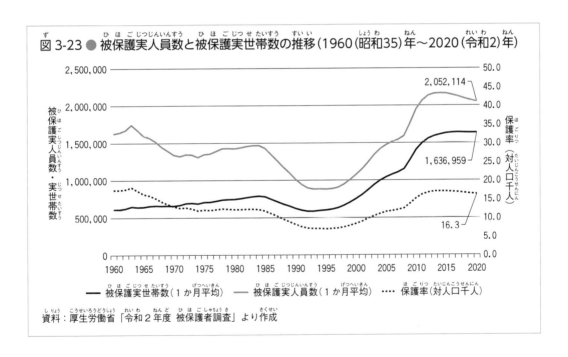

図 3-23 ● 被保護実人員数と被保護実世帯数の推移（1960（昭和35）年〜2020（令和2）年）

資料：厚生労働省「令和2年度 被保護者調査」より作成

12. 社会手当

❶ 社会手当の概要

　日本における社会手当は，児童手当，児童扶養手当，特別児童扶養手当，特別障害者手当，障害児福祉手当などから構成されています。

　各手当については，相談窓口や届け出方法などが各地方自治体によって異なる場合があります。住んでいる地域の自治体のホームページを参考にすると，手続きや支給要件がわかりやすく整理されていますが，まずは事前に担当窓口へ相談することが重要です。

　以下では，各手当について解説します。

❷ 社会手当の種類

▶▶ 児童手当

　児童手当は，中学生までの子どもを育てている親などに対して，家庭の生活の安定と次世代の社会をになう児童の健やかな成長に役立てることを目的として支給されます。

　手続きは，市区町村の担当窓口に認定請求書を提出します。手当の支給は2月，6月，10月の3回です。なお，支給には一定の所得制限があります。

▶▶ 児童扶養手当

　児童扶養手当は，離婚や死別などによる，ひとり親世帯の生活の安定と自立の促進，また，児童の心身の健やかな成長に寄与することを目的に支給されるものです。支給対象となる児童は，18歳に達する日以後の最初の3月31日までのあいだにある者（一定の障害がある場合には20歳未満）です。また，2010（平成22）年8月からは，母子家庭だけでなく，父子家庭へも適用が拡大されています。

　手続きは，児童扶養手当認定請求書に受給資格者および該当する子どもの戸籍謄本（抄本），住民票等の証明書を添付して，市区町村の担当窓口に提出することになっています。手当は年6回奇数月に，各2か月分が支給されます。なお，扶養親族などの人数によって定められた所得制限があります。

▶▶ 特別児童扶養手当

特別児童扶養手当は，在宅で生活している 20 歳未満の精神または身体に障害を有する児童がいる家庭の父母や，その他の養育者に対して，所得保障として支給することを通して，障害を有する児童の福祉の増進をはかることを目的としています。

手続きは，書面を住所地の市区町村の担当窓口に提出します。ただし，①その障害児が日本国内に住所がないとき，②その障害について社会保険などから年金を受け取れるとき，③父母または養育者が日本国内に住所がないとき，④父母または養育者およびその配偶者または扶養義務者の所得が一定額以上のとき，のいずれかに該当する場合は支給されません。手当の支給は 4 月，8 月，12 月（希望すれば 11 月）の 3 回行われます。

▶▶ 特別障害者手当

特別障害者手当は，常に介護を必要とするような在宅で生活をしている 20 歳以上の精神または身体にいちじるしく重度の障害を有する者に対して，その重度ゆえに生じる特別の負担の一助として手当を支給し，重度障害者の福祉の向上をはかることを目的としています。

手続きは，書面を住所地の市区町村の窓口に提出します。支給制限があり，①施設に入所しているとき，②継続して 3 か月を超えて入院しているとき，③本人，配偶者，または扶養義務者の前年所得が一定額以上のとき，のいずれかに該当する場合は支給されません。手当の支給は 2 月，5 月，8 月，11 月の 4 回で，前月までの 3 か月分がまとめて支給されます。

▶▶ 障害児福祉手当

障害児福祉手当は，常に介護を必要とするような在宅で生活をしている 20 歳未満の精神または身体に重度の障害を有する児童に対して，特別児童扶養手当のほかに経済的支援を行い，家庭における精神的，経済的負担を支えることにより，重度障害児の福祉の向上をはかることを目的としています。

手続きは，書面を住所地の市区町村の窓口に提出します。支給制限があり，①その障害について社会保険などから年金を受け取れるとき，②施設に入所しているとき，③本人，配偶者，または扶養義務者の前年所得が一定額以上のとき，のいずれかに該当する場合は支給されません。手当の支給は 2 月，5 月，8 月，11 月の 4 回で，前月までの 3 か月分がまとめて支給されます。

表 3-14 ● 社会手当の一覧

手当	概要	支給対象	支給額（月額）（※1）（※2）
児童手当	・児童を養育している者に児童手当を支給することにより，家庭等における生活の安定に寄与するとともに，次代の社会をになう児童の健やかな成長に資することを目的とする。	・中学校卒業まで（15歳の誕生日後の最初の3月31日まで）の児童を養育している者	3歳未満：一律15,000円 3歳以上小学校修了前：10,000円 　　　（第3子以降は15,000円） 中学生：一律10,000円 （所得制限限度額以上所得上限度額未満：一律5,000円）
児童扶養手当	・離婚や死別等による父または母と生計を同じくしていない児童が育成される家庭の生活の安定と自立の促進に寄与するため，当該児童について手当を支給し，児童の福祉の増進をはかることを目的とする。 ・2010（平成22）年より父子家庭へも適用拡大。	・18歳に達する日以後の最初の3月31日までのあいだにある児童（障害児の場合は20歳未満）を監護する母，監護し，かつ生計を同じくする父または養育する者（祖父母等）	児童1人の場合 ・全部支給：43,070円 ・一部支給：43,060円～10,160円（※3） 児童2人以上の加算額 ・2人目：10,170円 ・一部支給：10,160円～5,090円（※3） ・3人目以降1人につき：6,100円 ・一部支給：6,090円～3,050円（※3）
特別児童扶養手当	・精神または身体に障害を有する児童について特別児童扶養手当を支給し，これらの者の福祉の増進をはかることを目的とする。	・以下の条件に該当する父もしくは母またはその養育者に対して支給 ・20歳未満の障害児の父もしくは母がその障害児を監護するとき ・父母がないか，もしくは父母が監護しない場合において，当該障害児の父母以外の者がその障害児と同居して養育するとき	1級 ・1人につき月額52,400円 2級 ・1人につき月額34,900円
特別障害者手当	・在宅の精神または身体にいちじるしく重度の障害を有する者に対して，その重度の障害ゆえに生ずる特別の負担の一助として手当を支給することにより，これらの者の福祉の向上をはかることを目的とする。	・20歳以上の在宅で生活をしている重度の障害者 ・障害の程度については政令によって定められている。	1人につき月額27,300円
障害児福祉手当	・支給対象が異なる点以外は特別障害者手当と同じ。	・20歳未満の在宅で生活をしている重度の障害児 ・障害の程度については政令によって定められている。	1人につき月額14,850円

※1：2022（令和4）年度の額。
　2：いずれの手当にも所得制限がある。制限額については各手当によって異なる。
　3：所得が一定水準を超えると，その所得額に応じて減額を行う。

176

13. 社会福祉

❶ 社会福祉法制の構造

▶▶ 福祉六法の体系

社会福祉法制とは，「社会福祉に関する法令を体系化した制度」（桑原洋子『社会福祉法制要説 第5版』有斐閣，p.1，2006年）のことをいいます。日本の社会福祉法制は日本国憲法を根拠としつつ，福祉六法（☞第1巻p.138）といった中心的な社会福祉を規定する各法と，それらを束ねる社会福祉法，さらにはそこから派生してきた諸法とからなります。これらを整理した図が図3-24です。

桑原洋子によると，「社会福祉法制は従来，『生存権の保障』という基本理念に基づいて，措置により実施する制度であった。しかし，社会福祉事業法が社会福祉法へと移行したことに伴い，社会福祉法制は，『個人の尊厳』の理念に基づき，福祉サービス提供事業者とサービスを受ける利用者間で，サービスの内容・時間・費用等を自由に決めることのできる契約により実施する制度となった」（前掲書，p.1）と，社会福祉法制のあり方が措置から契約へと移行する流れのなかで大きく変化していることを指摘しています。

▶▶ 福祉六法周辺の法体系

福祉六法のような中心的法律の周囲に目を向けてみると，介護福祉士を規定する社会福祉士及び介護福祉士法（☞第2巻p.4）は，社会福祉を展開していくうえで必要とされる人材確保という性格をもっています。介護実践においてかかわりの深い介護保険法は，老人福祉法から派生したといえます。老人福祉法が1973（昭和48）年に実施した高齢者の医療費自己負担分の無料化によって増大した高齢者医療費への対応策として，1982（昭和57）年に老人保健法が制定されました。この流れをふまえると，老人保健法から2008（平成20）年に名称変更した高齢者の医療の確保に関する法律[21]（→ p.265参照）もまた，老人福祉法から派生した法律の1つであるともいえるでしょう。

このほかにも児童虐待の防止等に関する法律（2000（平成12）年），売春防止法（1956（昭和31）年），高齢者虐待の防止，高齢者の養護者に対する支援等に関する法律（2005（平成17）年）などのように，対象者の人権を擁護することを目的とした法律もあります。

さらには，社会福祉，社会保障の前提となる社会のあり方について，国，地方自治体，事業主，国民に対して責務を規定するような少子化社会対策基本法[22]（→ p.265参照），そして高齢社会対策基本法[23]（→ p.265参照）といった法律も社会福祉に関係するといえます。

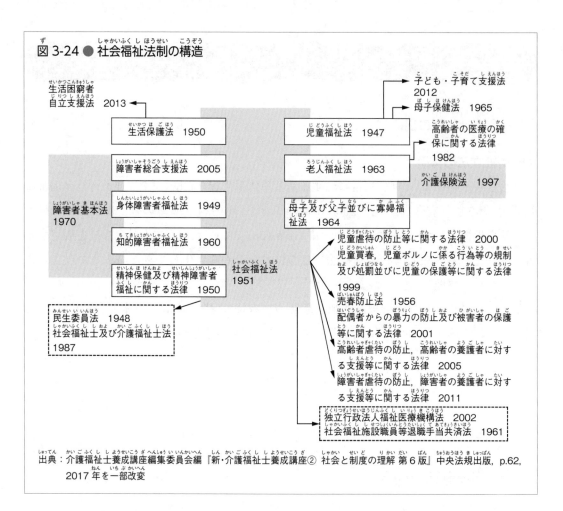

図 3-24 ● 社会福祉法制の構造

生活困窮者自立支援法　2013 ←

子ども・子育て支援法　2012

母子保健法　1965

生活保護法　1950

児童福祉法　1947

高齢者の医療の確保に関する法律　1982

障害者総合支援法　2005

老人福祉法　1963

介護保険法　1997

障害者基本法　1970

身体障害者福祉法　1949

母子及び父子並びに寡婦福祉法　1964

知的障害者福祉法　1960

児童虐待の防止等に関する法律　2000

児童買春，児童ポルノに係る行為等の規制及び処罰並びに児童の保護等に関する法律　1999

精神保健及び精神障害者福祉に関する法律　1950

社会福祉法　1951

売春防止法　1956

配偶者からの暴力の防止及び被害者の保護等に関する法律　2001

民生委員法　1948
社会福祉士及び介護福祉士法　1987

高齢者虐待の防止，高齢者の養護者に対する支援等に関する法律　2005

障害者虐待の防止，障害者の養護者に対する支援等に関する法律　2011

独立行政法人福祉医療機構法　2002
社会福祉施設職員等退職手当共済法　1961

出典：介護福祉士養成講座編集委員会編『新・介護福祉士養成講座② 社会と制度の理解 第6版』中央法規出版，p.62，2017年を一部改変

❷ 社会福祉法制の種類

▶▶ 生活保護法

　生活保護は戦前の救護法，その後の医療保護法のあとをひきつぐ形で，1946（昭和21）年にまず（旧）生活保護法として成立しました。しかし不服申立ができない，扶助が限定的であったことなどから1950（昭和25）年に改正され，（現）生活保護法として今日にいたっています。日本国憲法第25条の生存権の理念にもとづいており，日本の公的扶助の中核をなす法律です。

▶▶ 児童福祉法

　児童福祉法は1947（昭和22）年に制定された，日本で最初に福祉の文字を名前にもった法律です。当初は戦後の浮浪児対策として児童養護法が検討されましたが，GHQ（連合国軍最高司令官総司令部）の指導により対象を普遍的に拡大し，広く児童の福祉の向上をめざす法律として成立しました。

　この法律では児童を満18歳未満と規定しており，乳児（1歳未満），幼児（1歳から小学校就学前），少年（小学校就学から18歳未満）と区分しています。また，身体，知的，精神，発達，難病などの障害のある児童を障害児として定義しており，障害児に対する支援は児童福祉法によって規定されています（一部の支援は障害者総合支援法によって規定されています）。

▶▶ 身体障害者福祉法

　身体障害者福祉法は，1949（昭和24）年に制定され，障害者への支援を目的とした法律のなかでは最初になります。障害者総合支援法（☞第1巻 p.187）とともに，身体障害者の自立と社会経済活動への参加を促進するため，身体障害者を援助し，必要に応じて保護し，身体障害者の福祉の増進をはかることを目的としています。また，障害者に対して自立に向けた努力を求めるとともに，社会を構成する一員として社会，経済，文化その他あらゆる分野の活動に参加する機会を与えられるものと定められています。

　具体的な更生援護として，身体障害者手帳の交付，診査，更生相談，障害福祉サービスの提供の措置，障害者支援施設等への入所等の措置などが規定されています。

▶▶ 知的障害者福祉法

　知的障害者福祉法は，もともと1960（昭和35）年に精神薄弱者福祉法として制定され，1998（平成10）年に現在の名称に変更されました。

　知的障害者福祉法は，障害者総合支援法とともに，知的障害者の自立と社会経済活動への参加を促進するため，知的障害者を援助するとともに必要な保護を行い，もって知的障

害者の福祉をはかることを目的としています。すべての知的障害者に対しては，そのもっている能力を活用し，進んで社会経済活動に参加するよう努めることを求めています。そして，すべての知的障害者は，社会を構成する一員として，社会，経済，文化その他あらゆる分野の活動に参加する機会を与えられるものとされています。

▶▶ 老人福祉法

　1963（昭和38）年に制定された老人福祉法は，高齢者の福祉に関する原理を明らかにするとともに，高齢者に対し，その心身の健康の保持および生活の安定のために必要な措置を講じ，もって高齢者の福祉をはかることを目的としています。この法律が定める基本理念は，日本において高齢者をどう敬うべきなのかを示した高い規範性をもっています。

　また，高齢者本人に対しては，「老齢に伴って生ずる心身の変化を自覚して，常に心身の健康を保持し，又は，その知識と経験を活用して，社会的活動に参加するように努めるものとする」（第3条）とともに，その希望と能力に応じて，社会的活動に参加する機会を与えられるものとの理念をうたっています。

　高齢者の定義については定められておらず，社会通念によるとされています。ただし，サービスの運用上，おおむね65歳以上とされています。

▶▶ 母子及び父子並びに寡婦福祉法

　この法律は，1952（昭和27）年に制定された母子福祉資金の貸付等に関する法律をひきつぐ形で，母子福祉法という名称で1964（昭和39）年に制定されました。その後，1981（昭和56）年に母子及び寡婦福祉法，そして2014（平成26）年に母子及び父子並びに寡婦福祉法へと名称が改正されてきました。

　基本理念として，すべてのひとり親家庭において，児童がそのおかれている環境にかかわらず，心身ともに健やかに育成されるために必要な諸条件と，その親の健康で文化的な生活が保障されることをめざしています。

　この法律の名称が変更されていることが示しているように，母子だけではなくひとり親家庭という枠組みで，福祉ニーズや支援のあり方を考えていこうという方向性の表れであり，また子どもの貧困対策に資することもめざしています。

▶▶ 社会福祉法

　この法律は戦前の社会事業法をひきつぐ形で，1951（昭和26）年に社会福祉事業法という名称で成立しました。その後1990年代の社会福祉基礎構造改革の議論を受けて，2000（平成12）年の改正で社会福祉法という名称になりました。

　社会福祉法は，社会福祉を目的とする事業の全分野における共通的基本事項を定め，社会福祉を目的とするほかの法律と一緒に，福祉サービスの利用者の利益の保護および地域

福祉の推進をはかるとともに，社会福祉事業の公明かつ適正な実施の確保および社会福祉を目的とする事業の健全な発達をはかり，もって社会福祉の増進に資することを目的としています。社会福祉法では，**第1種社会福祉事業**[24]（➡ p.265 参照）と**第2種社会福祉事業**[25]（➡ p.265 参照）を規定しています。また，地域福祉実践の根拠を示した法律という性格ももっており，社会福祉協議会や**地域福祉計画**[26]（➡ p.265 参照）の作成について規定しています。

▶▶ 精神保健福祉法

精神保健及び精神障害者福祉に関する法律（精神保健福祉法）は，障害者基本法の基本的な理念にのっとり，精神障害者の権利の擁護をはかりつつ，その医療および保護を行い，障害者総合支援法とともに，精神障害者の社会復帰の促進と自立，そして社会経済活動への参加の促進のために必要な援助を行い，あわせてその発生の予防とその他国民の精神的健康の保持および増進に努めることにより，精神障害者の福祉の増進と国民の精神保健の向上をはかることを目的としています。

1950（昭和25）年に，それまでの精神障害者にかかわる法律であった精神病者監護法（1900（明治33）年）と精神病院法（1919（大正8）年）を廃止し，精神衛生法という名称で成立しました。その後，1987（昭和62）年に精神保健法と名称を変え，1995（平成7）年に，現在の精神保健及び精神障害者福祉に関する法律の名称となりました。

この法律でいう精神障害者とは，統合失調症（☞第4巻 p.465），精神作用物質による急性中毒またはその依存症，知的障害（☞第4巻 p.462）その他の精神疾患のある者のことをいいます。このような精神障害者に対する保健や福祉について規定しているほか，広く国民全般に対して精神障害者への理解と支援への協力について国民の義務として規定しています。

▶▶ 育児・介護休業法

育児休業，介護休業等育児又は家族介護を行う労働者の福祉に関する法律（育児・介護休業法）は，仕事と家庭の両立を支えることを目的とした法律です。1991（平成3）年に育児休業等に関する法律として制定され，1999（平成11）年に現在の法律名になりました。この法律は育児休業，介護休業，子の看護休暇，そして介護休暇を設け，労働時間についての事業主の義務，そして子どもの養育や介護を行う労働者等に対する支援の内容について定めています。これらを通して，雇用の継続と再就職の促進をはかり，仕事と家庭の両立を支え，そして経済と社会の発展へつなげることを目的としています。

介護休業とは，労働者が要介護状態にある父母，子，配偶者の父母等の家族を介護するための休業です。対象となる家族1人につき3回，通算93日まで休業することができます。介護休暇とは，要介護状態にある家族の介護等を行う労働者が，1年に5日まで（対象家族が2人以上の場合は10日まで）取得できる，介護等の世話を行うための休暇です。

③ 地域福祉の視点

2000（平成12）年に社会福祉事業法が社会福祉法へと改称された際，地域福祉の理念が規定されました。

この地域福祉とは，福祉ニーズをかかえるような状況になったとしても，家族や近隣住民あるいは友人関係などといった社会関係を維持したまま福祉サービスを利用し，その利用者の福祉の向上をめざすものです。そしてその取り組みは，福祉の専門家などだけではなく，地域住民がみずから主体的に参加し，協働によって地域の福祉ニーズを地域のなかで解決するように展開されます。単にサービスを利用する場所が入所型施設から在宅に移行したというものではないという点が重要です。

地域福祉の構成要素をまとめたものが，図3-25です。ニーズ解決のための福祉職や地域住民による福祉活動，政策・制度的対応だけでなく，福祉コミュニティの形成や地域福祉のにない手づくりも重要な要素となっています。そのため，福祉教育やボランティア学習といった取り組みも行われています。

地域福祉の活動は地域の特性や課題に応じて，行政計画としての地域福祉計画（☞第1巻 p.181）と，活動計画としての地域福祉活動計画[27]（➡ p.266 参照）を作成して展開されます。作成にあたっては行政や専門職だけでなく，地域住民の参加による協働で進められます。

近年は地域包括ケアシステム（☞第1巻 pp.129-131）の展開が求められているように，介護による支援の展開は地域という概念を抜きに考えることはできません。また，社会福祉法人制度改革では，社会資源として社会福祉施設の地域貢献が議論されています。このように，介護の実務者として地域福祉の視点を理解することは非常に重要です。

図 3-25 ● 地域福祉の構成要素

ニーズ解決のための直接的なサービス提供や住民による福祉活動

住民の地域生活を起点にした総合的な政策・制度的対応

コミュニティづくりと福祉コミュニティづくり

住民参加とひとづくり（住民の主体形成と住民自治）

資料：上野谷加代子・松端克文・山縣文治編『よくわかる地域福祉』ミネルヴァ書房，pp.24-25，2004年より作成

❹ 地域福祉にかかわる主体

　地域福祉にかかわる組織的主体は，地方自治体や社会福祉協議会，福祉サービス提供者のみならず，町内会（自治会），当事者組織，ボランティア組織，NPO，シルバーサービスなど非常に多種多様です。また活躍する専門職も社会福祉士，介護福祉士，精神保健福祉士，保育士など福祉専門職だけではなく，医師，保健師，看護師，理学療法士といった医療職や民生委員もかかわります。さらに，たとえば地域包括ケアの生活支援・介護予防という領域では，民生委員やボランティア，町内会（自治会），そして老人クラブなどの活躍が非常に期待されています。

　地域福祉の推進にあたって，中心的な役割をになうのは社会福祉協議会です。地域住民の福祉活動への参加促進や組織化，情報の提供などを行っています。設置数については図3-26 のとおりで，すべての市区町村に設置されています。

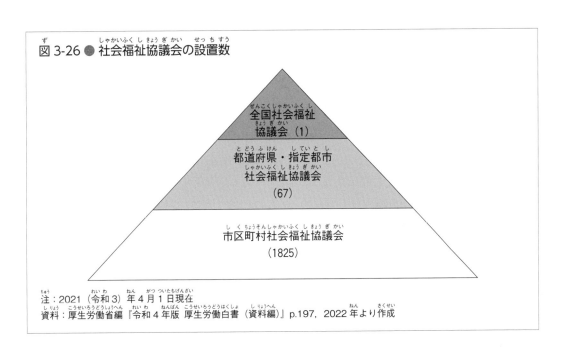

図 3-26 ● 社会福祉協議会の設置数

全国社会福祉協議会（1）

都道府県・指定都市社会福祉協議会（67）

市区町村社会福祉協議会（1825）

注：2021（令和 3）年 4 月 1 日現在
資料：厚生労働省編『令和 4 年版 厚生労働白書（資料編）』p.197，2022 年より作成

障害者総合支援制度

1. 障害の種類と定義

❶ 日本における障害の定義の特徴

　障害の定義については，国際的には世界保健機関（WHO）が1980年に公表した国際障害分類（ICIDH）（☞第4巻 p.394）と，2001年にその改定版として取りまとめられた国際生活機能分類（ICF）（☞第4巻 p.394）によって示されています。WHOが国際的な障害の定義を示した理由は，障害や疾病の状態についての国際的な共通理解に役立てるとともに，障害者に向けたさまざまなサービスの計画や評価，記録への実際的な手段の提供等をはかるためです。ICFでは，健康状態（障害）を心身機能・身体構造の状況（機能障害）にとどめることなく，活動や参加，個人因子や環境因子との相関関係において幅広くとらえることを提唱しています。しかし日本では，国際的な発展にそった障害の定義の本格的な見直しは行われていません。おもに障害と障害児・者を対象とする制度ごとに，機能障害に着目して，制度の対象とするかどうかや障害の程度を判定する手法をとっています。

❷ 障害者の定義にかかるおもな法律

▶▶ 障害者基本法による定義

　障害者基本法（☞第1巻 p.4）は，障害と障害児・者にかかわるさまざまな法律をつらぬく基本原則等を定めた法律です。ここでは障害者を，身体障害，知的障害，精神障害（発達障害を含む），その他心身の機能の障害がある者で，障害および社会的障壁により継続的に日常生活または社会生活に相当な制限を受ける状態にあるもの（第2条）と定義しています。この定義は，障害者虐待の防止，障害者の養護者に対する支援等に関する法律（障害者虐待防止法）にも準用されています。

▶▶ 制度対象となる障害児・者の範囲に関する定義

　障害児・者に関する福祉制度等においては，各制度の根拠法ごとにその対象となる障害者を規定しています。たとえば，障害者の日常生活及び社会生活を総合的に支援するための法律（障害者総合支援法）第4条では障害者を，身体障害者，知的障害者，精神障害者（発達障害者を含む），難病患者の4種類（いずれも18歳以上）とし，障害児については

184

児童福祉法の規定によるとしています。また，児童福祉法第4条第2項では障害児を，身体障害児，知的障害児，精神障害児（発達障害児を含む），難病患者の4種類（いずれも18歳未満）としています。ここでは，難病患者が含まれていることが大きな特徴です。
　身体障害者については身体障害者福祉法が，知的障害者については知的障害者福祉法が，精神障害者については精神保健及び精神障害者福祉に関する法律（精神保健福祉法）が，発達障害者については発達障害者支援法がそれぞれ整備されており，知的障害者を除きその定義が示されています。

▶▶ 身体障害者

　身体障害者福祉法第4条で，「別表に掲げる身体上の障害がある18歳以上の者であって，都道府県知事から身体障害者手帳の交付を受けたものをいう」としています。
　別表は資料（☞第1巻p.271）に掲載していますのでご参照ください。ここで注目されるのは，「身体障害者手帳の交付を受けたもの」と書かれていることです。したがって，別表に該当する障害があっても，身体障害者手帳の交付を受けていなければ身体障害者とはみなされません。

▶▶ 知的障害者

　先に述べたように，知的障害者福祉法では知的障害者について定義されていません。都道府県ごとに独自に認定することになっています。たとえば，東京都では，知的障害を知的機能の障害が発達期（18歳未満）にあらわれ，日常生活に支障が生じているため，何らかの特別な援助を必要とする状態にあるもので，知的機能と日常生活能力のいずれもが基準に該当するものとしており，ほかの道府県もほぼ同様に定義しています。
　判断基準としては，①一般的に「知的機能」は，標準化された知能検査による知能指数がおおむね70までの者，②「日常生活能力」（自立機能，運動機能，意思交換，探索操作，移動，生活文化，職業等）の水準が総合的に一定の基準に該当する者，のいずれにも該当する者とされています。

▶▶ 精神障害者

　精神保健福祉法第5条で，統合失調症，精神作用物質による急性中毒またはその依存症，知的障害その他の精神疾患を有する者と規定しています。ここでは知的障害者は精神障害者に含まれていますが，たとえば障害者総合支援法では，知的障害者を精神障害者のなかに含めず知的障害者として別に定義しています。

▶▶ 発達障害者

　発達障害者支援法第2条で，発達障害を，自閉症，アスペルガー症候群その他の広汎性

発達障害，学習障害，注意欠陥多動性障害その他これに類する脳機能の障害であってその症状が通常低年齢で発現するものとし，発達障害者を，発達障害がある者であって発達障害および社会的障壁により日常生活または社会生活に制限を受ける者，発達障害児を，発達障害者のうち18歳未満の者，と定義しています。

▶▶ 難病患者

　障害者総合支援法の対象となる難病は2021（令和3）年11月以降，366疾病に拡大されました。対象疾病に罹患していることがわかる証明書（診断書など）があれば，身体障害者手帳などを取得していなくても対象となります。

　一方，難病の患者に対する医療等に関する法律（難病医療法）では，国の医療費助成の対象となる指定難病は，①発病の機構が明らかでなく，②治療方法が確立していない，③希少な疾病であって，④長期の療養を必要とするもの，⑤患者数がわが国において一定の人数（人口の約0.1%）に達しないこと，⑥客観的な診断基準（またはそれに準ずるもの）が確立していること，という条件をすべて満たすものと定義され，2021（令和3）年11月以降，338疾病がその対象となっています。

2. 障害者自立支援法から障害者総合支援法へ

❶ 障害者総合支援法制定までの流れ

障害者自立支援法は，これまで障害種別ごとに異なる法律にもとづいて自立支援の観点から提供されてきた福祉サービス，公費負担医療等について，共通の制度のもとで一元的に提供するしくみを創設することを目的として，2005（平成17）年10月に成立し，従来の支援費制度[28]（→ p.266 参照）に代わる制度として施行されました。

しかし，当初のねらいとは異なり，①障害福祉サービス利用などの費用負担（利用者負担や食費などの実費負担）が大幅に増えて，障害のある人の制度利用に手びかえが生じたこと，②各障害福祉サービスに対応する報酬が実質的に引き下がったため，多くの福祉事業者の経営環境が厳しくなったことなど，さまざまな課題が浮かび上がりました。

こうした事態に対処するため，国は2007（平成19）年，2008（平成20）年の二度にわたり，利用者負担の軽減などの方策を講じました。そして，2009（平成21）年の政権交代を機に，障害者自立支援法を廃止して，新たに総合的な福祉法制を実施することが決まりました。2010（平成22）年4月からは，障害福祉サービス利用などについて，市町村民税非課税世帯の利用者負担を0円とする措置が始まったほか，2011（平成23）年10月から視覚障害者の移動を支援する同行援護[29]（→ p.266 参照）がスタートして，2012（平成24）年4月からは相談支援，障害児支援の内容が大きく変更されました。

このような経緯を経て，2012（平成24）年6月，地域社会における共生の実現に向けて新たな障害保健福祉施策を講ずるための関係法律の整備に関する法律が成立したことを受け，それまでの障害者自立支援法は障害者総合支援法となりました（施行は2013（平成25）年4月，一部は2014（平成26）年4月から）。

障害者総合支援法では，障害者の定義に新たに難病などを加え，従来の「障害程度区分」の名称を「障害支援区分」に改めるとともに，重度の障害者への訪問介護の対象を拡大し，共同生活を行う共同生活介護（ケアホーム），共同生活援助（グループホーム）を一元化しました。また，障害者支援施設の障害者や精神科病院の精神障害者に加え，地域移行支援の対象者の拡大もはかられました。

さらに2018（平成30）年4月からは，障害者支援施設やグループホームから地域での一人暮らしへの移行を定期的な巡回訪問等により支援する自立生活援助や，就業にともなう生活面での課題に対応するため，事業所と家族の連絡調整を行う就労定着支援等のサービスが新たに始まりました。また，同じく2018（平成30）年4月から，介護保険制度と障害福祉制度の両方の指定を受けて高齢・障害分野のサービスを一体的に行うことのできる「共生型サービス」が創設されました。

3. サービスの種類と内容 しゅるい ないよう

❶ 自立支援給付と地域生活支援事業 じりつしえんきゅうふ ちいきせいかつしえんじぎょう

　障害者総合支援法で提供されるサービスは，①自立支援給付と②地域生活支援事業の2
種類に分けられます（図3-27）。

　自立支援給付は，障害者一人ひとりに対して，暮らしに欠かせない介護や訓練，医療な
どを，全国各地で格差を生むことなく均質に提供すること（個別給付）を目的としていま
す。そのため，国がサービスの内容や提供に関する基準を細かく定めています。

　一方，地域生活支援事業は，各地域の特性をいかしたサービスを，柔軟に提供すること
を目的としているため，その運用は地方自治体にゆだねられています。

図 3-27 ● 障害者総合支援法のサービス体系

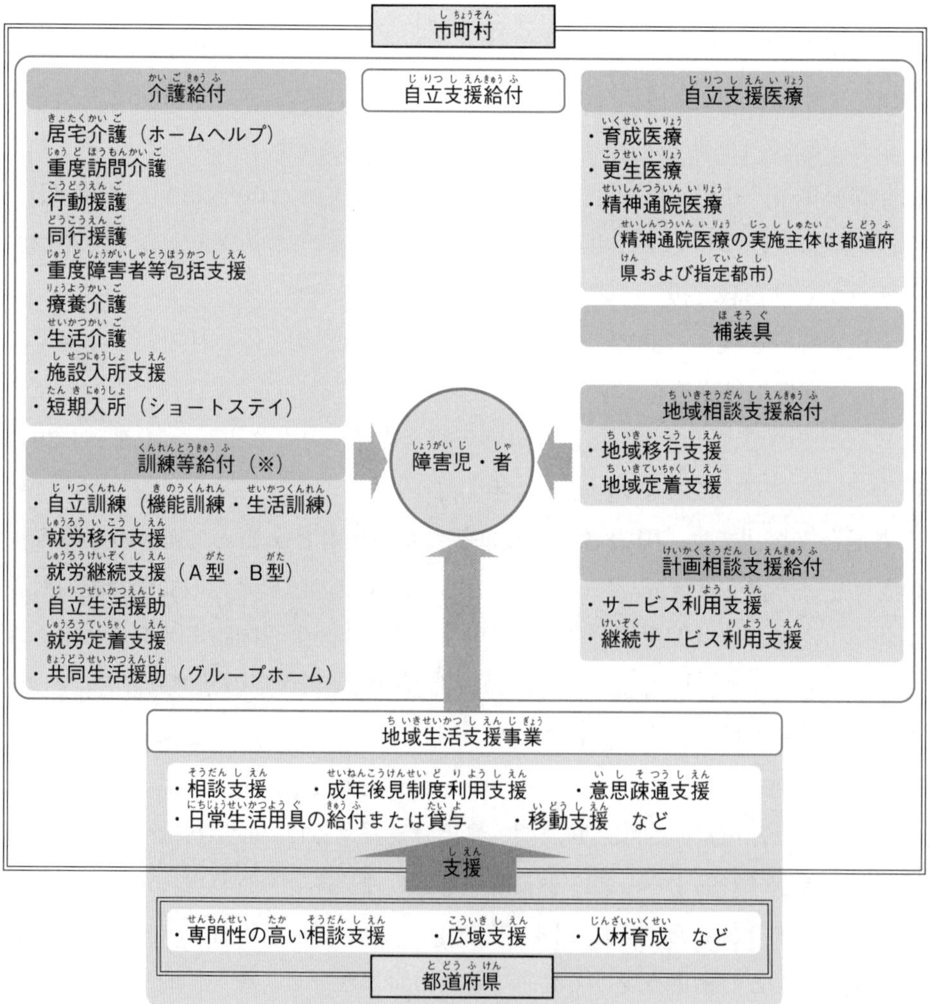

市町村

自立支援給付

介護給付
・居宅介護（ホームヘルプ）
・重度訪問介護
・行動援護
・同行援護
・重度障害者等包括支援
・療養介護
・生活介護
・施設入所支援
・短期入所（ショートステイ）

訓練等給付（※）
・自立訓練（機能訓練・生活訓練）
・就労移行支援
・就労継続支援（A型・B型）
・自立生活援助
・就労定着支援
・共同生活援助（グループホーム）

自立支援医療
・育成医療
・更生医療
・精神通院医療
（精神通院医療の実施主体は都道府
県および指定都市）

補装具

地域相談支援給付
・地域移行支援
・地域定着支援

計画相談支援給付
・サービス利用支援
・継続サービス利用支援

障害児・者

地域生活支援事業
・相談支援　・成年後見制度利用支援　・意思疎通支援
・日常生活用具の給付または貸与　・移動支援　など

支援

・専門性の高い相談支援　・広域支援　・人材育成　など

都道府県

※：訓練等給付に「就労選択支援」が創設される（2022（令和4）年12月16日から3年以内に施行予定）。

❷ 自立支援給付

▶▶ 介護給付

　介護給付とは介護にかかわる個別給付で，サービスの種類は**表3-15**のとおりです。訓練等給付も含めた日中活動系サービスと居住支援系サービスを自由に組み合わせることが可能です。

表 3-15 ● 介護給付事業一覧

区分	サービス名称	内容
訪問系	居宅介護 （ホームヘルプ）	居宅で，入浴，排泄，食事の介護等を行う。
訪問系	重度訪問介護	重度の肢体不自由者や，重度の知的障害または精神障害により行動上いちじるしい困難がある人で，常に介護を必要とする人に，居宅で，入浴，排泄，食事の介護，外出時における移動中の介護などを総合的に行う。また，医療機関への入院時において一定の支援を行う。
訪問系	行動援護	知的障害または精神障害によって行動上いちじるしい困難がある人で，常時介護を要する人が行動するとき，危険を回避するために必要な援護，外出時における移動中の介護，排泄・食事等の介護その他行動する際に必要な援助を行う。
訪問系	同行援護	視覚障害により，移動にいちじるしい困難を有する人に，移動時およびそれにともなう外出先において必要な視覚的情報の支援，移動の援護，排泄・食事等の介護その他外出する際に必要となる援助を行う。
訪問系	重度障害者等包括支援	介護の必要性がとても高い人に，居宅介護等複数のサービスを包括的に行う。
日中活動系	短期入所 （ショートステイ）	居宅で介護する人が病気の場合などに，短期間，夜間も含め施設で，入浴，排泄，食事の介護等を行う。
日中活動系	療養介護	医療と常時介護を必要とする人に，昼間，医療機関で機能訓練，療養上の管理，看護，医学的管理の下における介護および日常生活の世話を行う。
日中活動系	生活介護	常に介護を必要とする人に，昼間，障害者支援施設等において，入浴，排泄，食事の介護等を行うとともに，創作的活動または生産活動の機会を提供する。
居住支援系	施設入所支援	施設に入所する人に，夜間や休日，入浴，排泄，食事の介護等を行う。

▶▶ 訓練等給付

訓練等給付のサービスは**表3-16**のとおりです。

自立訓練や就労移行支援には，標準的な訓練期間（標準利用期間）が定められており，原則として期間を超えた訓練の提供は認められません。介護給付の訪問系サービスと，訓練系・就労系サービスの組み合わせ利用については，「訓練施設利用時間中のホームヘルパー派遣」など，支援の時間帯が重なる場合などは，原則として認められません。

表3-16 ● 訓練等給付事業一覧

区分	サービス名称	内容
訓練系・就労系（※1）	自立訓練 （機能訓練・生活訓練）	自立した日常生活または社会生活ができるよう，一定期間，身体機能または生活能力の向上のために必要な訓練等を行う。
	就労移行支援（※2）	就労を希望する障害者に，一定期間，就労に必要な知識および能力の向上のために必要な訓練等を行う。
	就労継続支援（※2） （A型・B型）	一般企業等での就労が困難な障害者に，働く場の提供等をするとともに，知識および能力の向上のために必要な訓練等を行う。事業者と雇用契約を結ぶA型と結ばないB型がある。
	就労定着支援	通常の事業所に新たに雇用された障害者に，一定期間，就労の継続をはかるために必要な事業主，障害福祉サービス事業を行う者，医療機関などとの連絡調整等を行う。
居住支援系	自立生活援助	施設入所支援やグループホームを利用していた障害者が居宅で自立した日常生活を営むために，一定期間，定期的な巡回訪問等により，相談・情報提供・助言等の援助を行う。
	共同生活援助（※3） （グループホーム）	夜間や休日，共同生活を行う住居において，相談，入浴，排泄または食事の介護や日常生活上の援助を行う。

※1：就労アセスメントの手法を活用して，本人の希望，就労能力や適性等にあった選択を支援する新たなサービス（就労選択支援）が追加される（2022（令和4）年12月16日から3年以内に施行予定）。
2：対象者に，通常の事業所に雇用されている障害者で，事業所での就労に必要な知識および能力の向上のための支援を一時的に必要とするものが追加される（2024（令和6）年4月1日施行予定）。
3：支援内容に，居宅における自立した日常生活への移行を希望する入居者に対する支援や，退居後の一人暮らし等の定着のための相談等の支援を行うことが追加される（2024（令和6）年4月1日施行予定）。

▶▶ 補装具

補装具は，障害者の車いすや義肢，視覚障害者安全つえ（白杖），聴覚障害者の補聴器など，障害によってそこなわれた身体機能を補完・代替する用具で，国が種目や耐用年数などを定めています。2018（平成30）年4月から，①身体の成長への対応，②障害の進行への対応，③仮合わせ前の試用に限定して，補装具の借受け制度が始まりました。補装具の購入，借受け，修理の費用は，補装具費として支給されます。なお，一定所得以上の人を支給対象からはずす所得制限が設けられています。

▶▶ 自立支援医療

公費負担医療[30]（➡ p.266 参照）のうち，障害児・障害者にかかわってもっとも広範に使われてきた，従来の児童福祉法上の育成医療，身体障害者福祉法上の更生医療，精神保健福祉法上の精神通院医療の，3つの医療を一本にとりまとめたのが自立支援医療です。それぞれの医療の目的は，自立支援医療に統合されたあとも変わっていません。なお，一定所得以上の人を支給対象からはずす所得制限が設けられています。

▶▶ 地域相談支援給付

一般相談支援事業者による，障害者支援施設の入所者や精神科病院に入院している精神障害者などの地域生活への移行にかかる支援，施設・病院からの退所・退院，家族との同居から一人暮らしに移行した障害者の地域定着をはかるための，福祉サービス事業所への同行や緊急事態への相談・対応が，地域相談支援として実施されます。

▶▶ 計画相談支援給付

特定相談支援事業者による，障害福祉サービスまたは地域相談支援を利用するすべての障害者を対象に，サービス等利用計画[31]（➡ p.266 参照）の作成や計画の見直し（モニタリング）が計画相談支援として実施されます。

❸ 地域生活支援事業

地域生活支援事業は，市町村が実施するもの（表3-17）と，都道府県が実施するもの（表3-18）とに分けることができます。

このうち，都道府県が実施するものは，特に高い専門性を要する相談支援や，関係職員などの養成研修事業が中心です。そのため，障害者へのサービス提供の多くは市町村がになうことになります。

市町村が提供する地域生活支援事業は，①理解促進研修・啓発事業，②自発的活動支援事業，③相談支援事業，④成年後見制度利用支援事業，⑤意思疎通支援事業，⑥日常生活用具給付等事業，⑦移動支援事業などの必須事業と，任意事業などに分かれます。

必須事業は，すべての市町村で例外なく実施すべき事業として位置づけられています。

市町村が行う地域生活支援事業の利用対象となる障害者や，利用者負担は，国の通知等をふまえ市町村が自主的に決めることになっています。しかし，国から支給される補助金額を超えるものはすべて市町村が負担しなければならないため，市町村の財政力による格差が生じているのが現状です。こうした状況を改善するため，国の補助率を一定に確保した地域生活支援促進事業が2017（平成29）年度から始まりました。

表 3-17 ● 市町村が行う地域生活支援事業（必須事業）

理解促進研修・啓発事業

障害者等への理解を深めるための教室やイベントの実施，広報活動などを行う。

自発的活動支援事業

ピアサポートや地域の災害対策など，障害者・地域住民などが自発的に行う活動への支援を行う。

相談支援事業

●障害者相談支援事業　※交付税
福祉サービスの利用援助（情報提供・相談等），社会資源活用への支援，ピアカウンセリングなどを行う。

●基幹相談支援センター等機能強化事業
基幹相談支援センター等による地域の相談支援体制の強化の取り組みなどを行う。

●住宅入居等支援事業（居住サポート事業）
業者・家主等に対する手続きの支援，入居に必要な調整の支援などを行う。

成年後見制度利用支援事業

成年後見制度の申し立て費用および後見人の報酬の全部または一部を補助する。

成年後見制度法人後見支援事業

法人後見実施のための研修，法人後見の活動を安定的に実施するための組織体制の構築などを行う。

意思疎通支援事業

手話通訳者・要約筆記者の派遣，手話通訳者の設置，点訳・代筆・代読・音声訳などの意思疎通への支援を行う。

日常生活用具給付等事業

障害者・難病患者等の日常生活上の困難を改善するための用具を給付・貸与する。

手話奉仕員養成研修事業

手話で日常会話を行うのに必要な手話語彙および手話表現技術を習得した者を養成する。

移動支援事業

●個別支援型
●グループ支援型
●車両移送型
社会生活上必要不可欠な外出や余暇活動等の社会参加のための外出時の移動を支援する。

地域活動支援センター機能強化事業

●基礎的事業　※交付税
障害者等の創作的活動・生産活動の機会の提供等を行う。
●地域活動支援センター　Ｉ型
精神保健福祉士等を配置し，社会基盤の連携強化をはかる。相談支援事業をあわせて実施または委託を受けていることを要件とする。
●地域活動支援センター　Ⅱ型
雇用・就労が困難な在宅障害者に機能訓練，社会適応訓練，入浴等のサービスを実施する。
●地域活動支援センター　Ⅲ型
地域の障害者の援護対策として実施する。5年以上の実績を有することが要件となる。

注 1：「※交付税」は，補助金とは別枠で市町村に支弁される交付金にもとづいて実施されている事業
　　2：2022（令和 4）年 3 月 30 日現在

表 3-18 ● 都道府県が行う地域生活支援事業（必須事業）

専門性の高い相談支援事業

●発達障害者支援センター運営事業
発達障害者支援センターへの運営補助を行う。
●障害者就業・生活支援センター事業
障害者就業・生活支援センターへの運営補助を行う。
●高次脳機能障害及びその関連障害に対する支援普及事業
高次脳機能障害者への支援を行う。
●障害児等療育支援事業　※交付税
訪問による療育指導，外来による療育相談などを行う。

専門性の高い意思疎通支援を行う者の養成研修事業

●手話通訳者・要約筆記者養成研修事業
手話通訳者，要約筆記者を養成研修する。
●盲ろう者向け通訳・介助員養成研修事業
盲ろう者向け通訳・介助員を養成研修する。
●失語症者向け意思疎通支援者養成研修事業
失語症者向け意思疎通支援者を養成研修する。

専門性の高い意思疎通支援を行う者の派遣事業

●手話通訳者・要約筆記者派遣事業
市区町村域を越え，広域的に手話通訳者，要約筆記者を派遣する。
●盲ろう者向け通訳・介助員派遣事業
盲ろう者向け通訳・介助員を派遣する。
●失語症者向け意思疎通支援者派遣事業
市区町村域を越え，広域的に失語症者向け意思疎通支援者を派遣する。

意思疎通支援を行う者の派遣に係る市町村相互間の連絡調整事業

手話通訳者，要約筆記者の派遣にかかる市町村相互間の連絡調整体制を整備する。

広域的な支援事業

●都道府県相談支援体制整備事業
都道府県に相談支援のアドバイザーを配置する。
●精神障害者地域生活支援広域調整等事業
広域調整，専門性が高い相談支援を行う。
●発達障害者支援地域協議会による体制整備事業
発達障害者支援地域協議会を設置し，発達障害児者への支援体制の充実をはかる。

注1：「※交付税」は，補助金とは別枠で都道府県に支弁される交付金にもとづいて実施されている事業
　　2：2022（令和4）年3月30日現在

4. サービス利用の流れ_{りよう なが}

❶ 介護給付と訓練等給付のサービスの利用_{かい ご きゅう ふ くんれんとうきゅう ふ りよう}

▶▶ 申請_{しんせい}

　介護給付と訓練等給付のサービス利用の流れは，**図3-28**のとおりです。_{かい ご きゅう ふ くんれんとうきゅう ふ りよう なが ず}

　サービス利用の申請は，原則として障害者本人が行います。申請先は，市町村（東京都_{りよう しんせい げんそく しょうがいしゃほんにん おこな しんせいさき し ちょうそん とうきょう と}は特別区を含む。以下同じ）です。この段階で，必要に応じて相談支援事業者にサービス_{とくべつく ふく い か おな だんかい ひつよう おう そうだん し えん じ ぎょうしゃ}利用の相談をすることもできます。_{りよう そうだん}

▶▶ サービス等利用計画の作成と支給決定_{とう り ようけいかく さくせい し きゅうけってい}

　申請が受理されると，市町村が実施する心身の障害に関するアセスメントが行われま_{しんせい じゅ り し ちょうそん じっし しんしん しょうがい かん おこな}す。

　介護給付については，障害支援区分認定を経たあと，訓練等給付は障害支援区分認定を_{かい ご きゅう ふ しょうがい し えん く ぶんにんてい へ くんれんとうきゅう ふ しょうがい し えん く ぶんにんてい}経ずに，サービス利用希望者からの意向聴取をふまえて，サービス等利用計画案が作成さ_{へ りょう き ぼうしゃ い こうちょうしゅ とう り ようけいかくあん さくせい}れます。

　その後，介護給付はサービス等利用計画案の内容が適切であると判断された場合，訓練_{ご かい ご きゅう ふ とう り ようけいかくあん ないよう てきせつ はんだん ば あい くんれん}等給付は暫定支給決定（仮の支給決定）を受けて，実際にサービスを利用して適否を確認_{とうきゅう ふ ざんてい し きゅうけってい かり し きゅうけってい う じっさい りよう てき ひ かくにん}したうえで，正式な支給決定が行われます。_{せいしき し きゅうけってい おこな}

　支給決定を受けた障害者等には，その内容を記した受給者証（**図3-29**）が交付され，_{し きゅうけってい う しょうがいしゃとう ないよう しる じゅきゅうしゃしょう ず こう ふ}決定内容にそってサービス事業者と契約を結び，サービス利用を開始します。これを利用_{けっていないよう じ ぎょうしゃ けいやく むす りよう かいし りよう}契約制度といいます。また，サービス利用開始後，それらの支援が適切かどうかについ_{けいやくせい ど りよう し えん てきせつ}て，一定期間ごとにモニタリングが行われます。_{いってい き かん おこな}

図 3-28 ● 介護給付・訓練等給付の申請から支給決定まで

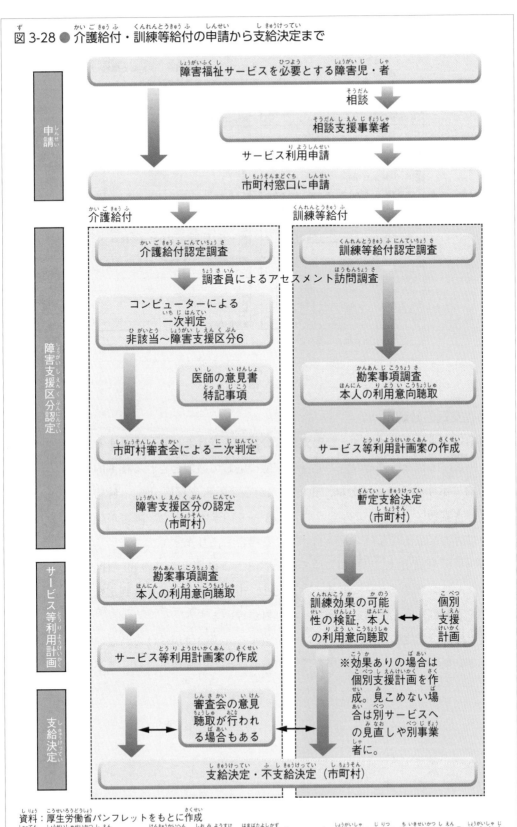

資料：厚生労働省パンフレットをもとに作成
出典：障害者生活支援システム研究会編，塩見洋介・濱畑芳和『シリーズ・障害者の自立と地域生活支援⑨ 障害者自立支援法活用の手引き——制度の理解と改善のために』かもがわ出版，p.70，2006 年を一部改変

図 3-29 ● 障害福祉サービス受給者証の例

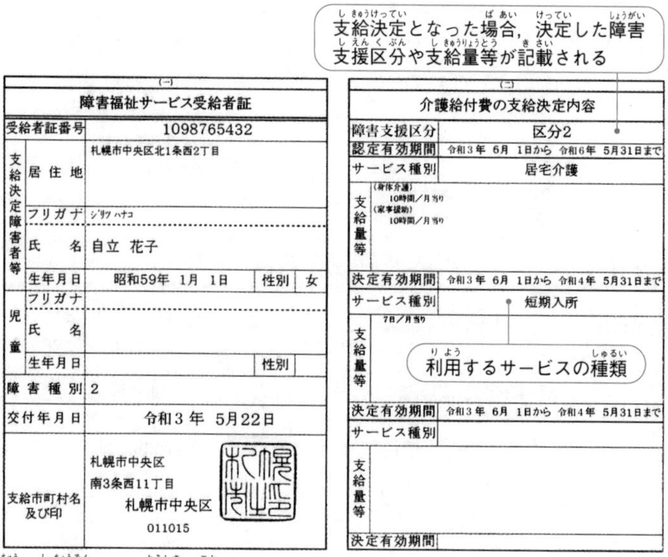

支給決定となった場合，決定した障害支援区分や支給量等が記載される

障害福祉サービス受給者証	
受給者証番号	1098765432
支給決定障害者等 居住地	札幌市中央区北1条西2丁目
フリガナ	ジリツ ハナコ
氏 名	自立 花子
生年月日	昭和59年 1月 1日　性別 女
児童 フリガナ	
氏 名	
生年月日	性別
障害種別	2
交付年月日	令和3年 5月22日
支給市町村名及び印	札幌市中央区 南3条西11丁目 札幌市中央区 011015

介護給付費の支給決定内容	
障害支援区分	区分2
認定有効期間	令和3年 6月 1日から 令和6年 5月31日まで
サービス種別	居宅介護
支給量等	(身体介護) 10時間／月当り (家事援助) 10時間／月当り
決定有効期間	令和3年 6月 1日から 令和4年 5月31日まで
サービス種別	短期入所
支給量等	7日／月当り
決定有効期間	令和3年 6月 1日から 令和4年 5月31日まで
サービス種別	
支給量等	
決定有効期間	

利用するサービスの種類

注：市町村により様式は異なる

▶▶ 障害支援区分認定

　介護給付を受けるためには，障害支援区分認定を受けなければなりません。障害支援区分は，障害の多様な特性その他の心身の状態に応じて必要とされる標準的な支援の度合いを総合的に示すもので，区分は，重度の人から「障害支援区分6」「障害支援区分5」と続き「障害支援区分1」までの6ランクとなっています。また，障害が軽い場合など，どの区分にもあてはまらない「非該当」になる場合もあります。

　障害支援区分認定は，市町村によるアセスメント訪問調査時の80項目の聴きとりをもとにした，コンピューターによる一次判定と，市町村審査会が一次判定結果と医師の意見書などをもとに行う二次判定を経て，市町村が行います。

　障害支援区分認定の結果によっては，希望する介護給付が受けられない場合も出てきます。認定結果に納得がいかない場合は，申請者は都道府県知事に対して不服審査請求を行うことができます。

❷ その他のサービスの利用 ::

　その他のサービスの利用の流れは，図 3-30，図 3-31 のとおりで，市町村が窓口となります。介護給付などと同様に相談支援事業者への相談も可能です。

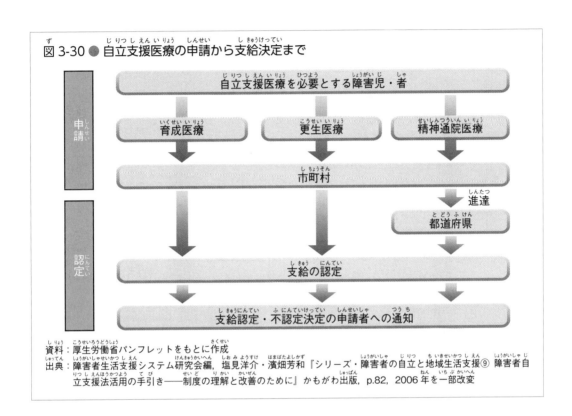

図 3-30 ● 自立支援医療の申請から支給決定まで

資料：厚生労働省パンフレットをもとに作成
出典：障害者生活支援システム研究会編，塩見洋介・濱畑芳和『シリーズ・障害者の自立と地域生活支援⑨　障害者自立支援法活用の手引き──制度の理解と改善のために』かもがわ出版，p.82，2006 年を一部改変

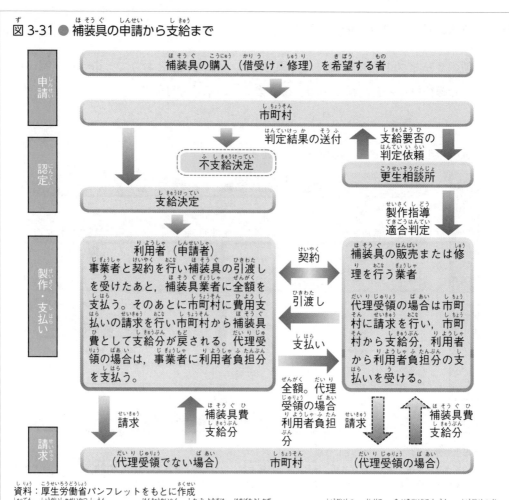

図 3-31 ● 補装具の申請から支給まで

申請

補装具の購入（借受け・修理）を希望する者

↓

市町村

認定

判定結果の送付 ← 支給要否の判定依頼

不支給決定

更生相談所

↓ ↓

支給決定　　　製作指導 適合判定

製作・支払い

利用者（申請者）
事業者と契約を行い補装具の引渡しを受けたあと，補装具業者に全額を支払う。そのあとに市町村に費用支払いの請求を行い市町村から補装具費として支給分が戻される。代理受領の場合は，事業者に利用者負担分を支払う。

← 契約 →
← 引渡し
支払い →

補装具の販売または修理を行う業者

代理受領の場合は市町村に請求を行い，市町村から支給分，利用者から利用者負担分の支払いを受ける。

請求

請求 ↓　補装具費 支給分 ↑

全額。代理受領の場合利用者負担分

請求 ↓　補装具費 支給分 ↑

（代理受領でない場合）　市町村　（代理受領の場合）

資料：厚生労働省パンフレットをもとに作成

出典：障害者生活支援システム研究会編，塩見洋介・濱畑芳和『シリーズ・障害者の自立と地域生活支援⑨ 障害者自立支援法活用の手引き――制度の理解と改善のために』かもがわ出版，p.82，2006 年を一部改変

5. 自立支援給付と利用者負担

❶ 介護給付と訓練等給付のサービスの利用者負担 ::

　2005（平成17）年に障害者自立支援法が成立した当初は，自立支援給付として提供されるサービスには，新たに1割の利用者負担（応益負担）と食費などの実費負担の支払いが求められていました。障害者自立支援法以前は，前年度の所得に応じて負担額が決まる応能負担でしたが，応益負担となったことで，障害が重いためにたくさんのサービス利用が必要な障害者ほど，負担が重くなりました。

　そこで，利用者の所得区分ごとに利用者負担に上限を設けるという見直しがはかられ，2012（平成24）年4月より，法文上から1割負担の規定が削除され，家計の負担能力に応じた応能負担とすることが定められました（所得に応じた負担上限月額がサービスを利用した費用の1割を超えるときは，1割負担）。

　介護給付，訓練等給付にかかる負担上限額は，現在，数次の改定を経て生活保護受給世帯，市町村民税非課税世帯は0円となっています。また，この場合の世帯の範囲は，18歳以上の障害者（施設に入所する18，19歳を除く）は「障害のある方とその配偶者」，障害児（施設に入所する18，19歳を含む）は「保護者の属する住民基本台帳での世帯」となっています。

　月ごとの利用者負担の上限額は**表3-19**，20歳未満の入所施設利用者を含む障害児の利用者負担の上限額は**表3-20**のとおりとなっています。

❷ 補装具，自立支援医療，地域生活支援事業の利用者負担 :::::::::::::::::::::::::::::::

　補装具や自立支援医療も自立支援給付として提供されるため，1割を上限として家計の負担能力に応じた利用者負担が発生します。

　この補装具や自立支援医療の利用者負担についても，所得区分に応じた利用者負担の上限額がそれぞれ独自に設けられています。補装具の利用者負担の上限額は**表3-21**，自立支援医療の利用者負担の上限額は**表3-22**のとおりとなっています。

　一方，地域生活支援事業の負担額は，それを実施する自治体が任意に決めます。そのため，たとえば移動支援などでは市町村によって利用料に格差が生じています。

表 3-19 ● 利用者負担の上限額

区分	世帯の収入状況	負担上限月額
生活保護	生活保護受給世帯	0 円
低所得	市町村民税非課税世帯（注 1）	0 円
一般 1	市町村民税課税世帯（所得割 16 万円未満）（注 2） ※入所施設利用者（20 歳以上），グループホーム利用者を除きます（注 3）。	9,300 円
一般 2	上記以外	37,200 円

注 1：3 人世帯で障害基礎年金 1 級受給の場合，収入がおおむね 300 万円以下の世帯が対象となります。
　　2：収入がおおむね 600 万円以下の世帯が対象になります。
　　3：入所施設利用者（20 歳以上），グループホーム利用者は，市町村民税課税世帯の場合，「一般 2」となります。
資料：厚生労働省資料

表 3-20 ● 20 歳未満の入所施設利用者を含む障害児の利用者負担の上限額

区分	世帯の収入状況		負担上限月額
生活保護	生活保護受給世帯		0 円
低所得	市町村民税非課税世帯		0 円
一般 1	市町村民税課税世帯（所得割 28 万円未満）（注）	通所施設・ホームヘルプ利用の場合	4,600 円
		入所施設利用の場合	9,300 円
一般 2	上記以外		37,200 円

注：収入がおおむね 890 万円以下の世帯が対象となります。
資料：厚生労働省資料

表 3-21 ● 補装具の利用者負担の上限額

区分	世帯の収入状況	負担上限月額
生活保護	生活保護受給世帯	0 円
低所得	市町村民税非課税世帯	0 円
一般	市町村民税課税世帯	37,200 円

注：障害者本人または世帯員のいずれかの市町村民税所得割額が 46 万円以上の場合は，補装具費の支給対象外となります。
資料：厚生労働省資料

表 3-22 ● 自立支援医療の利用者負担の上限額

区分	世帯の収入状況		負担上限月額
生活保護	生活保護受給世帯		0 円
低所得 1	市町村民税非課税世帯（本人収入 80 万円以下）		2,500 円
低所得 2	市町村民税非課税世帯（本人収入 80 万円超）		5,000 円
中間所得層	育成医療の経過的特例措置（注 2）	市町村民税 3.3 万円未満	5,000 円
		市町村民税 3.3 万円以上23.5 万円未満	10,000 円
	高額治療継続者（「重度かつ継続」）（注 1）	市町村民税 3.3 万円未満	5,000 円
		市町村民税 3.3 万円以上23.5 万円未満	10,000 円
	上記以外		総医療費の 1 割または高額療養費（医療保険）の自己負担限度額
一定所得以上	高額治療継続者（「重度かつ継続」）の経過的特例措置（注 1）（注 2）		20,000 円
	上記以外		公費負担の対象外

注 1 ：高額治療継続者（「重度かつ継続」）の範囲については，以下のとおり。
　　①疾病，症状等から対象となる者
　　　　更生医療・育成医療：腎臓機能，小腸機能，免疫機能，心臓機能障害（心臓移植後の抗免疫療法に限る），肝臓機能障害（肝臓移植後の抗免疫療法に限る）の者
　　　　精神通院医療：統合失調症，躁うつ病・うつ病，てんかん，認知症等の脳機能障害もしくは薬物関連障害（依存症等）の者または集中・継続的な医療を要するものとして精神医療に一定以上の経験を有する医師が判断した者
　　②疾病等にかかわらず，高額な費用負担が継続することから対象となる者。医療保険の多数回該当の者
　2 ：2024（令和 6）年 3 月 31 日までのあいだ，「育成医療」の経過的特例措置および「一定所得以上」かつ「重度かつ継続」の者に対する経過的特例措置を講じています。
資料：厚生労働省資料

❸ 実費負担

日中活動系・居住支援系のサービスで提供される**食費**や**光熱水費**，共同生活援助（グループホーム）の家賃などについては，**実費負担**が発生します。

その実費負担を軽減するため，次のような軽減措置がとられています。

(1) 入所施設の食費・光熱水費

入所施設の食費・光熱水費の実費負担を軽減するため，少なくとも手もとに2万5000円が残るように補足給付が行われます。対象となるのは，生活保護受給世帯および市町村民税非課税世帯です。

(2) グループホームの家賃

グループホームの家賃の実費負担を軽減するため，家賃が1万円以上の場合は1万円，家賃が1万円未満の場合は実費で補足給付が行われます。対象となるのは，生活保護受給世帯および市町村民税非課税世帯です。

(3) 通所施設の食費

通所施設の食費の実費負担を軽減するため，食費（食材料費と人件費）のうち人件費相当額が支給されます。なお，利用者の負担分となる食材料費は，施設ごとに額が設定されます。対象となるのは，生活保護受給世帯および市町村民税非課税世帯，市町村民税課税世帯（所得割16万円未満）です。

❹ 高額障害福祉サービス等給付費

本人と配偶者がともに障害福祉サービスを利用している場合や，1人の障害者が障害者施策と介護保険の双方の福祉サービスを利用していて，費用負担がいちじるしく高額となる場合には，**高額障害福祉サービス等給付費**が支給されます。

また，2012（平成24）年4月からは，補装具の利用者負担も，高額障害福祉サービス等給付費の支給対象となっています。さらに，2016（平成28）年の障害者総合支援法の改正により，65歳にいたるまでに相当の長期間にわたり障害福祉サービスを利用してきた低所得の高齢障害者に対し，介護保険サービスの利用者負担を軽減するため，2018（平成30）年4月から高額障害福祉サービス等給付費が支給されています。

❺ 地方自治体独自の軽減措置

以上のような国が定めた減免制度とは別に，都道府県や市町村が独自に利用者負担を減免しているところもあります。市町村ごとにどのような減免制度があるのか（ないのか）を知ることも，制度を上手に利用するうえで欠かせません。

6. 障害者総合支援制度における事業者

❶ 事業者への報酬支払い

　障害者総合支援法にもとづいてサービスを提供する事業者は，提供するサービスごとに，市町村長あるいは都道府県知事による事業者指定を受けなければなりません。その際，サービスの種類ごとに国が定めた職員（人数や資格など）や施設設備（目的別の部屋数や広さなど）を整備する必要があります。これらの基準は，都道府県が条例で定めます。

　事業者指定を受けた事業者は，法にもとづき事業を適正に実施し，事業ごとに定められた報酬を月々まとめて，支払い機関に請求します。この請求は本来，サービスを利用した障害者本人が行うものですが，多くの場合，事業者が本人に代わって請求し，報酬を受けとります。これを代理受領と呼びます。

　こうして事業者は，支払い機関からの報酬支払いとともに，利用者本人からの利用料の徴収によって，事業を運営します。

　障害者自立支援法の施行以降，日中活動系・居住支援系のサービスを提供する事業者に支払われる報酬は，障害者自立支援法施行以前の月ぎめ定額方式ではなく，日割り実績で計算されるようになっています。

　たとえば，日中活動系サービスを提供する施設では，通所する障害者が病気などで欠席すると，その日の報酬が受けとれなくなります。同様に，グループホームなどの居住支援系サービスでは，病気による入院や帰省などで，部屋を空けてしまうと報酬は支払われません。そのため，事業者の経営が不安定になってしまうとの指摘を受け，国はこれまでにも，定数を超えた契約を認めるなどの措置を講じてきました。

❷ 苦情相談窓口

　サービスを提供する事業者とそれを利用する障害者は，本来は対等の立場に立って契約を結ぶという関係にあります。しかし，サービスの提供が途絶えると，障害者はたちまち生活に行き詰まってしまうため，往々にして事業者のほうが強くなってしまいます。

　こうした傾向を戒め，利用者本位のサービスを提供するため，苦情相談窓口を設けて，利用者からのさまざまな苦情を受け付けることが，すべての事業者に求められています。

7. 障害者総合支援制度における組織・団体の機能と役割

❶ 国の役割

　国（および地方公共団体）は，障害者基本法の規定（**表3-23**）にもとづいて，施策に対しての意見具申や勧告を行うことのできる**障害者政策委員会**[32]（➡ p.266 参照）などを設置し，啓発・広報，生活支援，生活環境，教育・育成，雇用・就業，保健・医療，情報・コミュニケーション，国際協力などを総合的に網羅した**障害者基本計画**[33]（➡ p.266 参照）などの策定にあたって，その意見を聞きながら施策を講じます。

表3-23 ● 障害者基本法における国および地方公共団体に関する規定

> （目的）
> 第1条　この法律は，全ての国民が，障害の有無にかかわらず，等しく基本的人権を享有するかけがえのない個人として尊重されるものであるとの理念にのっとり，全ての国民が，障害の有無によって分け隔てられることなく，相互に人格と個性を尊重し合いながら共生する社会を実現するため，障害者の自立及び社会参加の支援等のための施策に関し，基本原則を定め，及び国，地方公共団体等の責務を明らかにするとともに，障害者の自立及び社会参加の支援等のための施策の基本となる事項を定めること等により，障害者の自立及び社会参加の支援等のための施策を総合的かつ計画的に推進することを目的とする。
>
> （国及び地方公共団体の責務）
> 第6条　国及び地方公共団体は，第1条に規定する社会の実現を図るため，前3条に定める基本原則（以下「基本原則」という。）にのっとり，障害者の自立及び社会参加の支援等のための施策を総合的かつ計画的に実施する責務を有する。
>
> （施策の基本方針）
> 第10条　略
> 2　国及び地方公共団体は，障害者の自立及び社会参加の支援等のための施策を講ずるに当たっては，障害者その他の関係者の意見を聴き，その意見を尊重するよう努めなければならない。
>
> （下線は筆者）

　福祉サービス分野の具体化の一環として国が基本指針を定め，市町村および都道府県が基本指針に即して，障害者総合支援法により**障害福祉計画**[34]（➡ p.267 参照），児童福祉法により**障害児福祉計画**[35]（➡ p.267 参照）を策定します。第6期障害福祉計画・第2期障害児福祉計画では，①福祉施設の入所者の地域生活への移行，②精神障害にも対応した地域包括ケアシステムの構築，③地域生活支援拠点等が有する機能の充実，④福祉施設から一般就労への移行等，⑤障害児支援の提供体制の整備等，⑥相談支援体制の充実・強化等，⑦障害福祉サービス等の質を向上させるための取組に係る体制の構築，などの成果目標が定められています。

また，障害者総合支援法の実施にあたっては，国は，市町村および都道府県に対する必要な助言，情報の提供，その他の援助を行うことが役割とされています。

❷ 都道府県の役割

都道府県は，国の制度策定を受けて，具体的な実施機関である市町村への対応を行います。

都道府県は，障害者基本法にもとづき都道府県障害者計画を作成し，審議会その他の合議制の機関の設置と運営をにないます。また，障害者総合支援法により都道府県障害福祉計画を，児童福祉法により都道府県障害児福祉計画を作成し，市町村の事業実施状況を把握し，市町村への制度実施上の情報提供や助言を行います。

また，都道府県障害福祉計画にもとづいて，障害福祉サービス事業者などの指定を行うほか，広域的でより専門性が高いために市町村では対応しにくい事業などを実施します。

より専門的な事業として，障害児関連の相談支援などは，市町村では対応しにくいものとして専門機関が設置されています。その1つに，発達障害者支援センター㊱ (➡ p.267参照) があります。発達障害のために特別な支援を要する児童生徒は，文部科学省調査によると，普通学級でも8％以上の出現率であることが明らかになっています。2004（平成16）年12月に発達障害者支援法が成立し，早期の発達支援・学校における発達支援・就労支援・地域生活支援などを，国および地方公共団体が実施することが求められています。

また，医療機関については，自立支援医療制度にもとづく整備がなされています。障害児・者の医療の特徴は，生まれてから死ぬまで，一生切り離せない（長期的医療），高度な手術や治療を必要とする（専門的医療），また，いくつもの診療科をまたいで利用せざるを得ない（複層的医療）ところにあります。こうしたことから，医療費については，障害者福祉医療制度などの独自の医療費補助を行っている都道府県もあります。

表 3-24 ● 都道府県が実施する事業

① 都道府県地域生活支援事業の実施
　　都道府県地域生活支援事業は，発達障害者に対する支援など，特に専門性の高い相談支援事業や意思疎通支援者養成事業，市町村間の連携による広域的な対応が必要な事業などを必須事業とし，障害福祉サービスまたは相談支援の質の向上のためのサービス提供者などのための養成研修事業，その他都道府県の判断による任意事業，また社会福祉法人などが行う同様の事業に対する補助をする事業を行うことができるとされている。
② 独自事業（上乗せ事業等）の実施
　　都道府県が独自事業を行うところもある。
③ その他都道府県の機関
　　都道府県が更生相談所，保健所などを設置することとしている。

❸ 市町村の役割

▶▶ 市町村の具体的な役割

　市町村は，もっとも住民に身近な行政機関です。市町村は，障害者基本法にもとづき市町村障害者計画を，障害者総合支援法により市町村障害福祉計画を，児童福祉法により市町村障害児福祉計画を作成し，それにもとづき障害福祉サービスや障害児通所支援などを実施します。障害者総合支援法においては，市町村が基本的な制度運用の責任をもち，身体・知的・精神（発達障害を含む）の3障害を含め，基本的な障害福祉サービスの実施主体となっています。したがって，サービス利用の申請は市町村が窓口となります。

　また，市町村は，地域生活支援事業の必須事業を中心に，各事業の実施をにないます。なお，利用者負担や事業報酬などは，各市町村の要綱等にもとづいて決定されるもので，自治体により異なります。

▶▶ 市町村の機関

　障害者総合支援法に関連のある，市町村で福祉制度の窓口となる機関としては，福祉事務所や市町村保健センターなどがあります。また，地域において住民のネットワークを構築し，住民参加で地域の福祉力を高めていくために，社会福祉協議会や協議会が機能するよう求められています。

　地域における協議会[37]（➡ p.267 参照）は，障害者総合支援法にもとづき，障害のある人が自立した日常生活または社会生活を営むことができるよう，相談支援事業者，障害福祉サービス事業者，保健・医療関係者，教育・雇用関係機関，企業，障害者関係団体，学識経験者など，障害者福祉の関係者が幅広く参加し，定期的な協議を行い，相談支援事業をはじめとする地域の障害福祉にかかるシステムづくりに関し，中核的な役割を果たすことを目的として設置されるものです。

　また，2012（平成24）年4月から，市町村は基幹相談支援センター[38]（➡ p.267 参照）を設置してより専門的な相談支援が行えるようになっています（2024（令和6）年4月1日からは設置が市町村の努力義務となる予定となっています）。

　障害者総合支援法では，多くの場合，市町村を通じて，各種の相談や手続きを行うことになります。したがって，どこの機関でどのような相談や手続きを行うのかをよく理解しておく必要があります。

❹ 指定事業者の役割

▶▶ 事業者の指定

　障害者総合支援法にもとづき，事業者が満たすべき人員配置や設備，運営に関する基準が厚生労働省令で定められています。こうした基準に適合する事業者については，指定障害福祉サービス事業者，指定障害者支援施設等の設置者および指定一般相談支援事業者・指定特定相談支援事業者として，都道府県知事・市町村長が指定を行います。

　なお，2011（平成23）年の地域の自主性及び自立性を高めるための改革の推進を図るための関係法律の整備に関する法律（地域主権一括法）にもとづき，事業者の基準については，すべて都道府県などの条例に委任したうえで，「人員配置基準」「居室面積基準」「人権に直結する運営基準」に限り「従うべき基準」とすることとなっており，地域の実情に合わせた指定も行えるようになりました。

▶▶ 利用契約の締結

　指定された事業者は，基本的には，支給決定時に提出された，指定特定相談支援事業者が作成したサービス等利用計画にもとづき，事前のサービス調整会議（モニタリングを含む）などを開催し，その支援内容の確認をしながら，利用者との利用契約の締結を行い，サービスを実施することとなります。この際，利用契約の締結にあたっては，重要事項説明書・サービス利用書・利用契約書の提示や，十分な説明が義務づけられています。また，利用契約の際には，意思疎通困難者への配慮や，自分で判断することが困難な人との契約については，成年後見制度や日常生活自立支援事業などの積極的活用が大切となります。

▶▶ 事業者の責任

　事業者の責任として，利用者の権利擁護と自己決定の尊重が重要になり，指定事業者には，3つのしくみ（情報公開，苦情解決，第三者評価）と5つの義務（説明責任，守秘義務，安全配慮義務，身体拘束禁止，記録管理）が課されています。

　また，障害者総合支援法では，「障害者等の意思決定の支援に配慮するとともに，常に障害者等の立場に立って支援を行うように努めなければならない」という旨の規定が組み入れられ，2017（平成29）年3月には「障害福祉サービス等の提供に係る意思決定支援ガイドライン」が作成され，意思決定支援責任者の配置等が推進されています。さらに近年は，障害者虐待防止のさらなる推進に向け，事業者の運営に関する基準において，虐待防止委員会の設置等が義務化されました。

　個別支援計画の策定やヒヤリハット記録等の整備の意義をよく理解し，より円滑で，個人の尊厳を尊重した支援が行えるよう配慮していくことが大切です。

▶▶ 国民健康保険団体連合会

報酬などの費用については，サービスの種類ごとの報酬単価にもとづいて定められた報酬が支払われることとなります。要した費用について，市町村は事業者からの請求にもとづき，審査のうえ支払うこととされていますが，国民健康保険団体連合会に審査支払事務が委託され，事業者からの請求受付から支払いまで，一連の事務の効率化と平準化をはかるものとして電子請求などのシステムが導入されています。

▶▶ 相談支援機関

障害者総合支援制度においておもな相談支援の役割を果たすのは，相談支援事業者（☞第1巻p.191）です。

そのほかには，地域における相談支援の中核的な役割をになう機関として基幹相談支援センターや，発達障害がある人のための発達障害者支援センター，障害者の身近な地域において就業面と生活面の一体的な相談・支援を行う障害者就業・生活支援センター[39]（➡ p.267参照）などが設置されています。また，特別に支援が困難な場合や，他機関との連携が必要な場合には，地域における協議会でいくつかの機関が集まって相談するしくみなどもあります。

なお，「地域包括ケアシステムの強化のための介護保険法等の一部を改正する法律」にもとづき，今後は地域でのワンストップ型相談支援が求められ，子ども・障害者・高齢者等の総合的な相談支援の業務や地域コーディネートの機能が求められることとなります。

▶▶ 運営適正化委員会

各サービス事業所内に設置される苦情解決のしくみでは解決が十分にできない場合に，都道府県の単位で運営適正化委員会が設置されています。事業所との関係だけで解決しない問題などは直接こうした機関に申し立てを行い，調整を行ってもらうこともできます。

▶▶ 市町村障害者虐待防止センター

障害者虐待防止法によって，障害者への虐待の防止や支援に関して，市町村障害者虐待防止センターの設置が義務づけられました。養護者・障害者福祉施設従事者等・使用者による虐待などが発生した場合の通報や届出の受理，養護者による虐待を受けた障害者の保護や養護者への支援を専門的に行うとともに，障害者虐待の防止などに関する広報その他の啓発活動を行います。

8. ライフサイクルからみた支援組織（しえんそしき）

❶ 就学前期の制度の活用と各種機関（しゅうがくぜんき せいど かつよう かくしゅきかん）

▶▶ 障害の発見から福祉サービスへ（しょうがい はっけん ふくし）

障害（しょうがい）のある人（ひと）たちへの支援（しえん）は，乳幼児期（にゅうようじき）から始（はじ）まります。

障害（しょうがい）には，先天的（せんてんてき）なものも生（う）まれてからの後天的（こうてんてき）なものもありますが，親（おや）がそれに気（き）づかない場合（ばあい）もあり，保健所（ほけんじょ）（あるいは市町村保健（しちょうそんほけん）センター）が乳幼児健康診査（にゅうようじけんこうしんさ）[40]（➡ p.268 参照（さんしょう））などで障害（しょうがい）を発見（はっけん）することもあります。保健所（ほけんじょ）による乳幼児健康診査（にゅうようじけんこうしんさ）は定期的（ていきてき）に行（おこな）われ，子（こ）どもたちの発達状況（はったつじょうきょう）を検査（けんさ）し，障害（しょうがい）の状況（じょうきょう）などを発見（はっけん）した場合（ばあい）は親（おや）と相談（そうだん）して，その後（ご）の支援（しえん）への相談（そうだん）の窓口（まどぐち）となります。

障害（しょうがい）の疑（うたが）いがある子（こ）どもたちは，本格的（ほんかくてき）に専門医療機関（せんもんいりょうきかん）の紹介（しょうかい）を受（う）け，正確（せいかく）な検査（けんさ）やその後（ご）の支援（しえん）の相談（そうだん）が行（おこな）われます。さらに，この時期（じき），適切（てきせつ）な療育（りょういく）や支援（しえん）を行（おこな）っていくために，福祉事務所（ふくしじむしょ）や児童相談所（じどうそうだんじょ）などで福祉的支援（ふくしてきしえん）の相談（そうだん）や具体的（ぐたいてき）な実施機関（じっしきかん）の紹介（しょうかい）を受（う）け，治療（ちりょう）・療育（りょういく）・福祉（ふくし）サービスの提供（ていきょう）などを受（う）けることになります。

また，障害（しょうがい）に応（おう）じて**手帳制度**（てちょうせいど）[41]（➡ p.268 参照（さんしょう））が実施（じっし）されており，この手帳（てちょう）を取得（しゅとく）することで，さまざまな福祉（ふくし）サービスの支援（しえん）を受（う）けることができます。手帳（てちょう）の発行（はっこう）に関（かん）しては，**更生相談所**（こうせいそうだんじょ）[42]（➡ p.268 参照（さんしょう））が判定（はんてい）などを行（おこな）います。

▶▶ 障害の理解と受容（しょうがい りかい じゅよう）

就学前期（しゅうがくぜんき）に障害（しょうがい）が告知（こくち）されると，親（おや）は大変（たいへん）なショックを受（う）けることもあります。子（こ）どもの障害（しょうがい）をどう理解（りかい）し，どのように子育（こそだ）てをしていくのか，大（おお）きな悩（なや）みをもつことになります。その際（さい），適切（てきせつ）な相談機関（そうだんきかん）があるか，療育（りょういく）[43]（➡ p.268 参照（さんしょう））も含（ふく）めた子育（こそだ）てをどのように進（すす）めていくのかは，その後（ご）の障害（しょうがい）のある子（こ）どもたちの人生（じんせい）を左右（さゆう）することになります。親（おや）はより適切（てきせつ）な障害（しょうがい）の理解（りかい）と受容（じゅよう）（☞第（だい）4 巻（かん）p.432）をはかることが大切（たいせつ）です。

そこで，児童福祉法（じどうふくしほう）における児童発達支援（じどうはったつしえん）や障害児相談支援事業等（しょうがいじそうだんしえんじぎょうとう）においては，障害児（しょうがいじ）への療育（りょういく）だけでなく，家族（かぞく）に対（たい）する支援（しえん）も行（おこな）われています。また，保育所等（ほいくしょとう）に通（かよ）う障害（しょうがい）のある子（こ）どもたちを対象（たいしょう）とした保育所等訪問支援（ほいくしょとうほうもんしえん）も行（おこな）われています。改正児童福祉法（かいせいじどうふくしほう）により，保育所等訪問支援（ほいくしょとうほうもんしえん）は 2018（平成（へいせい）30）年（ねん）4 月（がつ）から対象（たいしょう）が乳児院（にゅうじいん）・児童養護施設（じどうようごしせつ）の障害児（しょうがいじ）にも拡大（かくだい）され，また，重度（じゅうど）の障害等（しょうがいとう）により外出（がいしゅつ）がいちじるしく困難（こんなん）な障害児（しょうがいじ）に対（たい）しては，居宅訪問（きょたくほうもん）により発達支援（はったつしえん）を行（おこな）う居宅訪問型児童発達支援（きょたくほうもんがたじどうはったつしえん）が新（あら）たに創設（そうせつ）されました。障害（しょうがい）のある子（こ）どもたちは，そのときの親（おや）への支援（しえん）による「理解（りかい）の状況（じょうきょう）」のなかで育（そだ）っていきます。それだけに，こうした親（おや）の障害（しょうがい）の理解（りかい）と受容（じゅよう）は大切（たいせつ）な要因（よういん）となります。

▶▶ 就学の保障

就学する時期には，教育委員会から就学通知が届きますが，その前に，市町村などが設置する教育支援委員会などが，早期からの教育相談・支援や就学先決定などを行います。

親は，普通学校，特別支援学校，特別支援学級などの教育環境を判断して，就学を決定していくことになりますが，地域によって条件も異なるので，事前の見学や相談などを通じて教育支援委員会に要望を伝え，適切な就学が保障されるようにすることが大切です。

また，選択した教育環境が，必ずしも当事者に適切でない場合もあります。その場合，学校との相談に加え，児童相談所などに相談したり，また必要に応じて，より適切な教育機関へ転校したりすることも必要となります。その場合には，学校や教育委員会と十分相談できるようにしておくことも大切です。

▶▶ 学齢期の福祉サービスの活用

学齢期には，こうした就学に関すること以外にも，さまざまな福祉サービスを必要に応じて活用していくことも大切です。

日本の福祉制度は基本的に申請主義となっており，本人や家族が行政機関などに申請を行うことで制度を活用することができます。福祉サービスの利用は契約制度となっており，障害者総合支援法の障害福祉サービス等は，サービス等利用計画にもとづき，直接，本人や家族がサービス事業所と契約をすることによって，サービスを利用することができます。また，児童福祉法の障害児通所支援を利用する場合は，障害児支援利用計画が作成されます。障害児入所支援を利用する場合は，都道府県の児童相談所に申請を行います。

申請にあたっては，手続きに必要な書類もあるため，あらかじめ行政に相談や確認をしてから行う必要があります。

なお，親の障害の受容などが不十分な場合，福祉事務所や児童相談所などが，その必要性を判断して支援を決定し，支援を進める措置制度のしくみもあります。

▶▶ 障害児の放課後保障など

学齢期にもう1つ大きな課題になるのが，放課後保障という問題です。

親が共働きをしている家庭に対する支援などには，放課後子供教室（文部科学省）と放課後児童健全育成事業（放課後児童クラブ）[44]（➡ p.268 参照）（厚生労働省）の2つの事業があります。

この2つの事業は，これらを一体的あるいは連携して実施する放課後子ども総合プランとして推進されていました。このプランは，放課後対策事業として市町村に運営委員会を設置し，計画的に，放課後の子どもたちの学び，体験，交流，遊び，生活の場として学校

などを開放して実施していくというものです。2019（令和元）年度からは新・放課後子ども総合プランとなり，目標を新たに設定して実施されています。

　また，放課後保障としては，児童福祉法にもとづくサービスとして，生活能力向上のための必要な訓練，社会との交流促進などの支援を行う放課後等デイサービスを利用することができます。

　こうした放課後保障以外にも，親は共働きをするための保障として，もっと地域での交流の場を増やしてほしい，学校以外でも専門的な療育の場を保障してほしいなど，さまざまな希望をもっています。そこで，こうしたニーズにこたえるために，児童福祉法にもとづく児童発達支援，障害者総合支援法にもとづく短期入所，障害者総合支援法の地域生活支援事業にもとづく日中一時支援といったさまざまな福祉制度を利用することもできます。また，自治体によっては，障害児学童保育制度などを単独で運営しているところもあります。

　児童発達支援や放課後等デイサービスは，規制緩和でさまざまな法人が参入し，その事業内容もかなり幅があります。子どもたちの状況やニーズにあわせて，その適性を十分吟味しながら活用していくことが大切です。

　この時期の支援は，子どもたちへの直接的な支援とともに，家族への子育て支援の必要性も高くなるといえます。

　とくに子どもの問題では，子どもの貧困や虐待等が社会問題化しているなかで，総合的な施策が求められます。新たにこども家庭庁が設置され，障害児支援等も統合化されていくことになるため，今後の施策についても注意が必要です。

▶▶ 働くことへの支援

　日本における障害者の就労は，きわめて大きな困難をともなっているといわれます。このため，国では障害者の雇用の促進等に関する法律[45]（➡ p.268 参照）を制定し，企業や行政などに障害者の雇用をうながすための対策を講じています。しかし，この法律に定められた障害者雇用率は，十分達成されているとはいえません。

　障害者自立支援法の制定以降，「福祉から就労へ」という基本方針のもと，障害者の就労を進め，障害者の雇用施策を充実させるために，雇用関係法制の改正なども行われています。また，学校卒業後の就労を進めるために，特別支援教育のなかでも就労支援が位置づけられ，福祉と教育との連携で，より円滑に就労がはかれるような支援も始まっています。

▶▶ 仕事の紹介や相談支援

　一般的に，障害者の就労についての紹介は，公共職業安定所（ハローワーク）が行います。ここでは障害者のために，専門の職員・相談員を配置し，ケースワーク方式により，求職申し込みから就職後のアフターケアまでの一貫した職業紹介，就業指導などを行っています。こうした機関を通じて就労の支援を受ける場合，障害者の雇用のためのさまざまな助成金などを活用していくこともできます。

　また，地域の専門的窓口として障害者就業・生活支援センターが設置され，就職への相談支援や就労後の生活上の支援などを行ったり，地域障害者職業センターと協力して**職場適応援助者（ジョブコーチ）**[46]（➡ p.269 参照）を派遣したりするところもあります。

　また，障害のある人が働くための力をつけていくために，障害者職業能力開発校などの支援の場も準備されています。

　近年ではさらに，就労に向けたさまざまな情報を提供したり，事業主への理解を広げていくために，高齢・障害・求職者雇用支援機構や障害者就労支援ネットワークといった支援機関がつくられ，積極的な支援への取り組みが行われています。

▶▶ 地域での暮らしを基本とした支援

　今日，国際的にノーマライゼーション（☞第１巻 p.40）の考え方が広がるなかで，日本でも「全て障害者は，可能な限り，どこで誰と生活するかについての選択の機会が確保され，地域社会において他の人々と共生することを妨げられないこと」（障害者基本法第３条第２号）とされ，地域での暮らしを支援していくことが重視されるようになってきています。

▶▶ 成人期の福祉サービスの活用

(1) 経済的な支援制度

けがや病気により障害が残って障害等級1級，2級に該当し，保険料納付要件を満たしている場合に，障害等級に応じて障害基礎年金（☞第1巻 p.156）が受給できます。幼少期から障害のある人は，20歳になり，手続きを行うことで認定されれば，この障害基礎年金を受給することができます。加えて，障害の重い人は，特別障害者手当が別途支給されます。

また，けがや病気の初診日が厚生年金保険の被保険者期間中で，そのけがや病気により，障害等級1級，2級に該当した場合，障害厚生年金が障害基礎年金に上乗せして支給されます。3級の場合は障害基礎年金は支給されませんが，障害厚生年金が支給されることになります。3級よりも軽い，いわゆる4級相当の障害が残った場合には，障害手当金が一時金として支給されます。

(2) 福祉サービスの利用

基本的に，障害児・者で活用できるサービスは同じものがありますが，障害者総合支援法上のサービスの活用については，障害者と障害児で活用できる内容が異なる場合があります。そのサービス提供の内容については各自治体で確認してください。

65歳以上の障害者は，障害福祉サービスに相当する介護保険サービスがある場合には原則的に介護保険サービスを利用することになります。ただし，障害福祉サービス固有のサービスと認められるものを利用する場合については，障害者総合支援法にもとづくサービスを受けることが可能であり，今後の制度の動向にも注意が必要です。

(3) さまざまな社会参加への保障

障害児・者には，コミュニケーション支援，移動支援，権利擁護への支援など，生活のさまざまな面での支援が必要となってきます。それは，個人の活動とともに，人生のなかで社会参加を保障することが重要な課題となるからです。しかし，現行制度では，まだまだ不十分なことも多く，家とサービス事業所を往復するだけの暮らしを送っている人たちも多くいます。

こうした環境以外の「第3の世界」を保障していくことや，住宅の保障，公共バリアフリーの保障，情報バリアフリー，文化的諸条件の整備，消費者としての障害者の保護，選挙における配慮，司法手続きにおける配慮など，暮らし全般でのさまざまな配慮が充足されていくことも大切な条件となります。

(4) その他の支援制度

一般の福祉サービス以外にも，障害の状況によって引き起こされる社会的不利益を補完するため，交通費の減免制度や各種減免・割引の制度，福祉機器の支給制度などがあります。各市町村の福祉事務所において，実施されている制度を確認し，活用していくことも大切です。

第5節
介護実践にかかわる諸制度

月

日

1. サービスの利用にかかわる諸制度

❶ 日常生活自立支援事業

▶▶ 日常生活自立支援事業とは

日常生活自立支援事業は，社会福祉法に福祉サービス利用援助事業として規定され，認知症高齢者，知的障害者，精神障害者などのうち判断能力が不十分な人が地域において自立した生活を送ることができるように，本人との契約にもとづき，福祉サービスの利用援助などを行うものです。

事業の実施主体となるのは，都道府県社会福祉協議会または指定都市社会福祉協議会です。事業の一部を市区町村社会福祉協議会などに委託して実施しています。市区町村社会福祉協議会などが窓口となり，利用者とかかわり，申請の受付と判断能力等の評価・判定，支援計画の作成，契約の締結，援助の提供，支援計画の定期的な見直しという一連の業務を行っています。

▶▶ 事業の対象者と援助内容

事業の対象者は，表3-25に示した2つに当てはまる人です。事業の契約内容を判断できるかがポイントになります。また，援助内容は，表3-26のとおりです。

表3-26の3つの援助内容の実施にともなって行う具体的な援助内容としては，①日常的な金銭管理（預金の払い戻し，預金の解約，預金の預け入れの手続きなど利用者の日常生活費の管理）と，②定期的な訪問による生活変化の察知を基準とします。

利用に関する相談は，本人からだけではなく，家族，民生委員，行政職員，福祉サービス事業者などからも受け付けています。契約を結ぶ前の相談や支援計画の作成などは無料です。契約締結後は有料となりますが，費用の減免制度もあります。介護に従事しているなかで，表3-27に例示したような問題や事柄に気づいたり相談を受けたりした場合は，本人が住んでいる市区町村社会福祉協議会に相談してみましょう。

なお，日常生活自立支援事業のサービスが適切に運営されているかを監視し，利用者からの苦情を受け付ける窓口として，運営適正化委員会が第三者的機関として設置されています。

表 3-25 ● 日常生活自立支援事業の対象者

① 判断能力が不十分な人（認知症高齢者，知的障害者，精神障害者等であって，日常生活を営むのに必要なサービスを利用するための情報の入手，理解，判断，意思表示を本人のみでは適切に行うことが困難な人）

② 本事業の契約の内容について判断し得る能力を有していると認められる人

表 3-26 ● 日常生活自立支援事業の援助内容

① 福祉サービスの利用に関する援助
・福祉サービスを利用，または利用をやめるために必要な手続き
・福祉サービスの利用料の支払い手続き　など

② 福祉サービスの利用に関する苦情解決制度の利用援助
・福祉サービスについての苦情解決制度を利用する手続き　など

③ 住宅改造，居住家屋の賃借，日常生活上の消費契約および住民票の届出等の行政手続きに関する援助その他の福祉サービスの適切な利用のために必要な一連の援助
・年金および福祉手当の受領に必要な手続き
・税金，社会保険料，公共料金，医療費，家賃などの支払い手続き
・日常生活に必要な預金の払い戻し，預け入れなどの手続き
・年金証書，預貯金の通帳，権利証などの書類を金融機関の貸金庫で預かる　など

表 3-27 ● 日常生活自立支援事業につながると考えられる事例

・預けていたお金が知らないうちに勝手に使われてしまう
・認知症高齢者や知的障害者などが，訪問販売で高額な商品を買わされる
・認知症のため，福祉サービスの利用手続きや金銭管理を自分1人でできない
・家族や親族から財産侵害（本人に無断で年金振り込み用通帳や定期預金証書，届出印を持ち出す，年金を担保に金融機関から借金させられるなど）を受けている
・障害年金を家族が使ってしまう
・友人から生活費を横取りされている
・認知症高齢者で，もの忘れやものとられ妄想があり，金銭管理ができず金銭トラブルが絶えない
・読み書きが十分にできないため，行政窓口での手続き，社会福祉サービスの利用，年金受給の申請などができない　など

❷ 成年後見制度

▶▶ 成年後見制度とは

　成年後見制度は，判断能力の不十分な成年者（認知症高齢者，知的障害者，精神障害者など）を保護するための制度として1999（平成11）年に「民法の一部を改正する法律」等の成年後見制度関連四法として成立し，介護保険制度と同時に，2000（平成12）年から施行されました。

　この法律は，高齢社会に対応し，知的障害者や精神障害者などの福祉を充実させるという観点から，「自己決定の尊重」「今もっている力の活用」「ノーマライゼーション」などの新しい理念と従来の本人の保護の理念との調和を目的として，柔軟かつ弾力的な利用しやすい制度を構築するため，多くの検討を経て誕生しました。

　制度が必要になった理由を対象者の状況にあわせて考えてみましょう。認知症，知的障害，精神障害などの理由で判断能力の不十分な人たちは，預貯金などの財産の管理，介護サービスや施設への入所に関する契約の締結，居住しているアパートの家賃の支払いや賃貸借契約の更新，自宅の増改築のための契約などが必要だとしても，自分で手続きを行うのが難しくなります。また，**悪質商法**[47]（➡ p.269 参照）の被害にあうおそれもあります。このような問題から本人を保護し，支援するのが成年後見制度です。

▶▶ 法定後見制度と任意後見制度

　成年後見制度には，法定後見制度と任意後見制度の2つがあります。

　法定後見制度では，家庭裁判所から選ばれた成年後見人・保佐人・補助人が**表3-28**にあることを行って本人を保護し，支援します。また，法定後見制度は，判断能力の程度など本人の事情に応じて後見，保佐，補助の3つに支援内容が分けられています。

　任意後見制度は，本人が十分な判断能力があるうちに，前もって自分が選んだ代理人（任意後見人）に自分の生活，財産管理に関する事務について代理権を与える契約（任意後見契約）を公証人の作成する**公正証書**[48]（➡ p.269 参照）で結んでおくものです。なお，任意後見人が適切に保護・支援するためのしくみとして，家庭裁判所が選任した任意後見監督人が任意後見人を監督するようになっています。

　法定後見制度における後見，保佐，補助の概要は**表3-29**のとおりです。

表 3-28 ● 成年後見人・保佐人・補助人が行うこと

- 本人を代理して契約などの法律行為を行う。
- 本人が自分で法律行為をするときに同意を与える。
- 本人が同意を得ないでした不利益な法律行為をあとから取り消す。

表 3-29 ● 後見，保佐，補助の概要

	後見	保佐	補助
対象者	判断能力が欠けているのが通常の状態の者	判断能力がいちじるしく不十分な者	判断能力が不十分な者
申立てをすることができる人	本人，配偶者，四親等内の親族，検察官，市町村長など（注1）		
成年後見人等の同意が必要な行為	（注2）	民法13条1項所定の行為（注3）（注4）（注5）	申立ての範囲内で家庭裁判所が審判で定める「特定の法律行為」（民法13条1項所定の行為の一部）（注1）（注3）（注5）
取消しが可能な行為	日常生活に関する行為以外の行為（注2）	同上（注3）（注4）（注5）	同上（注3）（注5）
成年後見人等に与えられる代理権の範囲	財産に関するすべての法律行為	申立ての範囲内で家庭裁判所が審判で定める「特定の法律行為」（注1）	同左（注1）

(注1) 本人以外の申立てにより，保佐人に代理権を与える審判をする場合，本人の同意が必要になる。補助開始の審判や補助人に同意権・代理権を与える審判をする場合も同じ。
(注2) 成年被後見人が契約等の法律行為（日常生活に関する行為を除く。）をした場合には，仮に成年後見人の同意があったとしても，あとで取り消すことができる。
(注3) 民法13条1項では，借金，訴訟行為，相続の承認・放棄，新築・改築・増築などの行為があげられている。
(注4) 家庭裁判所の審判により，民法13条1項所定の行為以外についても，同意権・取消権の範囲とすることができる。
(注5) 日用品の購入など日常生活に関する行為は除かれる。
資料：法務省民事局「成年後見制度・成年後見登記制度」を一部改変

▶▶ 利用者保護のための苦情解決のしくみ

　苦情解決は，利用者の立場に立った保護のために必要なしくみの１つです。社会福祉の制度としては，「社会福祉の増進のための社会福祉事業法等の一部を改正する等の法律」によって，利用者の立場に立った社会福祉制度の構築が示され，苦情解決のしくみが導入されました。

　苦情解決のしくみとしては，福祉サービスに対する利用者の苦情や意見を幅広くくみ上げ，サービスの改善をはかるという観点から，表 3-30 に示した３点を整備することになりました。

表 3-30 ● 苦情解決のしくみのポイント

① 社会福祉事業経営者の苦情解決の責務を明確化
② 第三者が加わった施設内における苦情解決のしくみの整備
③ 上記方法で解決が困難な事例に備え，都道府県社会福祉協議会に，苦情解決のための委員会（運営適正化委員会）を設置

▶▶ 苦情解決の法的規定

　社会福祉法第 82 条では，社会福祉事業の経営者による苦情の解決として，「社会福祉事業の経営者は，常に，その提供する福祉サービスについて，利用者等からの苦情の適切な解決に努めなければならない」としています。また，老人福祉法および介護保険法に規定された各種施設の設備や運営に関する基準を示した省令においても，苦情解決または苦情処理を明確に位置づけています。参考として，特別養護老人ホームに関する基準を表 3-31 に示します。

表 3-31 ●「特別養護老人ホームの設備及び運営に関する基準」における関連規定

（苦情処理）
第 29 条　特別養護老人ホームは，その行った処遇に関する入所者及びその家族からの苦情に迅速かつ適切に対応するために，苦情を受け付けるための窓口を設置する等の必要な措置を講じなければならない。
２　特別養護老人ホームは，前項の苦情を受け付けた場合には，当該苦情の内容等を記録しなければならない。
３　特別養護老人ホームは，その行った処遇に関し，市町村から指導又は助言を受けた場合は，当該指導又は助言に従って必要な改善を行わなければならない。
４　特別養護老人ホームは，市町村からの求めがあった場合には，前項の改善の内容を市町村に報告しなければならない。

---

④ 第三者評価の制度

▶▶ 第三者評価とは

　社会福祉法第78条第1項において，社会福祉事業の経営者は，提供する福祉サービスの質の評価を自ら行うことやその他の措置を行うことにより，利用者の立場に立って良質かつ適切な福祉サービスを提供するよう努めなければならないとされています（表3-32）。

　この「その他の措置」という部分が，第三者評価の制度または事業を意味しています。つまり，福祉サービスの質の向上のためには，個々の経営者が自己評価を通じて問題点を把握するだけではなく，公正かつ中立な第三者機関によって客観的な評価が実施されることが求められているのです。

　社会福祉事業の経営者が福祉サービス第三者評価を受けることは，福祉サービスの質を向上させるうえで重要なことなのです。そして，利用者にとっては，評価結果に関する情報を得ることで福祉サービスの内容や質の理解につながるとともに，サービスを実際に利用するときの選択に役立つといえます。

表 3-32 ● 社会福祉法における関連規定

> （福祉サービスの質の向上のための措置等）
> 第78条　社会福祉事業の経営者は，自らその提供する福祉サービスの質の評価を行うことその他の措置を講ずることにより，常に福祉サービスを受ける者の立場に立って良質かつ適切な福祉サービスを提供するよう努めなければならない。
> 2　国は，社会福祉事業の経営者が行う福祉サービスの質の向上のための措置を援助するために，福祉サービスの質の公正かつ適切な評価の実施に資するための措置を講ずるよう努めなければならない。

▶▶ 福祉サービス第三者評価事業

　第三者評価の制度としては，福祉サービス第三者評価事業があります。この事業は，サービス事業者が事業運営における問題点を把握し，サービスの質の向上に結びつけることを目的としています。さらに，福祉サービス第三者評価を受けた結果が公表されることにより，結果として利用者の適切なサービス選択に資するための情報となることも目的としています。評価は，福祉サービス第三者評価基準ガイドラインに従って行われます。

　なお，福祉サービス第三者評価基準ガイドラインには適切な福祉サービスの実施に関する評価項目が定められており，利用者本位の福祉サービスとして，利用者のプライバシー保護等の権利擁護に配慮した福祉サービスの提供が行われているかが判断基準とされています。

2. 虐待防止の諸制度

❶ 高齢者虐待防止法 ∷∷∷∷∷∷∷∷∷∷∷∷∷∷∷∷∷∷∷∷∷∷∷∷∷∷∷∷∷

▶▶ 高齢者の虐待防止

　介護を要する高齢者は権利や尊厳がおかされやすい状況におちいりがちです。そこで，高齢者虐待を防止し，高齢者の権利利益の擁護と養護者の支援の促進を目的として，2005（平成17）年に高齢者虐待の防止，高齢者の養護者に対する支援等に関する法律（高齢者虐待防止法）が公布され，2006（平成18）年から施行されました。法律制定の背景と求められる対策をまとめると表3-33のとおりです。

表 3-33 ● 高齢者虐待防止法制定の背景と求められる対策

① 背景
・高齢者に対する虐待が深刻な状況にある。
・高齢者の尊厳の保持にとって虐待を防止することがきわめて重要。
② 求められる対策
・虐待防止のための国などの責務を定める。
・虐待を受けた高齢者に対する保護のための措置を定める。
・養護者の負担の軽減をはかることなど，養護者に対する支援のための措置を定める。

▶▶ 高齢者虐待の定義

　高齢者虐待は，「養護者[49]（➡ p.269 参照）による高齢者虐待」と「養介護施設従事者等[50]（➡ p.269 参照）による高齢者虐待」の2つに分けられています。高齢者虐待に該当する行為の類型は表3-34のとおりです。

表 3-34 ● 高齢者虐待に該当する行為の類型（概要）

類型	行為
①身体的虐待	身体を傷つけたり，傷つけるおそれのある暴行を加えたりする行為
②ネグレクト	食事を与えなかったり，長時間放置したりする行為（※）
③心理的虐待	暴言を吐いたり，拒絶したりする行為
④性的虐待	わいせつな行為をしたり，させたりする行為
⑤経済的虐待	財産を不当に処分したり，不当に財産上の利益を得たりする行為

※：養護者の場合，養護者以外の同居人による「身体的虐待」「心理的虐待」「性的虐待」を放置することも含む。

▶▶ 高齢者虐待への対応

高齢者虐待については，①未然防止，②早期発見，③虐待事案への迅速かつ適切な対応が重要です。介護職は，身体介護や生活援助などにかかわる一連の業務を通して，表3-35に示したような利用者の身体的状況や心理的状況，経済的状況，家屋や部屋などの環境の変化などを把握しやすい立場にあるといえます。

高齢者虐待防止法では，表3-36にかかげる機関および専門職は高齢者虐待を発見しやすい立場にあることを自覚し，高齢者虐待の早期発見に努めなければならないとされています。発見した際にはすみやかに市町村に通報することが求められています。このとき，守秘義務などをおかすと考えてしまいがちですが，高齢者虐待防止法では虐待の通報を優先するとしています。虐待を受けたと思われる（疑われる）高齢者を発見した場合は，表3-37のような点に留意してください。また，図3-32を参考に，介護職として留意すべき点を確認し，日ごろからさまざまな変化に気づくことができるようにしてください。

被害を受けた高齢者の保護と養護者の適切な支援のためには，関係機関の連携と協力体制の整備が不可欠です。専門職や専門機関は，与えられた役割と業務内容のなかで虐待の防止と解決に向けた取り組みを行うとともに，市民や家族もできる範囲で見守りを行うことが求められています。

なお，高齢者虐待の相談・通報窓口，事実確認，適切な措置等は自治体がになうこととなっていることから，厚生労働省は，「高齢者虐待の防止，高齢者の養護者に対する支援等に関する法律に基づく対応状況等に関する調査」の結果などにもとづき，自治体に対して高齢者虐待の状況をふまえた法にもとづく対応の強化や養護者支援の適切な実施等を依頼しています。

表3-35 ● 虐待の発見や防止につながるアセスメントの内容（例）

● 心身の健康状態
● 栄養状態
● 生活習慣の変化
● 居住環境の変化
● 日常生活動作（ADL）自立度
● 手段的日常生活動作（IADL）自立度
　（電話の使用，買い物・食事の準備・洗濯等家事，移動・外出，服薬管理，財産管理などの能力）
● 家族に関する情報　など

表3-36 ● 高齢者虐待を発見しやすい立場にある機関および専門職

【機関】
養介護施設，病院，保健所その他高齢者の福祉に業務上関係のある団体
【専門職】
養介護施設従事者等，医師，保健師，弁護士その他高齢者の福祉に職務上関係のある者

表 3-37 ● 虐待を受けたと思われる（疑われる）高齢者を発見したときの留意点

① １人でかかえこまないようにする。
② １人で判断せず，上司や所属長に相談する。
③ 自分の判断で情報収集を行わない。
④ プライバシーに十分配慮して行動する。

図 3-32 ● 養介護施設従事者等による高齢者虐待の防止・対応上の留意点

一次予防（未然防止）

● 基本的な介護技術・知識の向上と確認，倫理教育
● 認知症に関する正しい理解と適切なケアの習得
● 法の理解及び虐待防止に関する学習
● 適切でないサービス提供状況の早期発見・早期改善
 ⇒ 【施設・事業所】適切な所内研修機会の確保や，OJT を含めた人材育成体制等の構築
 ⇒ 【都道府県・市区町村】虐待防止に関するものに加え，適切なケアの水準を確保するための研修・指導等
● 経験の少ない（若い）職員を中心とした，教育的支援
● 男性職員への配慮のほか，規模の大きい施設を中心とした，職員のストレスへの配慮
 ⇒ 【施設・事業所】「働きやすい」職場づくり
 ⇒ 【都道府県・市区町村】職場環境向上のための指導等

二次予防（悪化防止）

● 入所施設等，直接現場に居合わせない通報者からの情報提供があった場合の，適切な情報収集，事実確認
● 事実確認が不調に終わった場合の，継続的な働きかけ
● 通報受理時点で時間が経過している可能性があるケース（元職員からの通報等）における，迅速な対応
● 庁内関係部署，都道府県―市区町村間，関係機関間の適切かつ迅速な連携と情報共有
● 居宅系事業所等での経済的虐待被害の精査
● 適切な事実確認調査や指導等に向けた，担当職員への高齢者ケア・認知症ケアに関する教育

三次予防（再発防止）

● 状況改善が長期にわたらないよう改善状況の細やかな確認
● 虐待対応以外の過去の指導等，虐待ケースへの指導・権限行使後の，継続的な状況確認・追加指導等のフォローアップ
● 不適切な身体拘束への注目と確認・指導の徹底
● 苦情処理体制，第三者評価，介護相談員等，兆候を速やかに察知できる体制構築の促し

出典：認知症介護研究・研修仙台センター『平成 25 年度老人保健事業推進費等補助金（老人保健健康増進等事業）高齢者虐待の要因分析等に関する調査研究事業報告書』p.104，2014 年を一部改変

❷ 障害者虐待防止法

▶▶ 障害者の虐待防止

　虐待は，高齢者のみならず，障害者においても問題となっており，障害者の自立や社会参加を実現するうえでも虐待の防止はきわめて重要です。

　障害者虐待をめぐっては，障害者が心身を傷つけられたり財産侵害を受けたりする事件があとを絶たず，みずから声を発することがむずかしい障害者を虐待や権利侵害から守るための法律がないことが懸念事項とされていました。そのため，2011（平成23）年に障害者虐待の防止，障害者の養護者に対する支援等に関する法律（障害者虐待防止法）が公布され，2012（平成24）年に施行されました。

▶▶ 障害者虐待の定義

　障害者虐待防止法の対象は，障害者基本法に定められている障害者です（表3-38）。障害者虐待防止法における障害者虐待とは，①養護者による障害者虐待，②障害者福祉施設従事者等による障害者虐待，③使用者による障害者虐待，と規定されています。

　該当する虐待行為は，表3-39のような5つに類型化することができます。なお，正式な条文については障害者虐待防止法を確認してください。

表3-38 ● 障害者基本法における障害者の定義

> 　身体障害，知的障害，精神障害（発達障害を含む。）その他の心身の機能の障害（以下「障害」と総称する。）がある者であって，障害及び社会的障壁により継続的に日常生活又は社会生活に相当な制限を受ける状態にあるもの

表3-39 ● 障害者虐待に該当する行為の類型（概要）

類型	行為
①身体的虐待	身体を傷つけたり，傷つけるおそれのある暴行を加えたり，正当な理由なく拘束したりする行為
②性的虐待	わいせつな行為をしたり，させたりする行為
③心理的虐待	暴言を吐いたり，拒絶したりする行為
④ネグレクト	食事を与えなかったり，長時間放置したりする行為（※）
⑤経済的虐待	財産を不当に処分したり，不当に財産上の利益を得たりする行為

※：第三者（①養護者の場合は養護者以外の同居人，②障害者福祉施設従事者等の場合は当該障害者福祉施設等の他の利用者，③使用者の場合は当該事業所の他の労働者）による「身体的虐待」「性的虐待」「心理的虐待」を放置することも含む。

▶▶ 障害者虐待を防止するための施策の概要

障害者虐待を防止するための施策として，国や地方公共団体ならびに国民の責務，早期発見，通報などが障害者虐待防止法に規定されています（表3-40）。

表3-40 ● 障害者虐待を防止するための施策

(1) 国および地方公共団体の責務等
　障害者虐待の防止，障害者虐待を受けた障害者の迅速かつ適切な保護・自立支援，養護者への支援を行うため，必要な体制の整備に努めなければならない。

(2) 国民の責務
　障害者虐待の防止，養護者への支援などの重要性の理解と施策への協力に努めなければならない。

(3) 障害者虐待の早期発見
　専門の機関や団体，専門職は，障害者虐待を発見しやすい立場にあることを自覚し，早期発見に努めなければならない（表3-41）。

(4) 障害者虐待の防止と養護者に対する支援等
　障害者虐待の防止に対する取り組みについては，「養護者」「障害者福祉施設従事者等」「使用者」の3つの区分がある。
　① 養護者による障害者虐待の防止および養護者に対する支援等
　　養護者による虐待を受けたと思われる障害者を発見した場合は，すみやかに市町村に通報しなければならない（※）。
　② 障害者福祉施設従事者等による障害者虐待の防止等
　　障害者福祉施設従事者等による障害者虐待を発見した場合は，すみやかに市町村に通報しなければならない（※）。また，従事者等は通報をしたことを理由に解雇その他不利益な取り扱いを受けない。
　③ 使用者による障害者虐待の防止等
　　使用者による障害者虐待を受けたと思われる障害者を発見した者は，すみやかに市町村または都道府県に通報しなければならない（※）。また，労働者は通報などをしたことを理由に解雇その他不利益な取り扱いを受けない。

(5) その他
　市町村・都道府県の部局または施設に，障害者虐待対応の窓口等となる「市町村障害者虐待防止センター」・「都道府県障害者権利擁護センター」としての機能を果たさせる。

※：守秘義務に関する他法の規定は，通報をさまたげるものではない。

表3-41 ● 障害者虐待を発見しやすい立場にある機関や団体および専門職

【機関や団体】
国および地方公共団体の障害者の福祉に関する事務を所掌する部局等の機関，障害者福祉施設，学校，医療機関，保健所その他障害者の福祉に業務上関係のある団体
【専門職】
障害者福祉施設従事者等，学校の教職員，医師，歯科医師，保健師，弁護士その他障害者の福祉に職務上関係のある者および使用者

❸ 児童虐待防止法

▶▶ 児童虐待の防止

　児童虐待の防止等に関する法律（児童虐待防止法）は，超党派の議員によって発議され，2000（平成12）年5月24日に公布，同年11月20日に施行されました。この法律の目的は，「児童に対する虐待の禁止，児童虐待の予防及び早期発見その他の児童虐待の防止に関する国及び地方公共団体の責務，児童虐待を受けた児童の保護及び自立の支援のための措置等を定めることにより，児童虐待の防止等に関する施策を促進し，もって児童の権利利益の擁護に資すること」とされています。

　児童虐待の予防および早期発見，虐待防止対策の強化等をめぐっては，これまで次のような法改正が行われています。

　2004（平成16）年の児童虐待防止法・児童福祉法の改正では，児童虐待の定義の見直し，通告義務の範囲の拡大等が行われました。2007（平成19）年の児童虐待防止法・児童福祉法の改正では，立入調査等の強化等が行われました。2008（平成20）年の児童福祉法の改正では，里親制度の改正などの家庭的養護の拡充等が行われました。2011（平成23）年の児童福祉法の改正では，親権停止および管理権喪失の審判等についての児童相談所長の請求権付与等が行われました。2016（平成28）年の児童福祉法・児童虐待防止法等の改正では，児童福祉法の理念の明確化，里親委託の推進等が行われました。2019（令和元）年の児童福祉法・児童虐待防止法の改正では，児童相談所の体制強化，関係機関の連携強化，体罰の禁止の法定化等が行われました。

▶▶ 児童虐待の定義

　児童虐待とは，保護者（親権を行う者，未成年後見人その他の者で，児童を現に監護するもの）がその監護する児童（18歳に満たない者）に対して行う表3-42の4つの種類の行為をいいます。

表3-42 ● 児童虐待の種類

類型	行為
①身体的虐待	児童の身体に外傷が生じ，または生じるおそれのある暴行を加えること
②性的虐待	児童へのわいせつな行為，または児童にわいせつな行為をさせること
③ネグレクト	児童の心身の正常な発達をさまたげるようないちじるしい減食または長時間の放置，保護者以外の同居人による①，②または④にかかげる行為と同様の行為の放置，その他の保護者としての監護をいちじるしくおこたること
④心理的虐待	児童に対するいちじるしい暴言またはいちじるしく拒絶的な対応，児童が同居する家庭における配偶者に対する暴力，その他の児童にいちじるしい心理的外傷を与える言動を行うこと

▶▶ 児童虐待への対応

(1) 早期発見と早期解決

児童虐待に対しては早期発見と早期解決が求められます。早期発見は，起きてしまった虐待を早く見つけるというだけではありません。虐待が深刻になる前に子育ての問題をかかえる家庭を見つけ，予防的な観点から適切な支援を行うことも重要です。虐待が起こってしまっている場合は迅速に子どもを保護しなければなりません。

児童虐待防止法では，表3-43の機関・施設および専門職が虐待を発見しやすい立場にあることを自覚し，早期発見に努めなければならないことを規定しています。

(2) 通告

児童虐待を受けたと思われる児童を発見した者は，すみやかに市町村や都道府県の設置する福祉事務所もしくは児童相談所，または児童委員を介して市町村や都道府県の設置する福祉事務所もしくは児童相談所に通告しなければなりません。この際，守秘義務に関する他法の規定は，この通告をする義務の遵守をさまたげるものではありません。

(3) 立入調査

都道府県知事は，児童虐待が行われているおそれがあると認めるときは，児童委員または児童の福祉に関する事務に従事する職員によって，児童の住所または居所に立ち入り，必要な調査または質問をさせることができるとされています。

(4) 児童虐待を行った保護者に対する指導等

児童虐待を行った保護者に対しての指導は，親子の再統合への配慮など，児童虐待を受けた児童が家庭（家庭における養育環境と同様の養育環境および良好な家庭的環境を含む）で生活するために必要な配慮のもとに適切に行われなければなりません。

なお，都道府県知事は，指導を受けるように勧告を受けた保護者が当該勧告に従わない場合において必要があると認めるときは，児童相談所長によって，児童虐待を受けた児童の一時保護を行わせるなどの措置を講ずるとされています。

表3-43 ● 児童虐待を発見しやすい立場にある機関・施設および専門職

【機関・施設】
学校，児童福祉施設，病院，都道府県警察，婦人相談所，教育委員会，配偶者暴力相談支援センターその他児童の福祉に業務上関係のある団体
【専門職】
学校の教職員，児童福祉施設の職員，医師，歯科医師，保健師，助産師，看護師，弁護士，警察官，婦人相談員その他児童の福祉に職務上関係のある者

❹ 配偶者暴力防止法

▶▶ 配偶者からの暴力防止と被害者の保護

　配偶者からの暴力の防止及び被害者の保護等に関する法律（配偶者暴力防止法）は，2001（平成13）年に制定され，2013（平成25）年に生活の本拠をともにする交際相手からの暴力およびその被害者についても，配偶者からの暴力および被害者に準じて法の適用対象とする法改正が行われました。この法律は，配偶者からの暴力にかかる通報，相談，保護，自立支援等の体制を整備し，配偶者からの暴力の防止および被害者の保護をはかることを目的としています。なお，被害者が男性の場合も法律の対象となりますが，女性が被害者となるケースが多いことから，法律の前文は女性被害者に配慮した内容となっています。

　この法律における「配偶者」とは，婚姻の届出をしていない，いわゆる「事実婚」を含んでいます。また，離婚後（事実上離婚したと同様の事情に入ることを含む）も引き続き暴力を受ける場合を含んでいます。そして，「暴力」とは，身体に対する暴力またはこれに準ずる心身に有害な影響を及ぼす言動をさしています。生活の本拠をともにする交際相手（婚姻関係における共同生活に類する共同生活を営んでいない者を除く）からの暴力については，この法律を準用することとされており，生活の本拠をともにする交際をする関係を解消したあとも引き続き暴力を受ける場合を含んでいます。

　国および地方公共団体は，配偶者からの暴力を防止するとともに，被害者の自立を支援することを含め，その適切な保護をはかる責務を有することとされています。また，配偶者からの暴力（配偶者または配偶者であった者からの身体に対する暴力に限る）を受けている者を発見した者は，その旨を配偶者暴力相談支援センターまたは警察官に通報するよう努めなければならないとされています。

　配偶者からの暴力の防止および被害者の保護のため，都道府県がみずから設置する婦人相談所その他の適切な施設において配偶者暴力相談支援センターの機能を果たすようにするものとされています。また，市町村もみずからが設置する適切な施設において配偶者暴力相談支援センターの機能を果たすよう努めることとされています。配偶者暴力相談支援センターでは，相談や婦人相談員もしくは相談機関の紹介，カウンセリング，被害者および同伴する家族の緊急時における安全の確保および一時保護，自立して生活することを促進するための情報提供その他の援助等を行っています。

3. 人々の権利を擁護するその他の諸制度

❶ 個人情報保護に関する制度

▶▶ 専門職や事業所にかかわる個人情報保護の規定

個人情報保護は専門職として守らなければならない義務の1つです。社会福祉士及び介護福祉士法では，介護職の国家資格である介護福祉士の義務として，誠実義務，信用失墜行為の禁止，秘密保持義務が定められています（表3-44）。

表 3-44 ● 社会福祉士及び介護福祉士法における関連規定

（誠実義務）
第44条の2　社会福祉士及び介護福祉士は，その担当する者が個人の尊厳を保持し，自立した日常生活を営むことができるよう，常にその者の立場に立って，誠実にその業務を行わなければならない。
（信用失墜行為の禁止）
第45条　社会福祉士又は介護福祉士は，社会福祉士又は介護福祉士の信用を傷つけるような行為をしてはならない。
（秘密保持義務）
第46条　社会福祉士又は介護福祉士は，正当な理由がなく，その業務に関して知り得た人の秘密を漏らしてはならない。社会福祉士又は介護福祉士でなくなった後においても，同様とする。

また，秘密保持や個人情報保護は，職員が個人レベルで守ればよいというものではありません。サービスを提供している事業所である組織も必ず守らなければいけません。介護サービス事業所に関する守秘義務については，法律や省令に規定されています。たとえば，訪問介護（ホームヘルプサービス）を行う事業所が守らなければならない事項は，表3-45のように示されています。

表 3-45 ● 「指定居宅サービス等の事業の人員，設備及び運営に関する基準」における関連規定

（秘密保持等）
第33条　指定訪問介護事業所の従業者は，正当な理由がなく，その業務上知り得た利用者又はその家族の秘密を漏らしてはならない。
2　指定訪問介護事業者は，当該指定訪問介護事業所の従業者であった者が，正当な理由がなく，その業務上知り得た利用者又はその家族の秘密を漏らすことがないよう，必要な措置を講じなければならない。
3　指定訪問介護事業者は，サービス担当者会議等において，利用者の個人情報を用いる場合は利用者の同意を，利用者の家族の個人情報を用いる場合は当該家族の同意を，あらかじめ文書により得ておかなければならない。

▶▶ 個人情報保護法

(1) 個人情報保護法とは

　　介護分野においては，介護関係事業者は，多数の利用者やその家族について他人が容易には知り得ないような個人情報を詳細に知り得る立場にあります。そのため，介護関係事業者には，個人情報の適正な取り扱いが求められています。

　　個人情報の適正な取り扱いに関する法制度としては，2003（平成15）年に公布され，2005（平成17）年に全面施行された個人情報の保護に関する法律（個人情報保護法）があります。個人情報保護法は，個人の権利・利益の保護と個人情報の有用性とのバランスをはかるための法律です。個人情報の適正な取り扱いに関し，基本理念や個人情報を取り扱う事業者の遵守すべき義務などを定めています。

(2) 個人情報とは

　　個人情報保護法において，個人情報は表3-46のように規定されています。文書だけでなく，図画・電磁的記録・音声・動作といったものも個人情報に含まれます。また，個人識別符号とは，①身体の一部の特徴を電子計算機のために変換した符号，②サービス利用や書類において対象者ごとに割り振られる符号などであって，該当する特定の個人を識別することができるものをいいます（表3-47）。さらに，取り扱いにとくに配慮を要するものとして，**要配慮個人情報**🔟（➡ p.269 参照）があります。介護職として，何が個人情報に該当するのかを把握しておくことが大切です。

表 3-46 ● 個人情報

（定義）

第2条　この法律において「個人情報」とは，生存する個人に関する情報であって，次の各号のいずれかに該当するものをいう。
　一　当該情報に含まれる氏名，生年月日その他の記述等（文書，図画若しくは電磁的記録
　　（中略）に記載され，若しくは記録され，又は音声，動作その他の方法を用いて表された
　　一切の事項（個人識別符号を除く。）をいう。以下同じ。）により特定の個人を識別するこ
　　とができるもの（他の情報と容易に照合することができ，それにより特定の個人を識別す
　　ることができることとなるものを含む。）
　二　個人識別符号が含まれるもの

表 3-47 ● 個人識別符号

　①　身体の一部の特徴を電子計算機のために変換した符号
　　⇒ DNA，顔，虹彩，声紋，歩行の態様，手指の静脈，指紋・掌紋
　②　サービス利用や書類において対象者ごとに割り振られる符号
　　⇒旅券番号，基礎年金番号，免許証番号，住民票コード，マイナンバー，各種保険証等

資料：個人情報保護委員会事務局「個人情報保護法の基本」

(3) 個人情報取扱事業者の義務等

　事業のために個人情報を利用している場合は，取り扱う個人情報の数にかかわらず，個人情報取扱事業者に該当します。個人情報取扱事業者には表3-48に示した内容に関する義務が課せられています。個人データ▨（➡ p.269 参照）を第三者に提供する場合など，基本的には取り扱いについては本人の同意が必要となりますが，「法令にもとづく場合」「人の生命・身体・財産の保護のために必要がある場合であって，本人の同意を得ることが困難であるとき」などは，本人の同意を得なくてもよいとされています。

表3-48 ● 個人情報取扱事業者の義務

● 利用目的の特定（第17条），利用目的による制限（第18条），不適正な利用の禁止（第19条）
● 適正な取得（第20条），取得に際しての利用目的の通知等（第21条）
● データ内容の正確性の確保等（第22条）
● 安全管理措置（第23条），従業者の監督（第24条），委託先の監督（第25条），漏えい等の報告等（第26条）
● 個人データを第三者に提供する場合の制限等（第27条～第31条）
● 保有個人データに関する公表・開示・訂正・利用停止・理由の説明等（第32条～第37条）
● 苦情の処理（第40条）

　また，利用者は個人情報取扱事業者に対して，**保有個人データ**▨（➡ p.269 参照）の開示を請求することができます。事業者は，この請求を受けたときは，本人に対して保有個人データを開示しなければなりません。ただし，「本人または第三者の生命，身体，財産その他の権利利益を害するおそれがある場合」「事業者の業務の適正な実施にいちじるしい支障を及ぼすおそれがある場合」「他の法令に違反することとなる場合」は，その全部または一部を開示しないことができます。

　こうした事業者の個人情報の取り扱いについては，個人情報保護委員会が監督します。漏えい等が発生した場合に，個人の権利利益を害するおそれが大きい事態については，個人情報保護委員会への報告と本人への通知が義務づけられています。

(4) ガイダンス

　個人情報保護法をふまえ，「医療・介護関係事業者における個人情報の適切な取扱いのためのガイダンス」が作成されています。ガイダンスでは，個人情報保護法の対象となる病院，診療所，薬局，介護保険法に規定する居宅サービス事業を行う者等の事業者等が行う個人情報の適正な取り扱いの確保に関する活動を支援するための具体的な留意点・事例等が示されています。各医療・介護関係事業者は，法令，「個人情報の保護に関する基本方針」（平成16年4月2日閣議決定）およびガイダンスの趣旨をふまえ，個人情報の適正な取り扱いに取り組む必要があります。

❷ 消費者保護法

▶▶ 消費者を保護するための法律

　高齢者や障害者をねらった悪質商法が増加しています。一人暮らしの高齢者が被害者になりやすいといえます。また，同居している家族がいたとしても，家族が気づかないうちに高額な商品を買わされているケースもあるため注意が必要です。このような消費者契約におけるトラブルを解決し，消費者を保護するための法律があります。

▶▶ 消費者契約法

　消費者契約法は，2000（平成 12）年に公布，2001（平成 13）年に施行されました。この法律では，消費者が事業者と結んだ契約のすべてを対象にしている点に特徴があります。消費者契約法では，消費者契約について，①事業者の不当な勧誘による契約は，消費者が取り消すことができること（表 3-49），②不当な契約条項が含まれていた場合には，その条項は無効とすること（表 3-50）が定められています。取り消しについては，原則として，追認することができるとき（消費者が誤認をしたことに気づいたときなど）から1 年間，契約の締結のときから 5 年間という期間制限があります。

　また，事業者の努力義務として，契約条項の作成にあたっては解釈に疑義が生じない明確なもので平易になるよう配慮することや，情報の提供にあたっては個々の消費者の知識および経験を考慮したうえで，必要な情報を提供するように努めなければならないとされています（2023（令和 5）年 6 月 1 日から，必要な情報の提供において，考慮すべき個々の消費者の事情として年齢および心身の状態が追加されるとともに，事業者の努力義務に，消費者の求めに応じて，消費者契約により定められた消費者が有する解除権の行使に関して必要な情報を提供すること等が追加される予定となっています）。

　そして，消費者の努力についても定められており，消費者契約を締結するに際し，事業者から提供された情報を活用し，契約の内容について理解するよう努めるものとするとされています。

表 3-49 ● 不当な勧誘の例

- 重要事項について事実と異なることを告げる。
- 断定的判断を提供する（例：物品等の将来の金額等が不確実にもかかわらず，「必ずもうかります」などと言われ誤認して契約を結ぶ）。
- 消費者の不利益となること，かつ，当該事実を消費者が認識していないことを知りながら，または重大な過失によってあえて商品を販売する。
- 事業者に住居や職場などから「帰ってください」と言ったにもかかわらず，退去しない。
- 消費者が勧誘されている場所から「帰りたい」と申し出たにもかかわらず，退去させない。
- 勧誘することを告げずに退去困難な場所へ同行し勧誘する（※）。
- 威迫する言動を交え，相談の連絡を妨害する（※）。
- 消費者が就職，結婚，容姿等に対する願望の実現に不安を抱いていることを知りながら，消費者の社会生活上の経験不足を不当に利用し，勧誘する。
- 消費者が社会生活上の経験不足により，勧誘者に恋愛感情を抱き，勧誘者も同様であると誤信していることを知りながら，「契約しなければ関係が破綻する」と告げて勧誘する。
- 加齢や認知症等により，消費者が合理的な判断ができない事情を不当に利用して契約を結ぶ。
- 霊感等による知見を用いて契約を結ぶ。
- 契約前に目的物の現状を変更し，原状回復をいちじるしく困難にする。
- 契約を締結する前に債務の内容を実施し，代金を請求する。
- 勧誘する際，消費者にとっての通常の分量等をいちじるしく超えることを知っている。

※：2023（令和 5）年 6 月 1 日から追加される予定となっている。

表 3-50 ● 不当な契約条項

- 事業者の損害賠償責任を免除する条項等（消費者に損害が発生しても，事業者は賠償しないと定められている場合など）
- 消費者の解除権を放棄させる条項等（いかなる理由でも，契約後の商品の返品はできないと定められている場合など）（※）
- 事業者がみずからの責任をみずから決める条項（事業者が過失のあることを認めた場合に限り，事業者は損害賠償責任を負うと定められている場合など）
- 事業者に消費者の後見等の開始のみを理由とする解除権を付与する条項（消費者が成年被後見人になった場合，ただちに事業者は契約を解除できると定められている場合など）
- 消費者が支払う損害賠償の額を予定する条項等（高すぎるキャンセル料が定められている場合など）
- 消費者の利益を一方的に害する条項（一方的に送り付けられた商品に対して，消費者が契約しない旨を連絡しなければ承諾の意思表示をしたとみなされる場合など）

※：事業者の債務不履行等の場合でも，不当性が高い条項として無効となる。

▶▶ 特定商取引に関する法律

　消費者トラブルが生じやすい特定の商取引（訪問販売，通信販売および電話勧誘販売にかかる取引，連鎖販売取引，特定継続的役務提供にかかる取引，業務提供誘引販売取引，訪問購入にかかる取引）を対象として，消費者を保護するなどの目的で特定商取引に関する法律（特定商取引法）が 2001（平成 13）年から施行されています。特定商取引法では，事業者の不適正な勧誘・取引を取り締まるための「行為規制」やトラブル防止・解決のた

表3-51 ● クーリング・オフ制度が適用される取引内容と期間

取引内容	期間	適用対象
訪問販売	8日間	自宅への訪問販売（キャッチセールスやアポイントメントセールスを含む）
電話勧誘販売	8日間	電話で勧誘し，申し込みを受ける販売
特定継続的役務提供	8日間	エステティックサロン，語学教室，家庭教師，学習塾，パソコン教室，結婚相手紹介サービス
連鎖販売取引	20日間	個人を販売員として勧誘し，さらに次の販売員の勧誘をさせるかたちで，販売組織を連鎖的に拡大して行う取引（化粧品などのマルチ商法）
業務提供誘引販売取引	20日間	収入が得られると勧誘し，教材などを販売する内職商法など
訪問購入	8日間	自宅に訪問し，物品を買いとっていくもの

注：「期間」は法定書面を受けとった日を1日目と数える。法定書面を受けとっていない場合は，いつでもクーリング・オフが可能。

めのクーリング・オフ制度^図（→ p.270参照）を定めています。クーリング・オフ制度が適用される取引内容と期間は，表3-51のとおりです。

　介護を必要としている人のなかには，訪問販売や電話勧誘販売などの特定商取引において，本人が望まない契約をしてしまうということが少なくありません。それでは，このような契約トラブルや被害にあうのを防ぐため，介護職に何ができるのでしょうか。自宅で生活している高齢者を訪問したときを例にあげて考えてみます。

　介護職は，家の中に入って利用者に継続的にかかわり，ふだんの生活の状況を把握することができるため，生活の状況の変化に気づくことができる存在といえます。たとえば，訪問中に屋根の修理や布団の販売の業者を名乗る悪質な訪問販売の人が訪ねてくることがあるかもしれません。また，電話による悪質な勧誘があるかもしれません。

　このような場面に遭遇したときには，自分1人の判断で行動せず，消費生活センターなどの専門機関に相談することが大切です。しかし，利用者が専門機関にうまく説明できない場合は，本人を安心させ，状況をゆっくり確認することも大切です。

▶▶ 消費者ホットライン

　消費者庁では，だれもがアクセスしやすい相談窓口として「消費者ホットライン」を開設しています。消費者ホットラインは，全国共通の電話番号（188（いやや！）番）で地方公共団体が設置している身近な消費生活センターや消費生活相談窓口を案内するものです。また，消費者ホットラインにつながらない場合は，国民生活センターの「平日バックアップ相談」が紹介されることになっています。これらの相談窓口を理解しておくことも重要です。

月

日

4. 保健医療にかかわる諸制度

❶ 生活習慣病予防・対策のための施策

▶▶ 健康日本 21

近年の日本では，生活習慣病にならないための健康づくりが重視されています。生活習慣病とは，食習慣，運動習慣，休養，喫煙，飲酒などの生活習慣によって起こされる病気の総称です。たとえば，がん，心臓病，脳卒中，糖尿病，高血圧症などがあげられます。そして，このような生活習慣を改善して国民の健康を増進し，生活習慣病を予防することに重点をおいた新しい健康づくりの総合計画として策定されたのが 21 世紀における国民健康づくり運動（健康日本 21）です。

健康日本 21 は，厚生省（現・厚生労働省）により 2000（平成 12）年に策定され，2010（平成 22）年度を目標年次として推進されました。計画の目的は，すべての国民が健やかで心豊かに生活できる活力ある社会とするため，壮年期死亡の減少や健康寿命の延伸，生活の質の向上を実現することにあります。そして，この目的のために，4 つの基本方針が定められました（表 3-52）。

そのなかでも「目標等の設定と評価」については，生活習慣病やその原因となる生活習慣として①栄養・食生活，②身体活動・運動，③休養・こころの健康づくり，④たばこ，⑤アルコール，⑥歯の健康，⑦糖尿病，⑧循環器病，⑨がんの 9 分野 80 項目を選定し，各分野に関する基本方針，現状と目標，対策などが示され，2010（平成 22）年度をめどとした具体的な目標値が設定されました。この目標値の評価については，その後，医療制度改革による他の計画の計画期間を考慮するため，2012（平成 24）年度まで延長されました。

表 3-52 ● 健康日本 21 の 4 つの基本方針

①健診による疾病の早期発見や早期治療にとどまるのではなく，それ以前の疾病の発病を予防する「一次予防の重視」

②健康づくりに取り組もうとする個人を社会全体で支援するため，健康にかかわるさまざまな関係者が特性をいかして連携していく「健康づくり支援のための環境整備」

③健康日本 21 を効果的に推進するために取り組むべき具体的な目標を設定する「目標等の設定と評価」

④マスメディアなどを活用した情報提供，対象者の特性やニーズの把握，保健事業の連携などを活用して効率的に運動を進めていく「多様な実施主体による連携のとれた効果的な運動の推進」

▶▶ 健康日本21（第二次）

　健康日本21でかかげた9分野59項目（再掲21項目を除く）の目標値について，2011（平成23）年に達成状況が最終評価として公表されました。報告では，約6割の項目で一定の改善が認められました。しかし，その一方で改善されない項目もみられたことから，厚生労働省は，健康日本21をひきつぐものとして，2013（平成25）年度以降の10年間を対象期間とした健康日本21（第二次）を策定しました。2022（令和4）年には，健康日本21（第二次）の最終評価が行われ，53項目の目標について，目標値に達したのが8項目，改善傾向にあるのが20項目となり，約5割の項目で改善が認められました。

▶▶ 健康増進法

　2002（平成14）年に国民の健康増進や保健の向上を目的として制定されたのが健康増進法です。健康増進法は，健康日本21を中心とした国民の健康づくりや疾病予防を積極的に推進していくためには，法律整備が必要であるとの認識が高まったことから制定されました。法律の内容としては，国民の健康の増進の総合的な推進をはかるための基本的な方針を策定すること，国民の健康増進につなげるために国民健康・栄養調査を実施すること，栄養改善や生活習慣の改善に関する保健指導などを実施すること，受動喫煙防止に関することなどがあげられます。

▶▶ 高齢者の医療の確保に関する法律

　高齢者の医療の確保に関する法律は，1982（昭和57）年に制定された老人保健法を改正し，2008（平成20）年4月に医療費の適正化を推進しつつ高齢者の福祉を増進する目的で施行された法律です。それまでの生活習慣病の予防対策は，おもに老人保健法による保健事業によって実施されてきました。改正された高齢者医療確保法では，従来行われてきた老人保健法による基本健康診査に代わるものとして，特定健康診査（特定健診）や特定保健指導が実施されることになりました。

　特定健診とは，40歳から74歳までの人を対象として，生活習慣病の予防のためにメタボリックシンドローム（内臓脂肪症候群）55（→ p.270参照）に着目した健診です。特定健診の結果に応じて，医師や保健師，管理栄養士などの専門職から必要に応じた健康指導が行われます。これを特定保健指導といいます。特定保健指導によって生活習慣を見直すことで，生活習慣病の予防と改善を行います。

❷ 感染症・結核対策 ∷∷∷

▶▶ 感染症対策

　感染症とは，病原体（病気のもとになる細菌やウイルス）が人のからだの中に入りこんで増えつづけることで生じる病気のことです。感染症は，①感染源（☞第2巻 p.103），②感染経路（☞第2巻 p.103），③感受性のある宿主（☞第2巻 p.105）の3つの要素がそろうことで起こります。そのため，感染症対策では，これらの3つの要素のうち1つでも取り除くことが重要となります。

　日本の感染症対策は，1897（明治30）年に制定された伝染病予防法によって行われてきましたが，感染症を取り巻く環境が大きく変わってきたことから，伝染病予防法，性病予防法，後天性免疫不全症候群の予防に関する法律（エイズ予防法）の3つの法律を統合して，1998（平成10）年に感染症の予防及び感染症の患者に対する医療に関する法律（感染症法）が制定されました。

▶▶ 結核対策

　結核とは，結核菌という病原体が空気感染することによって発症する感染症です。日本の結核の罹患率は，先進諸国と比較すると高いのが現状です。日本の結核対策は，2007（平成19）年に結核予防法が感染症法に組みこまれたことから，感染症法によって行われています。おもな対策としては，①結核患者を早期に発見するための「健康診断」，②結核患者に対する医療費を公費で負担する「公費負担医療」，③結核患者の登録，登録者への管理検診などを行う「患者管理」などがあげられます。また，患者を結核と診断した医師は，ただちに保健所に届け出ることが義務づけられています。

▶▶ 薬剤耐性対策

　薬剤耐性とは，病原体が，病原体に対して何らかの作用をもった薬剤に対して抵抗性をもち，これらの薬剤が効かない，もしくは効きにくくなることです。薬剤耐性が起こる背景には，細菌による感染症の治療に使う薬である抗菌薬の不適切な使用があります。たとえば，必要性が低いのに安易に抗菌薬を投与する不適切な処方，病原体が完全に死滅していないのに抗菌薬の服用をやめてしまう不適切な服薬などです。これにより，抗菌薬に対して抵抗性をもった薬剤耐性菌が増加してしまいますが，新たな抗菌薬の開発は減少傾向にあることから，薬剤耐性対策は国際社会において大きな課題となっています。日本の薬剤耐性対策としては，2016（平成28）年に「薬剤耐性（AMR）対策アクションプラン」が策定され，薬剤耐性対策の推進がはかられています。

❸ 難病対策

▶▶ 難病の定義

　難病は，医学的に明確に定義された病気の名称ではありません。難病への医療費を確保する目的で2015（平成27）年に施行された難病の患者に対する医療等に関する法律（難病医療法）では，表3-53の4つの要件を満たすものが難病として定義づけられています。

表3-53 ● 難病医療法における難病の定義（4つの要件）

①発病の機構（しくみ）が明らかではない。　②治療方法が確立していない。
③希少な疾病である。　④長期にわたり療養を必要とする。

▶▶ 難病対策

　難病対策については，「難病対策要綱」にもとづき，表3-54に示した5つを柱としています。このような難病対策は，国が総合的な対策を実施することにより，希少な難病にも治療法の開発が試みられるなど，世界に類をみない画期的なものとなりました。しかし，対象となる難病の数は増えつづけ，それにともない対象患者数も増加しつづけることになり，患者に対する医療費助成などの予算の確保が課題となりました。

表3-54 ● 難病対策要綱の5つの柱

①難病の病因・病態の解明を行い難病の克服を目指す「調査研究の推進」
②専門病床の整備や一般病院での医療を促進する「医療施設の整備」
③難病に対する医療費の公費負担を行う「医療費の自己負担の解消」
④実施主体となる都道府県や保健所の役割をより強化していく「地域における保健医療福祉の充実・連携」
⑤身体障害者手帳を取得していなくても福祉サービスを受けられるようにするなどの「QOLの向上を目指した福祉施策の推進」

▶▶ 難病の患者に対する医療等に関する法律（難病医療法）

　2015（平成27）年の難病医療法の施行により，難病患者に対する医療費助成に消費税などの財源があてられるようになりました。さらに，難病医療法では，表3-53の4つの要件に加えて，「患者数が本邦において一定の人数（人口の0.1％程度）に達しない」，「客観的な診断基準が確立している」という2つの要件を満たす難病を指定難病として医療費助成の対象としており，2021（令和3）年11月現在，指定難病は338疾病となっています。

④ HIV／エイズ予防対策 ::

▶▶ HIV／エイズの定義

　エイズとは，後天性免疫不全症候群（AIDS）（☞第4巻 p.460）のことで，ヒト免疫不全ウイルス（HIV）（☞第4巻 p.460）に感染し，免疫力が低下することによって，厚生労働省が定める23の合併症（エイズ指標疾患）が引き起こされた状態をいいます。つまり，HIVに感染しても23の合併症を発症しない限りはエイズとはいいません。

　HIVに感染すると，すぐにエイズを発症するわけではなく，自覚症状がなく何も症状の出ない無症候期が数年から10年程度続きます。この時期は，自覚症状がないことから，HIVの検査を受けない限り，自分ではHIVに感染していることがわかりません。しかし，体内ではHIVが増殖を続けていることから，徐々に免疫力は低下していきます。HIVの感染経路としては，性行為による感染，輸血などの血液製剤の使用や注射器の共用などによる血液感染，母から子への授乳などによる母子感染などがあげられます。

▶▶ HIV／エイズをめぐる状況

　2021（令和3）年の日本におけるHIV感染者とエイズ患者の報告件数については，新たなHIV感染者が742件で，2008（平成20）年の1126件をピークとして年間1000件以上が続いていましたが，2017（平成29）年以降は5年連続で1000件を下回っています。また，新たなエイズ患者は315件で，4年連続で400件を下回り減少傾向がみられています。HIV感染者の感染経路としては性行為による感染が多く，622件（83.9％）を占めています。

　HIV感染症は，かつては治療がむずかしい病気というイメージでしたが，現在では治療薬が進歩し，きちんと服薬することでエイズの発症を予防することも可能となっています。一方で，HIV感染者の高齢化が進み，介護が必要となる問題も増えてきています。そして，そのHIV感染者の介護の受け入れ先として，介護保険施設や在宅サービスへの期待が高まっています。受け入れを拒むことがないよう，介護職についてはHIV／エイズに関する正しい知識をもつことが求められています。

▶▶ HIV／エイズに関する施策

　日本のHIV／エイズ対策は，1989（平成元）年の後天性免疫不全症候群の予防に関する法律（エイズ予防法）の施行により始まりました。その後，1999（平成11）年にエイズ予防法は感染症法に統合され，HIV／エイズに関する施策は「後天性免疫不全症候群に関する特定感染症予防指針(エイズ予防指針)」にもとづいて行われることになりました。エイズ予防指針では，施策の重点化をはかるべき3分野として「普及啓発及び教育」「検査・相談体制の充実」「医療の提供」などに取り組むこととされています。

238

5. 介護職と医療にかかわる諸制度

① 介護福祉士と医療のかかわり

　高齢者や障害のある人など介護を必要とする人々は，介護サービスの利用だけではなく，保健医療サービスもあわせて利用していることが多いため，介護福祉士は，保健医療サービスの種類や内容もきちんと把握しておく必要があります。

　2011（平成23）年の社会福祉士及び介護福祉士法の改正では，従来，医師と看護師以外は行ってはならない医行為とされていた喀痰吸引や経管栄養などが医療的ケアとして介護福祉士の業務に位置づけられ，医療に関する知識の理解も求められるようになりました。さらに，約800万人の団塊の世代が75歳以上の後期高齢者となる2025（令和7）年をめどに構築がめざされている地域包括ケアシステムにおいては，医療と介護の関係機関が連携して，包括的かつ継続的な在宅医療・介護の提供を行うことが求められています。このように，介護福祉士と医療は密接にかかわりをもつようになってきています。

② 医療関係者に関する法制度

▶▶ 医師法

　けがや病気の診療を行う医師は医師法によって規定されています。医師法とは，医師の任務，免許，業務などを規定している法律です。医師法の内容についてみていくと，まず，医師の任務については，診療などの保健医療サービスを提供することによって，国民の健康な生活を守っていくことが規定されています。次に，医師の免許については，6年制の医学部を卒業して，医師国家試験に合格し，厚生労働大臣から医師免許を受けなければならないことが規定されています。また，医師免許を発行するためには，氏名や住所などを厚生労働省の帳簿に登録する医籍登録をしなければなりません。さらに，医師の業務については，患者から診療の求めがあったときには，正当な理由がない限りは拒むことができないという応招義務や，医師がみずから診察をしないで診断書や処方せんを交付してはならないという無診察治療等の禁止などが規定されています（表3-55）。

▶▶ 保健師助産師看護師法（保助看法）

　健康に関する指導を行う保健師，出産の介助を行う助産師，療養上の世話[語]（→ p.270 参照）や医師の診療の補助[語]（→ p.270 参照）を行う看護師の資格や業務は，保健師助産師看護師法（保助看法）によって規定されています。

　保健師，助産師，看護師は，厚生労働大臣発行の国家資格ですが，准看護師については

都道府県知事発行の資格となっています（表3-56）。看護師の定義では，看護師の業務について療養上の世話と診療の補助となっていますが，2014（平成26）年の保助看法の改正により，2015（平成27）年から38の医行為について，特定行為研修を受けたうえで医師や歯科医師が作成した手順書があれば，現場での具体的な指示がなくても看護師が行える特定行為となりました。

表 3-55 ● 医師法における規定

第1条	医師は，医療及び保健指導を掌ることによって公衆衛生の向上及び増進に寄与し，もって国民の健康な生活を確保するものとする。
第2条	医師になろうとする者は，医師国家試験に合格し，厚生労働大臣の免許を受けなければならない。
第6条第1項	免許は，医師国家試験に合格した者の申請により，医籍に登録することによって行う。
第17条	医師でなければ，医業をなしてはならない。
第18条	医師でなければ，医師又はこれに紛らわしい名称を用いてはならない。
第19条第1項	診療に従事する医師は，診察治療の求があった場合には，正当な事由がなければ，これを拒んではならない。
第20条	医師は，自ら診察しないで治療をし，若しくは診断書若しくは処方せんを交付し，自ら出産に立ち会わないで出生証明書若しくは死産証書を交付し，又は自ら検案をしないで検案書を交付してはならない。（後略）

表 3-56 ● 保助看法における規定

第2条	（前略）「保健師」とは，厚生労働大臣の免許を受けて，保健師の名称を用いて，保健指導に従事することを業とする者をいう。
第3条	（前略）「助産師」とは，厚生労働大臣の免許を受けて，助産又は妊婦，じょく婦若しくは新生児の保健指導を行うことを業とする女子をいう。
第5条	（前略）「看護師」とは，厚生労働大臣の免許を受けて，傷病者若しくはじょく婦に対する療養上の世話又は診療の補助を行うことを業とする者をいう。
第6条	（前略）「准看護師」とは，都道府県知事の免許を受けて，医師，歯科医師又は看護師の指示を受けて，前条に規定することを行うことを業とする者をいう。

❸ 保健医療提供の施設に関する法制度 ::

▶▶ 医療法

　病院，診療所，助産所などの医療提供施設は医療法によって規定されています。医療法とは，日本の医療提供の基本となる法律です。医療法の目的は，①医療を受ける者の適切な選択を支援するために必要な事項，②医療の安全を確保するために必要な事項，③医療提供施設の開設，管理，整備に必要な事項，④医療提供施設の機能分担や連携に関する必要な事項などを規定することで，国民の健康保持に貢献することです。

　医療法では，病院，診療所，助産所などの医療提供施設の定義がされています（表3-57）。また，介護老人保健施設（第1条の6第1項）や介護医療院（第1条の6第2項）などの介護保険制度の施設も同じく定義されています。

　さらに，医療法では，医療提供者の責務として「医療の安全を確保するための措置」が規定されています。たとえば，病院等の管理者は，医療の安全を確保するための指針の策定，従業者に対する研修の実施，その他の当該病院等における医療の安全を確保するための措置を講じなければならないとされています（第6条の12）。

　また，医療事故が発生した場合，病院等の管理者は，遅れることなく医療事故調査・支援センターに報告し（第6条の10第1項），すみやかにその原因を明らかにするために必要な調査を行わなければならないことになっています（第6条の11第1項）。

表 3-57 ● 医療法における病院，診療所，助産所の定義

病院	医師又は歯科医師が，公衆又は特定多数人のため医業又は歯科医業を行う場所であって，20人以上の患者を入院させるための施設を有するもの（第1条の5第1項）
診療所	医師又は歯科医師が，公衆又は特定多数人のため医業又は歯科医業を行う場所であって，患者を入院させるための施設を有しないもの又は19人以下の患者を入院させるための施設を有するもの（第1条の5第2項）
助産所	助産師が公衆又は特定多数人のためその業務（病院又は診療所において行うものを除く。）を行う場所（第2条第1項）

④ 医療行為

▶▶ 医療行為とは

　医療行為（法律用語では医行為）とは，人の病気の診断や治療などのために医学にもとづいて行われる行為のことをいいます。医療従事者には，その行為が特別に許されるための要件として資格（医師，歯科医師，看護師，助産師など）が必要になります。行為者による分類として，医師または歯科医師の資格を有する者しか行うことができない絶対的医行為と，医師または歯科医師以外の者でも行うことのできる相対的医行為があります。後者には，看護師等の医療関連職種の資格のある者が行うほうが好ましい行為と，そのような資格のない者でも行える行為があります。これらはあいまいな表現で，何が相対的医行為なのかが明確にされてきませんでした。そのため，医療従事者の配置が少ない介護の現場においては，さまざまな解釈がされていました。

▶▶ 在宅や施設での医療行為と介護職のかかわりについて

　21世紀になり医療は進歩し，在宅でも福祉施設でも医療依存度の高い要介護者が暮らせるようになりました。しかしそこでは医療職配置が不十分であったり，医療機器等が整っていない現実があり深刻な問題となっていました。

　在宅の介護現場では，人工呼吸器を使用する者等の増加によって，痰の吸引が必要となりました。痰の吸引は頻繁に行う必要があり，それが実施されない場合，生死にかかわることもあります。そこで，どこまでが医療行為で医療従事者が行わなければならないのかが大きな問題になり，一定の医療行為については無資格者であっても，たとえば患者本人や家族が行うことについては，解釈上，違法性が阻却される場合であることが判例で認められるようになりました。その後，介護職や盲・聾・養護学校の教員による痰の吸引等の取り扱いが一定の条件のもとで考えられるようになったのです。

　また，一人暮らしの高齢者宅を訪問した訪問介護員（ホームヘルパー）は，風邪をひいて熱がありそうな利用者の体温をはかったり，利用者の手の届かない部分に薬を塗ったりするなどの行為を特に意識せず，日常生活支援の延長線として行ってきたのではないでしょうか。これらが医療従事者の看護職が行うことなのか，医療従事者でない介護職がやむを得ず行わなければならないことなのかについては，グレーゾーンとして扱われてきました。

　そこで2005（平成17）年に厚生労働省は，在宅の介護現場での混乱がみられたグレーゾーンの行為について，表3-58のとおり，原則的に医行為でない行為として16項目をあげ，さまざまな条件のもとに，原則的には医行為でないことを明文化しました。さらに，2022（令和4）年12月には，インスリン注射の実施にあたっての声かけ，見守り，注射器の片づけなどが，原則的に医行為でないと考えられるものとして新たに示されました。

242

表3-58 ● 原則的に医行為でない行為

① 腋下あるいは外耳道での体温測定
② 自動血圧測定器による血圧測定
③ 動脈血酸素飽和度を測定するためのパルスオキシメータの装着
④ 軽微な切り傷・擦り傷・やけどなどの処置
⑤ 軟膏の塗布（褥瘡の処置を除く）
⑥ 湿布の貼付
⑦ 点眼薬の点眼
⑧ 一包化された内用薬の服用介助（舌下錠の使用も含む）
⑨ 肛門からの座薬挿入
⑩ 鼻腔粘膜への薬剤噴霧
⑪ （爪やその周囲に異常がない場合の）爪切り
⑫ （重度の歯周病等がない場合の日常的な）口腔内の刷掃と清拭
⑬ 耳垢の除去（耳垢塞栓の除去を除く）
⑭ ストマ装具のパウチにたまった排泄物の除去（肌に接着したパウチの取り替えを除く（※））
⑮ 自己導尿を補助するためのカテーテルの準備，体位の保持など
⑯ 市販のディスポーザブルグリセリン浣腸器での浣腸

※：2011（平成23）年，厚生労働省より，安定している患者の場合，パウチの交換は原則として医行為には該当しないとされる通知が出された。
注1：これらが「医行為でない行為」と解釈されるには，通知においてそれぞれに細かな条件が付されており，状況によっては医行為とされる場合もあることに注意する。
　 2：⑤〜⑩は，医師・看護師の判断により状態が安定した患者に対する処置。

▶▶ 特別養護老人ホームの介護職による医療的ケアの位置づけ

　在宅と同様に，介護施設においても高齢化や要介護度の重度化にともない，看取りの立会いが多くなってきました。看取りケアには医療的ケアが重要になります。そこで2010（平成22）年，一定の研修を受けた特別養護老人ホームの介護職が「口腔内（咽頭の手前まで）の痰の吸引」と「胃ろうによる経管栄養（胃ろうの状態確認，チューブ等の接続，注入開始を除く）」を実施することについて，一定の条件のもとにやむを得ない措置として許容する通知が出されました。

　この通知では，こうした行為における標準的手順や医師・看護師・介護職の役割分担について，また介護職が実施するうえで必要とされる条件が細やかに明記されています。

▶▶ 喀痰吸引と経管栄養

　その後，厚生労働省は2010（平成22）年7月に「介護職員等によるたんの吸引等の実施のための制度の在り方に関する検討会」を設置し，12月には報告書がまとめられました。

　これを受けて，2012（平成24）年4月から社会福祉士及び介護福祉士法の一部改正により，一定の研修を受けた介護福祉士および介護職等において，医療や看護との連携により安全確保がはかられていることなど，一定の条件のもとで喀痰吸引と経管栄養の医療的ケアを実施できるようになりました。

6. 生活を支える諸制度
せいかつ ささ しょせいど

❶ 生活保護制度
せいかつ ほ ご せいど

▶▶ 生活保護の実施機関
せいかつ ほ ご じっし きかん

　生活保護（☞第1巻 p.170）は生存権保障のための公的扶助制度で，生活保護法により都
せいかつ ほ ご　　　だい　かん　　　　　　せいぞんけん ほ しょう　　　　　こうてき ふ じょせいど　　　せいかつ ほ ごほう　　と
道府県・市町村の福祉事務所が行うこととされており，生活に困窮し保護を要する者（要
どうふけん　しちょうそん　ふくし じ むしょ　おこな　　　　　　　　　　　せいかつ　こんきゅう　ほ ご　よう　もの　よう
保護者）の居住地を所管する福祉事務所が担当することとされています。
ほ ごしゃ　きょじゅうち　しょかん　ふくし じ むしょ　たんとう

　また，要保護者に居住地がない，あるいは居住地が明らかでない場合には，現に本人が
　　　　ようほ ごしゃ　きょじゅうち　　　　　　　　　　きょじゅうち　あき　　　　　ば あい　　　げん　ほんにん
いる場所（現在地）を所管する福祉事務所が担当します。
ば しょ　げんざいち　しょかん　ふくし じ むしょ　たんとう

▶▶ 生活保護の手続き
せいかつ ほ ご　てつづ

　要保護者は，福祉事務所に保護を申請します。福祉事務所は，申請者の資産状況などを
ようほ ごしゃ　　ふくし じ むしょ　ほ ご　しんせい　　　　　ふくし じ むしょ　　　しんせいしゃ　し さんじょうきょう
調査し，原則として14日以内に，特別な理由がある場合であっても最長で30日以内に
ちょうさ　げんそく　　　　にち い ない　とくべつ　り ゆう　　　ば あい　　　　　　さいちょう　　にち い ない
保護の要否を決定し，支給する保護の内容を通知します。
ほ ご　よう ひ　けってい　し きゅう　ほ ご　ないよう　つうち

　保護の要否は，まず要保護者の世帯の最低生活費を算定し，その最低生活費を世帯の収
ほ ご　よう ひ　　　　ようほ ごしゃ　せたい　さいていせいかつ ひ　さんてい　　　さいていせいかつ ひ　せたい　しゅう
入でまかなえるかで決められます。この最低生活費は厚生労働大臣が定める生活保護基準
にゅう　　　　　　　　　き　　　　　　　　さいていせいかつ ひ　こうせいろうどうだいじん　さだ　せいかつ ほ ご きじゅん
で算定されます。
さんてい

　生活保護基準は，地域，世帯構成，世帯員の年齢，世帯員の状況（障害の有無など）に
せいかつ ほ ご きじゅん　ちいき　せ たいこうせい　せたいいん　ねんれい　せたいいん　じょうきょう　しょうがい　う む
よって金額（月額）が定められており，福祉事務所は，世帯の状況から生活保護基準額に
きんがく　げつがく　さだ　　　　　　　　ふくし じ むしょ　　　せたい　じょうきょう　せいかつ ほ ご きじゅんがく
そって最低生活費を算定し，世帯員の能力や資産等を活用してもこの最低生活費を満たす
さいていせいかつ ひ　さんてい　せたいいん　のうりょく　し さんとう　かつよう　　　　　　さいていせいかつ ひ　み
収入が得られない場合に保護支給となります。
しゅうにゅう　え　　　　　ば あい　ほ ご し きゅう

　保護のために支給される扶助の内容（☞第1巻 p.172）は，状況の変化に応じて変わるの
ほ ご　　　　　　し きゅう　ふ じょ　ないよう　だい　かん　　　　　　じょうきょう　へんか　おう　か
で，生活保護を受給する者（被保護者）は，所得や家族などの状況を福祉事務所に報告す
　　せいかつ ほ ご　じゅきゅう　もの　ひ ほ ごしゃ　　　しょとく　か ぞく　　　じょうきょう　ふくし じ むしょ　ほうこく
ることとされています。なお，生活保護の手続きの流れを図に示すと，図3-33のように
　　　　　　　　　　　　　　　せいかつ ほ ご　てつづ　なが　ず　しめ　　　ず
なります。

▶▶ 自立への支援
じ りつ　し えん

　2013（平成25）年の生活保護法改正により，被保護者の就労による自立の促進をはか
　　　へいせい　　ねん　せいかつ ほ ごほうかいせい　　　　ひ ほ ごしゃ　しゅうろう　　　じ りつ　そくしん
るため就労自立給付金が創設され，そのほかにも，被保護者の健康管理や適切な家計管理
　　　しゅうろうじ りつきゅうふ きん　そうせつ　　　　　　　　　　ひ ほ ごしゃ　けんこうかんり　てきせつ　か けいかんり
を支援する取り組みが進められました。また，子どもの貧困に対応するため，生業扶助と
　し えん　と　く　すす　　　　　　　　　　　　　　　ひんこん　たいおう　　　　　せいぎょう ふ じょ
して高校の入学金・授業料が支給されており，さらに，2018（平成30）年の生活保護法
こうこう　にゅうがくきん　じゅぎょうりょう　し きゅう　　　　　　　　　　　　へいせい　　ねん　せいかつ ほ ごほう
改正により，大学進学のための進学準備給付金も創設されました。
かいせい　　　だいがくしんがく　　　　しんがくじゅんび きゅうふ きん　そうせつ

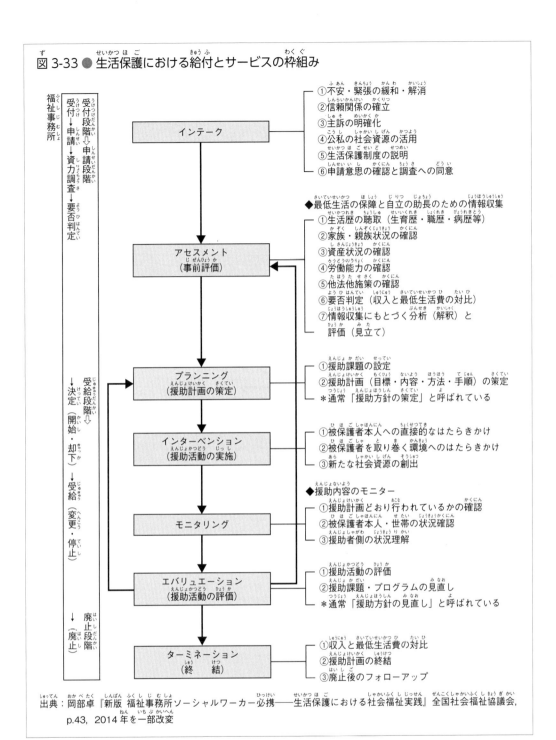

図3-33 ● 生活保護における給付とサービスの枠組み

福祉事務所

受付段階 ⇒ 申請段階
受付 → 申請 → 資力調査・要否判定

受給段階 ⇒
決定（開始・却下）
↓
受給（変更・停止）
↓
廃止段階
↓
（廃止）

インテーク
① 不安・緊張の緩和・解消
② 信頼関係の確立
③ 主訴の明確化
④ 公私の社会資源の活用
⑤ 生活保護制度の説明
⑥ 申請意思の確認と調査への同意

アセスメント（事前評価）
◆最低生活の保障と自立の助長のための情報収集
① 生活歴の聴取（生育歴・職歴・病歴等）
② 家族・親族状況の確認
③ 資産状況の確認
④ 労働能力の確認
⑤ 他法他施策の確認
⑥ 要否判定（収入と最低生活費の対比）
⑦ 情報収集にもとづく分析（解釈）と評価（見立て）

プランニング（援助計画の策定）
① 援助課題の設定
② 援助計画（目標・内容・方法・手順）の策定
＊通常「援助方針の策定」と呼ばれている

インターベンション（援助活動の実施）
① 被保護者本人への直接的なはたらきかけ
② 被保護者を取り巻く環境へのはたらきかけ
③ 新たな社会資源の創出

モニタリング
◆援助内容のモニター
① 援助計画どおり行われているかの確認
② 被保護者本人・世帯の状況確認
③ 援助者側の状況理解

エバリュエーション（援助活動の評価）
① 援助活動の評価
② 援助課題・プログラムの見直し
＊通常「援助方針の見直し」と呼ばれている

ターミネーション（終結）
① 収入と最低生活費の対比
② 援助計画の終結
③ 廃止後のフォローアップ

出典：岡部卓『新版 福祉事務所ソーシャルワーカー必携――生活保護における社会福祉実践』全国社会福祉協議会，p.43，2014年を一部改変

▶▶ 不服申し立て制度

　福祉事務所が行った保護に関する決定について不服がある場合には，不服申し立てができます。生活保護法では，図 3-34 のとおり，福祉事務所の決定に不服がある場合には都道府県知事に審査請求を行い，都道府県知事は，①行政不服審査法の規定による諮問をする場合は 70 日，②それ以外の場合は 50 日以内に裁決することとされています。都道府県知事の裁決に不服がある場合には，厚生労働大臣に再審査請求を行うことができ，厚生労働大臣は 70 日以内に裁決することとされています。なお，生活保護の取消訴訟は，都道府県知事の裁決を経たあとでなければ裁判所に提訴できないこととされています。

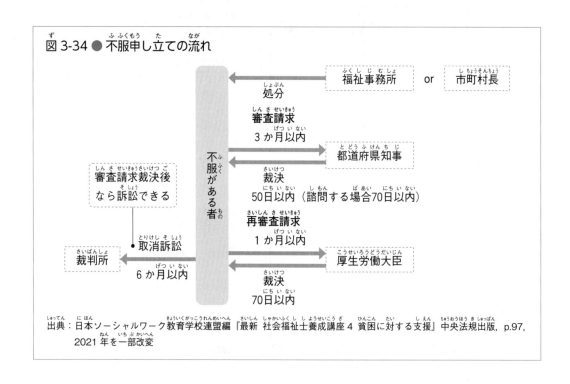

図 3-34 ● 不服申し立ての流れ

出典：日本ソーシャルワーク教育学校連盟編『最新　社会福祉士養成講座 4　貧困に対する支援』中央法規出版，p.97，2021 年を一部改変

▶▶ 保護施設

　居宅での保護がむずかしい場合や医療や訓練が必要な場合には，保護施設を利用します。生活保護法が規定している保護施設は表 3-59 のとおりです。救護施設および更生施設では生活扶助を，宿所提供施設では住宅扶助を，現物給付として行っています。

表 3-59 ● 保護施設の概要

施設の種類	施設の目的および対象者
救護施設	身体上または精神上いちじるしい障害があるために日常生活を営むことが困難な要保護者を入所させて，生活扶助を行う。
更生施設	身体上または精神上の理由により養護および生活指導を必要とする要保護者を入所させて，生活扶助を行う。
医療保護施設	医療を必要とする要保護者に対して医療の給付を行う。
授産施設	身体上もしくは精神上の理由または世帯の事情により就業能力の限られている要保護者に対して，就労または技能の修得に必要な機会および便宜を与えて，その自立を助長する。
宿所提供施設	住居のない要保護者の世帯に対して，住宅扶助を行う。

▶▶ 生活困窮者自立支援法

　生活困窮者自立支援法は，生活保護に代表される生活のセーフティネットをさらに多層化するとともに，公的部門だけでなく，地域で多様な主体により生活困窮者の自立を促進することを目的に，2015（平成 27）年から施行されています。実施主体は福祉事務所を設置している自治体（都道府県，市町村）とされていますが，実際の支援は，自治体の委託を受けて，社会福祉法人，一般社団法人，一般財団法人，特定非営利活動法人等多様な事業者がになっており，支援は，おもに生活保護にいたる前の段階の生活困窮者を対象としています。

　自立相談支援事業や住居確保給付金支給は必須事業ですが，就労準備支援事業と家計改善支援事業は，それぞれの地域に応じて取り組むよう努めるものとされています。事業の概要は，図 3-35 のとおりです。

　近年，子どもの貧困が大きな社会問題となっていることから，子どもの学習・生活支援事業などの子ども支援に積極的に取り組むことが求められています。

図 3-35 ● 生活困窮者自立支援制度の概要

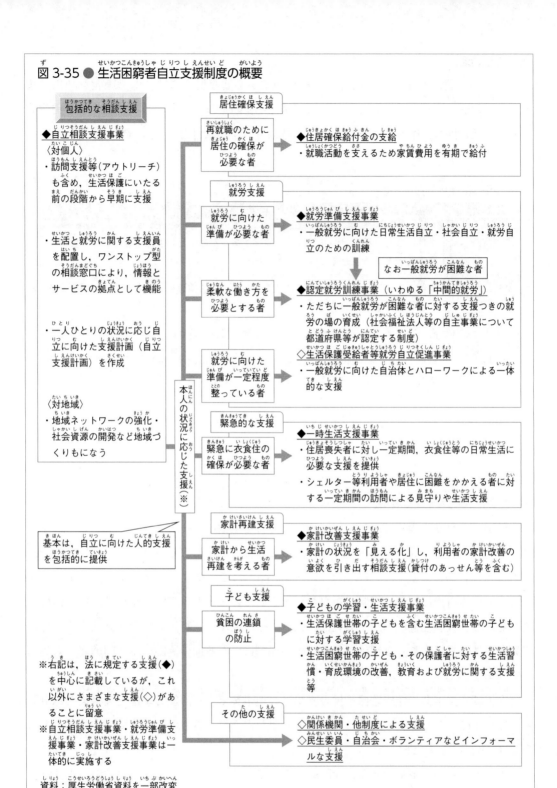

包括的な相談支援

◆自立相談支援事業
〈対個人〉
・訪問支援等（アウトリーチ）も含め、生活保護にいたる前の段階から早期に支援

・生活と就労に関する支援員を配置し、ワンストップ型の相談窓口により、情報とサービスの拠点として機能

・一人ひとりの状況に応じ自立に向けた支援計画（自立支援計画）を作成

〈対地域〉
・地域ネットワークの強化・社会資源の開発など地域づくりにもなう

本人の状況に応じた支援（※）

基本は、自立に向けた人的支援を包括的に提供

※右記は、法に規定する支援（◆）を中心に記載しているが、これ以外にさまざまな支援（◇）があることに留意
※自立相談支援事業・就労準備支援事業・家計改善支援事業は一体的に実施する

居住確保支援

再就職のために居住の確保が必要な者
→ ◆住居確保給付金の支給
・就職活動を支えるため家賃費用を有期で給付

就労支援

就労に向けた準備が必要な者
→ ◆就労準備支援事業
・一般就労に向けた日常生活自立・社会自立・就労自立のための訓練

なお一般就労が困難な者

柔軟な働き方を必要とする者
→ ◆認定就労訓練事業（いわゆる「中間的就労」）
・ただちに一般就労が困難な者に対する支援つきの就労の場の育成（社会福祉法人等の自主事業について都道府県等が認定する制度）

就労に向けた準備が一定程度整っている者
◇生活保護受給者等就労自立促進事業
・一般就労に向けた自治体とハローワークによる一体的な支援

緊急的な支援

緊急に衣食住の確保が必要な者
→ ◆一時生活支援事業
・住居喪失者に対し一定期間、衣食住等の日常生活に必要な支援を提供
・シェルター等利用者や居住に困難をかかえる者に対する一定期間の訪問による見守りや生活支援

家計再建支援

家計から生活再建を考える者
→ ◆家計改善支援事業
・家計の状況を「見える化」し、利用者の家計改善の意欲を引き出す相談支援（貸付のあっせん等を含む）

子ども支援

貧困の連鎖の防止
→ ◆子どもの学習・生活支援事業
・生活保護世帯の子どもを含む生活困窮世帯の子どもに対する学習支援
・生活困窮世帯の子ども・その保護者に対する生活習慣・育成環境の改善、教育および就労に関する支援等

その他の支援

◇関係機関・他制度による支援
◇民生委員・自治会・ボランティアなどインフォーマルな支援

資料：厚生労働省資料を一部改変

❷ 福祉資金制度

▶▶ 福祉資金とは

　低所得者，障害者，高齢者，ひとり親世帯などに対し，その経済的自立と生活意欲の助長促進，在宅福祉と社会参加の促進をはかり，安定した生活を確保するための資金として，福祉資金を融資するのが福祉資金貸付制度です。そのおもなものとして，生活福祉資金と母子父子寡婦福祉資金があります。

▶▶ 生活福祉資金

　生活福祉資金の資金貸付のおもな種類と貸付限度額は表3-60のとおりです。

表 3-60 ● 生活福祉資金のおもな種類と貸付限度額（原則）

2022（令和4）年4月現在

資金の種類		貸付限度額
総合支援資金	生活支援費	（2人以上）月20万円以内 （単身）　　月15万円以内
	住宅入居費	40万円以内
	一時生活再建費	60万円以内
福祉資金	福祉費	580万円以内 ※資金の用途に応じて上限目安額を設定
	緊急小口資金	10万円以内
教育支援資金	教育支援費	〈高校〉月3.5万円以内 〈高専〉月6万円以内 〈短大〉月6万円以内 〈大学〉月6.5万円以内 ※特に必要と認める場合は，上記各上限額の1.5倍まで貸付可能
	就学支度費	50万円以内
不動産担保型生活資金	不動産担保型生活資金	・土地の評価額の70%程度 ・月30万円以内
	要保護世帯向け不動産担保型生活資金	・土地と建物の評価額の70%程度（集合住宅の場合は50%） ・生活扶助額の1.5倍以内

出典：厚生労働統計協会編『国民の福祉と介護の動向2022／2023』厚生労働統計協会，pp.252-253，2022年を一部改変

生活福祉資金貸付制度は都道府県社会福祉協議会が実施主体ですが，資金貸付の書類交付や受付の窓口は市町村社会福祉協議会が担当しており，原則として融資希望者の地区担当民生委員の助言指導のもとに融資を受けて，償還することとされています。なお，生活保護の被保護者の借り入れも特例として認められています。2020（令和2）年以降，新型コロナウイルス感染症の影響で，休業や失業により生活資金に困窮している世帯が急増したことから，2020（令和2）～ 2021（令和3）年度に，これらの世帯を対象とした緊急貸付（緊急小口資金・総合支援資金）が実施されました。

▶▶ 母子父子寡婦福祉資金

母子父子寡婦福祉資金とは，ひとり親家庭やその子ども，寡婦などに対して資金の融資を行うもので，都道府県・指定都市・中核市が実施主体ですが，窓口は福祉事務所となっています。

貸付資金の種類とおもな対象は表3-61 のとおりです。

表 3-61 ● 母子父子寡婦福祉資金の種類とおもな対象

2022（令和4）年度

資金の種類	おもな貸付対象者
事業開始資金	母子家庭の母，父子家庭の父，母子・父子福祉団体，寡婦
事業継続資金	母子家庭の母，父子家庭の父，母子・父子福祉団体，寡婦
修学資金	母子家庭の母が扶養する児童，父子家庭の父が扶養する児童，父母のいない児童，寡婦が扶養する子
技能習得資金	母子家庭の母，父子家庭の父，寡婦
修業資金	母子家庭の母が扶養する児童，父子家庭の父が扶養する児童，父母のいない児童，寡婦が扶養する子
就職支度資金	母子家庭の母または児童，父子家庭の父または児童，父母のいない児童，寡婦
医療介護資金	母子家庭の母または児童（介護の場合は児童を除く），父子家庭の父または児童（介護の場合は児童を除く），寡婦
生活資金	母子家庭の母，父子家庭の父，寡婦
住宅資金	母子家庭の母，父子家庭の父，寡婦
転宅資金	母子家庭の母，父子家庭の父，寡婦
就学支度資金	母子家庭の母が扶養する児童，父子家庭の父が扶養する児童，父母のいない児童，寡婦が扶養する子
結婚資金	母子家庭の母，父子家庭の父，寡婦

出典：厚生労働統計協会編『国民の福祉と介護の動向 2022 ／ 2023』厚生労働統計協会，pp.145-146，2022 年を一部改変

7. 住生活を支援する諸制度

❶ 福祉施設による生活の場の確保

▶▶ 養護老人ホーム

　養護老人ホームは，「65歳以上の者であって，環境上の理由及び経済的理由により居宅において養護を受けることが困難なもの」（老人福祉法第11条第1項第1号）を「入所させ，養護するとともに，その者が自立した日常生活を営み，社会的活動に参加するために必要な指導及び訓練その他の援助を行うことを目的とする施設」（同法第20条の4）です。利用は市町村の措置によって入所し，利用者負担は応能負担となります。

▶▶ 軽費老人ホーム（ケアハウス）

　「無料又は低額な料金で，老人を入所させ，食事の提供その他日常生活上必要な便宜を供与することを目的とする施設」（老人福祉法第20条の6）で，60歳以上の高齢者（夫婦で入所する場合はいずれかが60歳以上）が利用対象です。また，「身体機能の低下等により自立した日常生活を営むことについて不安があると認められる者であって，家族による援助を受けることが困難な者」であることが要件とされています。利用方法は利用者と施設の契約です。

　なお，軽費老人ホームはA型（食事が提供される），B型（自炊），ケアハウス（食事の提供とともに，構造を車いす等でも生活できるバリアフリー構造にすることとされている）の3つのタイプに分類されます。2008（平成20）年からは，軽費老人ホームはケアハウスに一元化する方向で整備が進められており，A型・B型については経過的な位置づけとされ，新設は基本的に認められていません。なお，2010（平成22）年には，都市部における主として要介護度の低い低所得高齢者の居住確保のための都市型軽費老人ホームが創設されています。

▶▶ 福祉ホーム

　障害者の生活の場として設置されるのが福祉ホームです。福祉ホームは，「現に住居を求めている障害者につき，低額な料金で，居室その他の設備を利用させるとともに，日常生活に必要な便宜を供与する施設」（障害者の日常生活及び社会生活を総合的に支援するための法律（障害者総合支援法）第5条第28項）と規定されています。障害者総合支援法による都道府県地域生活支援事業および市町村地域生活支援事業の任意事業の1つに設定されており，対象者は，家庭環境，住宅事情等から居宅において生活することが困難な障害者です。利用方法は利用者と施設の契約によります。

▶▶ 生活支援ハウス（高齢者生活福祉センター）

　生活支援ハウスは，高齢者に対して，介護支援機能，居住機能および交流機能を総合的に提供する施設で，指定通所介護事業所となる老人デイサービスセンターまたは通所リハビリテーション事業を行う介護老人保健施設（通所部門）に居住部門（おおむね10人程度で，上限は20人）を併設したもの，または，通所部門の隣地に整備した小規模多機能施設のことです。

　利用方法は施設と利用者の契約によることが一般的です。居住部門は心身のハンディキャップに配慮した構造とすることとなっており，提供するサービスとしては，居住部門では利用者への相談，助言および緊急時の対応をするほか，介護サービスおよび保健福祉サービスの利用手続きを援助します。

　なお，必要な介護の提供や通所部門の利用は介護保険制度を利用することとなります。また，利用者と地域住民との交流促進の事業にも取り組むこととされており，高齢者が安心して健康で明るい生活を送れるよう支援します。

▶▶ 有料老人ホーム

　有料老人ホームは，「老人を入居させ，入浴，排せつ若しくは食事の介護，食事の提供又はその他の日常生活上必要な便宜であって厚生労働省令で定めるものの供与をする事業を行う施設」（老人福祉法第29条第1項）と規定されています。その形態はマンションタイプから介護提供タイプまでさまざまです。また，設置・経営主体の制限がないため，社会福祉法人だけでなく，公益法人から営利企業まで多様な主体が設置・運営しています。

　有料老人ホームについては，設置者はあらかじめ都道府県知事に施設の内容を届け出ることが義務づけられており，都道府県知事は必要に応じて調査し，帳簿の作成・保存，情報開示等についての違反や入居者への不当な行為等を認めたときは，設置者に改善を命令できます。2018（平成30）年度からは悪質な有料老人ホームには業務停止命令を行うことが可能となり，前払金保全措置の義務の対象拡大が実施されています。2020（令和2）年には有料老人ホームとサービス付き高齢者向け住宅の設置状況を介護保険事業（支援）計画に記載するよう努めることと，有料老人ホームの設置状況を都道府県と市町村で情報共有することが，法的に規定されました。

　なお，全国有料老人ホーム協会が設立されており，有料老人ホームの健全な発展に資する活動を行うとともに，利用者からの苦情解決の受付などの利用者保護の取り組みを推進しています。

▶▶ 社会福祉住居施設・日常生活支援住居施設

　無料低額宿泊所や，いわゆる無届け施設のなかには，劣悪な居住環境の施設や，サービスに見合わない多額の宿泊料やサービス利用料を徴収する「貧困ビジネス」と呼ばれる施

設があり，問題になりました。こうした貧困ビジネスを行う施設への規制を強化するとともに，単独での居住が困難な被保護者への日常生活上の支援を行うため，2018（平成30）年，社会福祉法の改正により社会福祉住居施設が，生活保護法の改正により日常生活支援住居施設が制度上位置づけられました（2020（令和2）年4月施行）。

　社会福祉住居施設が制度化されたことで，無料低額宿泊所について，利用者に適切な住環境を提供する最低基準が定められ，設置や改善命令の手続きが明確になりました。また，日常生活支援住居施設は，無料低額宿泊所等のなかでも，日常生活上の支援について厚生労働省令で定める要件に該当すると認められた施設として位置づけています。福祉事務所は，単独での居住が困難と認められる被保護者への日常生活上の支援を日常生活支援住居施設に委託して，その費用を負担することができるとされています。

❷ 住宅の確保の支援

▶▶ 公営住宅

　公営住宅は，公営住宅法により，地方公共団体が整備する住宅です。公営住宅の目的は，住宅に困窮する低所得者に健康で文化的な生活を提供することとされています。このため，高齢者世帯，障害者世帯，母子世帯などを対象とした特定目的住宅が整備されており，こうした特定目的住宅については居室のバリアフリー化，スロープやエレベーターの設置などの配慮がなされています。また，高齢者などの入居対象世帯については住宅困窮度が高いことから，優先入居などの取り扱いをすることとされています。さらに，特定目的住宅以外の一般公営住宅についても，障害者等の社会的ハンディキャップのある住宅困窮者については優先的な入居の取り扱いが設定され，家賃の減免などでも特別な措置がされています。

▶▶ シルバーハウジング

　シルバーハウジングとは，住宅サービスと保健福祉サービスの連携により，高齢者や障害者などに配慮したバリアフリー化された公営住宅等と，生活援助員（ライフサポートアドバイザー：LSA）による生活相談・緊急時対応等のサービスをあわせて提供するもので，60歳以上の高齢者単身世帯や高齢者夫婦世帯などを対象としています。

▶▶ 高齢者の居住の安定確保に関する法律（高齢者住まい法）による住宅支援

2001（平成13）年に公布された高齢者の居住の安定確保に関する法律（高齢者住まい法）は，良好な居住環境を備えた高齢者向け住宅の供給を促進するため，高齢者円滑入居賃貸住宅の供給促進などを進めてきました。しかし，医療・介護事業者との連携の不十分さなどが指摘され，2011（平成23）年4月には同法が一部改正され，同年10月より高齢者の居住の安定を確保するため，バリアフリー構造を有し，介護・医療と連携して高齢者を支援するサービスを提供するサービス付き高齢者向け住宅³⁸（➡ p.270 参照）の登録制度が創設されました。この法改正にともない，高齢者円滑入居賃貸住宅の登録制度や，高齢者専用賃貸住宅の登録制度，高齢者向け優良賃貸住宅の認定制度は廃止となりました。

有料老人ホームに該当するサービスを提供するサービス付き高齢者向け住宅については，介護保険の住所地特例（☞第1巻 p.62）の対象となっています。

▶▶ 住宅確保要配慮者に対する賃貸住宅の供給の促進に関する法律（住宅セーフティネット法）による住宅支援

住宅確保要配慮者に対する賃貸住宅の供給の促進に関する法律（住宅セーフティネット法）は，2007（平成19）年に住宅セーフティネット機能を構築するために制定されました。おもに，高齢者，低所得者，子育て世帯などの住宅確保要配慮者に公的賃貸住宅などの住居を提供します。

この住宅セーフティネット機能をさらに強化するために，2017（平成29）年の法改正により，以下の内容が盛りこまれました（表3-62）。

表 3-62 ● 住宅セーフティネット法の改正のおもな内容

(1) 地方公共団体による住宅確保要配慮者向け賃貸住宅の供給促進計画の策定
(2) 住宅確保要配慮者の入居を拒まない賃貸住宅の登録制度
  ① 住宅確保要配慮者の入居を拒まない賃貸住宅の登録制度を創設
  ② 登録住宅の情報開示・賃貸人の監督
  ③ 登録住宅の改修費を住宅金融支援機構の融資対象に追加
(3) 住宅確保要配慮者の入居円滑化
  ① 住宅確保要配慮者の円滑な入居を支援する活動を公正かつ適確に行うことができる法人を居住支援法人として指定すること
  ② 生活保護受給者の住宅扶助費等の代理納付（※）を推進するための措置を講ずること
  ③ 適正に家賃債務保証を行う業者について住宅金融支援機構による保険の引き受けを可能とすること

※：本来，生活保護受給者が賃貸人に支払うべき家賃等を，保護の実施機関が賃貸人に直接支払うこと

---

❸ 高齢者，障害者等の移動等の円滑化の促進に関する法律（バリアフリー法） ::::::::

　高齢者，障害者等の移動等の円滑化の促進に関する法律（バリアフリー法）は，高齢者や障害者等の自立した日常生活や社会生活を確保するため，公共交通機関，道路，建築物などを一体的にバリアフリー化し，高齢者や障害者等の移動上および施設の利用上の利便性と安全性を向上させることを目的として，2006（平成18）年に公布されました。

　この法律は，1994（平成6）年に公布され不特定多数が利用する建築物のバリアフリー化をはかった高齢者，身体障害者等が円滑に利用できる特定建築物の建築の促進に関する法律（ハートビル法）と，2000（平成12）年に公布され公共交通機関等のバリアフリー化をはかった高齢者，身体障害者等の公共交通機関を利用した移動の円滑化の促進に関する法律（交通バリアフリー法）を統合したものです。

　バリアフリー法では，建築物については，移動等円滑化基準（バリアフリー化の最低レベル）と移動等円滑化誘導基準（バリアフリー化の望ましいレベル）が設定され，その基準に適合することでだれでも利用できるようにするとともに，公共交通機関や道路などと一体的に環境を整備することで，ユニバーサルデザイン⁵⁹（→ p.270 参照）の促進をはかることとしています。

　2018（平成30）年には，障害者権利条約の批准などによる社会的要請の高まりを受けて，表 3-63 のような法改正が行われました。

　高齢者，障害者等の社会参加の促進には，公共性のある建築物を高齢者や障害者等が円滑に，安全に利用できることが求められることから，生活の場である住環境だけでなく，社会全体での環境整備も求められます。

表 3-63 ● バリアフリー法の改正のおもな内容

・「共生社会の実現」「社会的障壁の除去」を基本理念に明確化
・「心のバリアフリー」として，高齢者や障害者等に関する支援（鉄道利用者による声かけ等）を明記
・バリアフリーのまちづくりに向けた地域における取り組みの強化（市町村がバリアフリー方針を定めるマスタープラン制度の創設など）
・さらなる利用しやすさの確保に向けたさまざまな施策の充実（貸し切りバス・遊覧船等の導入時におけるバリアフリー基準適合の義務化，建築物等のバリアフリー情報の提供の努力義務化など）

学習のポイント 重要事項を確認しよう！

第1節 社会と生活のしくみ

■家族

● アメリカの社会人類学者であるマードック（Murdock, G.P.）は，人間社会に関する多数のデータ比較をふまえ，家族のもっとも基礎的なユニットとして夫婦と未婚の子どもたちからなる核家族の概念を提唱しました。 → p.107

● 現実の家族をその外面的特徴により分類する場合，「夫婦家族」「直系家族」「複合家族」という3つの分類が得られます。 → p.108

■地域

● 地域がもつ空間的広がりに社会的なつながりや生活の共同が認められ，相対的なまとまりをもつ場合，それを地域社会と呼びます。 → p.112

■ライフスタイルの変化

● 生命をもつものの一生の生活にみられる規則的な推移をライフサイクルといいます。 → p.120

● 個人の人生に焦点をあて，その人生の軌跡を家族歴・教育歴・職業歴・社会活動歴といった複数の経歴の束としてとらえるライフコースという概念が登場しています。 → p.120

● ジェンダーとは，社会的・文化的に形成された性差，すなわち，その時代や社会における「男らしさ」や「女らしさ」とみなされるもので，私たちのライフスタイルの選択にも大きな影響を与えています。 → p.122

第2節 地域共生社会の実現に向けた制度や施策

■地域共生社会とは

● 地域共生社会の実現に向け，介護職には，単に目の前にいる介護サービスの利用者だけではなく，その家族全体を丸ごととらえた支援，他職種との連携，地域づくりへの提言，施設や事業所における地域貢献への取り組みなどが期待されています。 → p.128

■地域包括ケアシステムとは

● 地域包括ケアシステムの理念とは，介護が必要になったとしても，保健，医療，福祉といった専門的なサービスの切れ目ない提供とともに，ボラン

ティアや近隣の友人知人からの助けも得ながら，住み慣れた地域で暮らし
つづけられることをめざすことだといえます。 → p.130
- 地域包括ケアシステムには，①医療，②介護，③予防，④住まい，⑤生活
支援の5つの要素が含まれると考えられています。 → p.130

第3節 社会保障制度

■社会保障の概念・範囲
- 私たちが生活を送るうえで発生した問題に対して，制度を利用して対応す
る方法が準備されており，この制度が社会保障制度です。 → p.133
- 金銭の給付，医療の提供，社会福祉の提供の3つによって社会保障は構
成されています。 → p.135

■社会保障の意義・役割
- 人々が人生を送るうえで直面するであろう不測の事態を予測し，それに備
えるべく設けられた制度が社会保障制度です。 → p.141

■社会保障の目的・機能
- 社会保障制度全体に共通する普遍的な目的は，生活の安定・生活の保障と
個人の尊厳の保持・自立支援です。 → p.142
- 社会保障の機能として，①生活安定・向上機能，②所得再分配機能，③家
族機能の支援・代替機能，④経済安定機能の4つがあげられます。 → p.144

■日本の社会保障制度のしくみ
- 社会保障制度の負担と給付のしくみとして，社会保険方式と社会扶助方式
の2つがあります。 → p.148

■年金保険
- 年金保険とは，所得を保障して経済的に支えるしくみのことをいいます。 → p.152

■医療保険
- 医療保険とは，疾病などで治療が必要になった場合の医療費を保障するた
めにあらかじめ保険料を拠出しておくことで，実際に医療費が必要になっ
た場合に一定部分を保険から給付するしくみのことです。 → p.158
- 被保険者がサラリーマン（被用者）の場合の医療保険を健康保険といいま
す。 → p.159
- 国民健康保険は，自営業者，農林水産業従事者，パート労働者，さらには
無職や失業中の人々が被保険者となります。 → p.160

■後期高齢者医療制度
- 後期高齢者医療制度の被保険者は，後期高齢者医療広域連合の区域内に住
所を有する者であり，①75歳以上の後期高齢者，②65歳以上75歳未

満の者で，一定の障害の状態にあると後期高齢者医療広域連合の認定を受

けたものとされています。 → p.163

■雇用保険

- 雇用保険は，労働者の生活と雇用の安定をはかるために，失業の予防，雇
用状態の是正および雇用機会の増大，労働者の能力の開発とその向上，そ
の他労働者の福祉の増進をはかることを目的とした社会保険の１つです。 → p.164
- 雇用保険の保険者は政府であり，雇用保険の加入者，つまり被保険者は業
種，規模にかかわらず全産業（一部任意適用もある）の労働者に適用され，
事業主に被保険者の届出義務があります。 → p.164

■労働者災害補償保険

- 労働者災害補償保険は，業務が原因であるか，もしくは通勤途中に起きた
労働者の負傷，疾病，障害，死亡などに対してすばやくかつ公正な保護を
するため，必要な保険給付や社会復帰を促進するための事業などを行いま
す。 → p.167
- 労働者災害補償保険は政府が管掌しています。 → p.167
- 労働者災害補償保険は労働者個人単位の加入ではなく，事業所単位での加
入であるため，被保険者という概念はありません。 → p.167

■公的扶助

- 日本において公的扶助をになっている制度は生活保護です。 → p.170

■社会手当

- 日本における社会手当は，児童手当，児童扶養手当，特別児童扶養手当，
特別障害者手当，障害児福祉手当などから構成されています。 → p.174

■社会福祉

- 日本の社会福祉法制は日本国憲法を根拠としつつ，福祉六法といった中心
的な社会福祉を規定する各法と，それらを束ねる社会福祉法，さらにはそ
こから派生してきた諸法とからなります。 → p.177
- 地域福祉とは，福祉ニーズをかかえるような状況になったとしても，家族
や近隣住民あるいは友人関係などといった社会関係を維持したまま福祉
サービスを利用し，その利用者の福祉の向上をめざすものです。 → p.182

第4節 障害者総合支援制度

■障害の種類と定義

- 障害の定義については，国際的には世界保健機関（WHO）が 1980 年に
公表した国際障害分類（ICIDH）と，2001 年にその改定版として取りま
とめられた国際生活機能分類（ICF）によって示されています。 → p.184

■障害者自立支援法から障害者総合支援法へ

● 障害者総合支援法では，障害者の定義に新たに難病などを加え，従来の「障害程度区分」の名称を「障害支援区分」に改めるとともに，重度の障害者への訪問介護の対象を拡大し，共同生活を行う共同生活介護（ケアホーム），共同生活援助（グループホーム）を一元化しました。また，障害者支援施設の障害者や精神科病院の精神障害者に加え，地域移行支援の対象者の拡大もはかられました。　　→ p.187

■サービスの種類と内容

● 障害者総合支援法で提供されるサービスは，①自立支援給付と②地域生活支援事業の２種類に分けられます。　　→ p.188

■サービス利用の流れ

● 介護給付については，障害支援区分認定を経たあと，訓練等給付は障害支援区分認定を経ずに，サービス利用希望者からの意向聴取をふまえて，サービス等利用計画案が作成されます。　　→ p.194

● 支給決定を受けた障害者等には，その内容を記した受給者証が交付され，決定内容にそってサービス事業者と契約を結び，サービス利用を開始します。これを利用契約制度といいます。　　→ p.194

■障害者総合支援制度における事業者

● 事業者は，提供するサービスごとに，市町村長あるいは都道府県知事による事業者指定を受けなければなりません。　　→ p.203

● 利用者本位のサービスを提供するため，苦情相談窓口を設けて，利用者からのさまざまな苦情を受け付けることが，すべての事業者に求められています。　　→ p.203

■障害者総合支援制度における組織・団体の機能と役割

● 国は，市町村および都道府県に対する必要な助言，情報の提供，その他の援助を行うことが役割とされています。　　→ p.205

● 都道府県は，障害者基本法にもとづき都道府県障害者計画を作成し，審議会その他の合議制の機関の設置と運営をになります。また，障害者総合支援法により都道府県障害福祉計画を，児童福祉法により都道府県障害児福祉計画を作成し，市町村の事業実施状況を把握し，市町村への制度実施上の情報提供や助言を行います。　　→ p.205

● 市町村は，障害者基本法にもとづき市町村障害者計画を，障害者総合支援法により市町村障害福祉計画を，児童福祉法により市町村障害児福祉計画を作成し，それにもとづき障害福祉サービスや障害児通所支援などを実施します。障害者総合支援法においては，市町村が基本的な制度運用の責任をもち，身体・知的・精神（発達障害を含む）の３障害を含め，基本的

な障害福祉サービスの実施主体となっています。 → p.206

第5節 介護実践にかかわる諸制度

■サービスの利用にかかわる諸制度

● 日常生活自立支援事業は，社会福祉法に福祉サービス利用援助事業として規定され，認知症高齢者，知的障害者，精神障害者などのうち判断能力が不十分な人が地域において自立した生活を送ることができるように，本人との契約にもとづき，福祉サービスの利用援助などを行うものです。 → p.214

● 成年後見制度は，判断能力の不十分な成年者（認知症高齢者，知的障害者，精神障害者など）を保護するための制度です。 → p.216

● 成年後見制度には，法定後見制度と任意後見制度の2つがあり，法定後見制度は，判断能力の程度など本人の事情に応じて後見，保佐，補助の3つに支援内容が分けられています。 → p.216

■虐待防止の諸制度

● 高齢者虐待を防止し，高齢者の権利利益の擁護と養護者の支援の促進を目的として，2005（平成17）年に高齢者虐待の防止，高齢者の養護者に対する支援等に関する法律（高齢者虐待防止法）が公布され，2006（平成18）年から施行されました。 → p.220

● 高齢者虐待は，「養護者による高齢者虐待」と「養介護施設従事者等による高齢者虐待」の2つに分けられています。 → p.220

● 高齢者虐待防止法では，高齢者虐待を発見しやすい立場にある機関および専門職は，その立場を自覚し，高齢者虐待の早期発見に努めなければならないとされています。 → p.221

● 障害者虐待防止法の対象は，障害者基本法に定められている障害者です。障害者虐待防止法における障害者虐待とは，①養護者による障害者虐待，②障害者福祉施設従事者等による障害者虐待，③使用者による障害者虐待，と規定されています。 → p.223

● 児童虐待とは，保護者（親権を行う者，未成年後見人その他の者で，児童を現に監護するもの）がその監護する児童（18歳に満たない者）に対して行う，①身体的虐待，②性的虐待，③ネグレクト，④心理的虐待の4つの種類の行為をいいます。 → p.225

■人々の権利を擁護するその他の諸制度

● 秘密保持や個人情報保護は，職員が個人レベルで守ればよいというものではなく，サービスを提供している事業所である組織も必ず守らなければいけません。 → p.228

■保健医療にかかわる諸制度

- 近年の日本では，生活習慣病にならないための健康づくりが重視されています。 → p.234
- 生活習慣を改善して国民の健康を増進し，生活習慣病を予防することに重点をおいた新しい健康づくりの総合計画として策定されたのが21世紀における国民健康づくり運動（健康日本21）です。 → p.234

■生活を支える諸制度

- 生活保護は生存権保障のための公的扶助制度で，生活保護法により都道府県・市町村の福祉事務所が行うこととされており，生活に困窮し保護を要する者（要保護者）の居住地を所管する福祉事務所が担当することとされています。 → p.244
- 福祉事務所が行った保護に関する決定について不服がある場合には，不服申し立てができます。 → p.246
- 低所得者，障害者，高齢者，ひとり親世帯などに対し，その経済的自立と生活意欲の助長促進，在宅福祉と社会参加の促進をはかり，安定した生活を確保するための資金として，福祉資金を融資するのが福祉資金貸付制度です。 → p.249

1 家庭

かてい
➡ p.102 参照

家族の日常的な生活が営まれる場。介護活動の場としての家庭は，高齢者や障害のある人にとって長年住み慣れた場所であり，気をつかう必要がないこと，自分の責任で生活が送れるなどの点で非常にすぐれた面をもっている。

2 家族

かぞく
➡ p.103 参照

基本的には「夫婦を中核とし，親子，きょうだいなどの近親者を構成員とする血縁的小集団」をいう。同一戸籍ないし同一住居，生計をともにする，生活福祉追求の集団。家族員は共通家族意識をもち，相互の感情的結びつきが深いといえる。

3 世帯

せたい
➡ p.103 参照

住居と生計をともにする人々の集団，または独立して住居を維持もしくは生計を営む単身者をさす。行政上の調査などにおいて，国民の生活の単位を表すための行政用語。

4 ドメスティック・バイオレンス（DV）

どめすてぃっく・ばいおれんす（ディーブイ）
➡ p.106 参照

直訳すると「家庭内暴力」であるが，女性運動においては，「夫，恋人など親密な関係にある男性から女性に対する暴力」と定義され，「親密な関係」の範疇には，配偶者である夫に限らず，元夫，交際相手，元交際相手，婚約者など幅広い関係が含まれる，とされている。

5 核家族

かくかぞく
➡ p.107 参照

夫婦と未婚の子からなる家族を基本として，片親と未婚の子からなるもの，夫婦のみからなるもの，を含む。日本では，昭和30年代から急激に核家族化の傾向が進展し，厚生労働省の「令和3年 国民生活基礎調査」によると，核家族世帯数は全世帯数の約60％を占める。

6 特定非営利活動促進法

とくていひえいりかつどうそくしんほう
➡ p.115 参照

特定非営利活動を行う団体に法人格を付与することなどにより，ボランティア活動をはじめとする市民が行う自由な社会貢献活動としての特定非営利活動の健全な発展を促進し，公益の増進に寄与することを目的

とする法律。

7 NPO

エヌピーオー
➡ p.115 参照

Non-Profit Organization の略。広義には民間非営利組織といわれるもので、社会福祉協議会、ボランティア団体、福祉公社、協同組合など、営利を目的としない団体をさす。法的には、特定非営利活動促進法により、特定非営利活動を行う団体に法人格が付与され、その活動の推進がはかられている。

8 逆機能

ぎゃくきのう
➡ p.118 参照

ある社会システムが社会全体に対してマイナスの影響を与える場合には「逆機能」、プラスの貢献をする場合には「順機能」という。

9 QOL

キューオーエル
➡ p.119 参照

Quality of Life の略。「生活の質」「人生の質」「生命の質」などと訳される。一般的な考えは、生活者の満足感・安定感・幸福感を規定している諸要因の質のこと。諸要因の一方に生活者自身の意識構造、もう一方に生活の場の諸環境があると考えられる。

10 共同募金

きょうどうぼきん
➡ p.126 参照

社会福祉法にもとづき、毎年行われる寄附金の募集。寄附の募集は都道府県の区域単位で行われ、集めた寄附金は、区域内で社会福祉を目的とする事業を経営する者に配布される。「赤い羽根共同募金」として知られ、共同募金事業を行うことを目的として設立される社会福祉法人である共同募金会が行い、第1種社会福祉事業とされている。

11 クラウドファンディング

くらうどふぁんでぃんぐ
➡ p.126 参照

群衆（crowd）と資金調達（funding）を組み合わせた造語であり、一般的には、不特定多数の人がインターネットを経由して個人や組織などに対して財源の提供・協力を行うことをいう。新しい資金調達の方法として注目されている。

12 公助

こうじょ
➡ p.130 参照

租税を財源とし、行政の責任により実施される支援策をさす。たとえば、老人福祉制度や生活保護制度によるものなど。

13 共助

きょうじょ
➡ p.130 参照

社会保険制度，すなわち介護保険制度や医療保険制度・年金保険制度による給付（サービス）をさす。

14 互助

ごじょ
➡ p.130 参照

近隣や知人，親族などによるさまざまな支援。ボランティア組織・地域の団体・非営利団体による支援や社会貢献的なサービスも含まれる。

15 自助

じじょ
➡ p.130 参照

高齢者自身がさまざまな支援に頼るのみでなく，自分自身でできることを実施すること。あるいは，制度などを活用せずに費用を自分で負担して，必要なサービスを活用すること。

16 厚生年金基金

こうせいねんきんききん
➡ p.157 参照

国が行う老齢厚生年金の一部を代行給付するとともに，企業の実情に合った一定割合の給付を上乗せして，被用者の老後の所得をより手厚く保障することを目的とする制度。

17 後期高齢者医療広域連合

こうきこうれいしゃいりょうこういきれんごう
➡ p.163 参照

後期高齢者医療の事務を処理するため，都道府県の区域ごとに区域内のすべての市町村が加入する広域連合。保険料の決定，医療給付などの事務を処理し，財政責任をもつ運営主体という意味では，後期高齢者医療の保険者であるといえる。

18 公共職業安定所（ハローワーク）

こうきょうしょくぎょうあんていじょ（はろーわーく）
➡ p.164 参照

職業安定法にもとづき，労働市場の実情に応じて労働力の需給の適正な調整を行うために，全国的体系で組織・設置されている総合的雇用サービス機関。その業務は，求人・求職の申し込みの受理，職業指導，職業相談，職業斡旋などの職業紹介サービス，雇用保険に関する業務などであり，無料で行われている。

19 ナショナル・ミニマム

なしょなる・みにまむ
➡ p.170 参照

社会的に容認された国民の最低限度の生活水準を，国家の責任において保障すること。日本では，憲法第25条に生存権の保障として規定されており，生活保護法をはじめとする各公共政策で具体的に実施されている。

20 ケースワーカー

けーすわーかー
➡ p.172 参照

社会生活のなかで困難や問題をかかえ，専門的な援助を必要としている人に対して，社会福祉の立場から，個別事情に即した課題の解決や緩和のために助言・援助を行う者のこと。

21 高齢者の医療の確保に関する法律

こうれいしゃのいりょうのかくほにかんするほうりつ
➡ p.177 参照

2006（平成18）年の「健康保険法等の一部を改正する法律」により，老人保健法を改称し，高齢期における適切な医療の確保について定めた法律。

22 少子化社会対策基本法

しょうしかしゃかいたいさくきほんほう
➡ p.177 参照

急速な少子化の進行は，日本の人口構造にひずみを生じさせ，21世紀の国民生活に，深刻かつ多大な影響をもたらすことから，少子化社会における施策の基本理念を明らかにし，少子化に的確に対処するための施策を総合的に推進することを目的とした法律。

23 高齢社会対策基本法

こうれいしゃかいたいさくきほんほう
➡ p.177 参照

国をはじめ社会全体として高齢社会対策を総合的に推進するための法律。基本的施策として「就業・所得」「健康・福祉」「学習・社会参加」「生活環境」「調査研究等の推進」「国民の意見の反映」の施策について明らかにし，また，内閣府に特別の機関として高齢社会対策会議の設置を定めている。

24 第1種社会福祉事業

だいいっしゅしゃかいふくしじぎょう
➡ p.181 参照

社会福祉事業のうち，相対的に強い規制の対象となる事業。施設サービスなど，利用者の生活と密接な関係を有し，事業の継続性，安定性の確保などの必要性が特に高いものが対象とされている。原則として，経営主体は，国，地方公共団体または社会福祉法人に限られ，その他の者が事業を行おうとする場合には，都道府県知事の許可を受ける必要がある。

25 第2種社会福祉事業

だいにしゅしゃかいふくしじぎょう
➡ p.181 参照

社会福祉事業のうち，第1種社会福祉事業ではないものをいう。経営主体についての制限は設けられていないが，事業開始の際は，都道府県知事に届出を行う必要がある。

26 地域福祉計画

ちいきふくしけいかく
➡ p.181 参照

各自治体が整備すべき社会福祉サービスや施設について数値目標が明記されたもの。社会福祉法において地域福祉の推進が求められ，施設福祉中心であった従来の福祉制度の見直しが行われている。

27 地域福祉活動計画

ちいきふくしかつどうけいかく
➡ p.182 参照

地域福祉の整備・推進，さらにはそのための活動を織りこんだ公私の計画をいう。高齢者・障害者・児童などの対象者別の活動計画と，それらを総合した活動計画の2つのタイプがある。いずれのタイプであっても，住民参加・職員参加を十分に積み重ね，住民自治の発展による福祉のまちづくり活動計画として策定されることが重要である。

28 支援費制度

しえんひせいど
➡ p.187 参照

障害者みずからが，サービスを提供する指定事業者や施設を選び，直接契約を結んでサービスを利用するしくみ。2006（平成18）年度に廃止された。

29 同行援護

どうこうえんご
➡ p.187 参照

視覚障害により，移動にいちじるしい困難を有する障害者・児について，外出時において，移動の援護，排泄や食事などの介護，そのほか必要な援助を同行して行うサービス。

30 公費負担医療

こうひふたんいりょう
➡ p.191 参照

国や地方公共団体が，医療受益者にかわって，その医療費を負担する制度のこと。

31 サービス等利用計画

さーびすとうりようけいかく
➡ p.191 参照

指定相談支援事業者が，障害福祉サービス等の利用を希望する障害者・児の心身の状況，おかれている環境，意向などを勘案したうえで，もっとも適切なサービスの組み合わせ等について検討し作成する計画で，障害福祉サービス等の種類および内容，これを担当する者などを記載した計画のこと。

32 障害者政策委員会

しょうがいしゃせいさくいいんかい
➡ p.204 参照

障害者基本法にもとづき，内閣総理大臣が障害者基本計画の案を作成する際に意見を聴くための機関として，内閣府に設置される機関。障害者基本計画の策定に関する調査審議・意見具申，同計画の実施状況の監視・勧告を行う。

33 障害者基本計画

しょうがいしゃきほんけいかく
➡ p.204 参照

障害者基本法にもとづき，政府が策定する障害者の自立および社会参加の支援などのための施策の総合的かつ計画的な推進をはかるための基本的な計画。地方公共団体においてもこれを基本とするとともに，各都道府県または各市町村は，それぞれの地域の障害者の状況などをふまえ，都道府県障害者計画，市町村障害者計画を策定しなければならない。

34 障害福祉計画

しょうがいふくしけいかく
→ p.204 参照

障害者総合支援法にもとづき，障害福祉サービスや相談支援，地域生活支援事業の提供体制を整備し，自立支援給付および地域生活支援事業の円滑な実施を確保するために策定される計画。国は基盤整備に関する基本指針を策定し，指針に即して，市町村は市町村障害福祉計画を，都道府県は都道府県障害福祉計画を策定することが義務づけられている。

35 障害児福祉計画

しょうがいじふくしけいかく
→ p.204 参照

児童福祉法にもとづき，障害児通所支援，障害児入所支援および障害児相談支援の提供体制を整備し，これらの円滑な実施を確保するために策定される計画。国は基盤整備に関する基本指針を策定し，指針に即して，市町村は市町村障害児福祉計画を，都道府県は都道府県障害児福祉計画を策定することが義務づけられている。2016（平成28）年の児童福祉法の改正により，2018（平成30）年4月から策定されている。

36 発達障害者支援センター

はったつしょうがいしゃしえんせんたー
→ p.205 参照

自閉症などの発達障害のある障害児・者に対する支援を総合的に推進する地域の拠点となる機関。都道府県，指定都市または委託を受けた社会福祉法人などが運営する。

37 協議会

きょうぎかい
→ p.206 参照

障害のある人の地域における自立生活を支援していくために，関係機関・団体，障害者等やその家族，障害福祉サービス事業者や医療・教育・雇用を含めた関係者が，地域の課題を共有し，地域の支援体制の整備について協議を行う場で，地方公共団体が単独または協同して設置するもの。なお，障害者総合支援法においては，「自立支援協議会」の名称を地方公共団体が地域の実情に応じて変更できるよう，「協議会」として規定されている。

38 基幹相談支援センター

きかんそうだんしえんせんたー
→ p.206 参照

障害者自立支援法の改正により，相談支援体制の強化を目的として2012（平成24）年から設置された施設。地域における相談支援の中核的役割をにない，相談支援事業，成年後見制度利用支援事業および身体障害者・知的障害者・精神障害者などにかかわる相談支援を総合的に行うことを目的とする。

39 障害者就業・生活支援センター

しょうがいしゃしゅうぎょう・せいかつしえんせんたー
→ p.208 参照

障害のある人が職業生活における自立をはかるために，就業や，就業にともなう日常生活上の支援を行い，その人の職業の安定をはかることを目的として設立された一般社団法人もしくは一般財団法人，社会福祉

法人，特定非営利活動法人などで，都道府県知事の指定を受けたものをいう。

40 乳幼児健康診査

にゅうようじけんこうしんさ
➡ p.209 参照

母子保健法にもとづき，市町村が実施主体となり，乳幼児に対して実施する健康診査。①1歳6か月児健康診査，②3歳児健康診査，③必要に応じ実施される乳幼児健康診査がある。

41 手帳制度

てちょうせいど
➡ p.209 参照

身体障害者手帳，精神障害者保健福祉手帳，療育手帳（知的障害児・者を対象）といった，障害のある人に対して発行される手帳の総称。身体障害者手帳と精神障害者保健福祉手帳は法律に規定されているが，療育手帳は法律には規定されていない。発行主体は，都道府県（指定都市・中核市）である。各種障害者手帳を提示することにより，公的機関等で料金の優遇などを受けることができる。

42 更生相談所

こうせいそうだんじょ
➡ p.209 参照

身体障害者福祉法，知的障害者福祉法にもとづいて，都道府県が設置する障害者の更生援護に関する専門的相談・判定機関。身体障害者更生相談所，知的障害者更生相談所がこれにあたる。

43 療育

りょういく
➡ p.209 参照

「肢体不自由児の父」といわれる高木憲次の造語であり，療は医療を，育は養育・保育・教育を意味し，「療育とは，時代の科学を総動員して，肢体不自由をできるだけ克服し，自活の途が立つよう育成することである」と定義された。

44 放課後児童健全育成事業（放課後児童クラブ）

ほうかごじどうけんぜんいくせいじぎょう（ほうかごじどうくらぶ）
➡ p.210 参照

保護者が労働などにより昼間家庭にいない小学校に就学している児童に対して，授業の終了後等に小学校の余裕教室，児童館などを利用して適切な遊びや生活の場を与えて，その健全な育成をはかる事業。

45 障害者の雇用の促進等に関する法律

しょうがいしゃのこようのそくしんとうにかんするほうりつ
➡ p.212 参照

障害のある人がその能力に適合する職業に就くことなどを通じて，その職業生活において自立することを促進するための措置を総合的に講じ，障害のある人の職業の安定をはかることを目的とする法律。公共職業安定所，障害者職業センター，障害者就業・生活支援センターなどにおける職業リハビリテーションの推進，障害者雇用率制度などにもとづく雇用の促進などについて定めている。

46 職場適応援助者（ジョブコーチ）

しょくばてきおうえんじょしゃ（じょぶこーち）
→ p.212 参照

障害のある人が就職をめざして実習を行っている現場や，雇用されて働いている職場に派遣されることによって，労働習慣の確立や，同僚への障害者の特性に関する理解の促進など，きめ細かな人的支援，専門的な支援が実施され，障害のある人の就職および職場定着の促進がはかられている。

47 悪質商法

あくしつしょうほう
→ p.216 参照

悪質な業者が不当な利益を得るために行う，社会通念上問題のある商売方法のこと。不安をあおったり，親切にして信用させたりして商品やサービスを売りつける。

48 公正証書

こうせいしょうしょ
→ p.216 参照

法律の専門家である公証人が，公証人法や民法などの法律に従って作成する公文書のこと。

49 養護者

ようごしゃ
→ p.220 参照

高齢者虐待防止法では，高齢者を現に養護する者であって，養介護施設従事者等以外のものと定義されている。

50 養介護施設従事者等

ようかいごしせつじゅうじしゃとう
→ p.220 参照

老人福祉法や介護保険法で規定されている高齢者向けの福祉・介護サービスに従事するすべての職員のこと。高齢者虐待防止法において定義されている。なお，養介護施設とは，老人福祉施設（老人デイサービスセンター，養護老人ホーム，軽費老人ホームなど），有料老人ホーム，地域密着型介護老人福祉施設，介護老人福祉施設，介護老人保健施設，介護医療院，地域包括支援センターをいう。

51 要配慮個人情報

ようはいりょこじんじょうほう
→ p.229 参照

個人情報のなかでも，取り扱いにとくに配慮を要するもの。人種，信条，社会的身分，病歴，犯罪の経歴，犯罪被害情報，身体障害・知的障害・精神障害等があること，健康診断等の検査の結果など。

52 個人データ

こじんでーた
→ p.230 参照

個人情報データベース等（特定の個人情報を検索することができるように体系的に構成したもの）を構成する個人情報のこと。

53 保有個人データ

ほゆうこじんでーた
→ p.230 参照

個人情報取扱事業者が，開示，内容の訂正，追加または削除，利用の停止，消去お

よび第三者への提供の停止を行うことのできる権限を有する個人データのこと。

54 クーリング・オフ制度

くーりんぐ・おふせいど
→ p.233 参照

購入者が訪問販売など営業所以外の場所において，指定商品や権利などについて契約の締結をした場合に，一定の期間内であれば，購入者が販売業者に通知して無条件に契約の解除をすることができる制度。

55 メタボリックシンドローム（内臓脂肪症候群）

めたぼりっくしんどろーむ（ないぞうしぼうしょうこうぐん）
→ p.235 参照

内臓の周囲についた脂肪が蓄積されて，生活習慣病になりやすくなっている状態のこと。メタボリックシンドロームの人は狭心症，心筋梗塞，脳卒中を発症しやすいとされ，予防と改善が課題になっている。その予防と改善を目的に行われるのが特定健診である。

56 療養上の世話

りょうようじょうのせわ
→ p.239 参照

対象となる人の食事の介助，清拭，体位変換，苦痛の緩和などの看護師による直接的な支援のこと。

57 診療の補助

しんりょうのほじょ
→ p.239 参照

医師や歯科医師の指示がなければ行うことができない医行為のこと。

58 サービス付き高齢者向け住宅

さーびすつきこうれいしゃむけじゅうたく
→ p.254 参照

高齢者の居住の安定確保に関する法律において，高齢者生活支援サービスを提供することとしている賃貸住宅とされ，都道府県知事の登録を受けたものをいう。

59 ユニバーサルデザイン

ゆにばーさるでざいん
→ p.255 参照

設計段階からバリア（障壁）のないものを構想し，障害のある人や高齢者などの特別な人々を対象としたものではなく，すべての人々が共通して利用できるようなものや環境をつくることをめざした概念のこと。

資料

● 身体障害者福祉法における別表

(1) 次に掲げる視覚障害で，永続するもの

  1 両眼の視力（万国式試視力表によって測ったものをいい，屈折異常がある者については，矯正視力について測ったものをいう。以下同じ。）がそれぞれ 0.1 以下のもの

  2 一眼の視力が 0.02 以下，他眼の視力が 0.6 以下のもの

  3 両眼の視野がそれぞれ 10 度以内のもの

  4 両眼による視野の 2 分の 1 以上が欠けているもの

(2) 次に掲げる聴覚又は平衡機能の障害で，永続するもの

  1 両耳の聴力レベルがそれぞれ 70 デシベル以上のもの

  2 一耳の聴力レベルが 90 デシベル以上，他耳の聴力レベルが 50 デシベル以上のもの

  3 両耳による普通話声の最良の語音明瞭度が 50 パーセント以下のもの

  4 平衡機能の著しい障害

(3) 次に掲げる音声機能，言語機能又はそしゃく機能の障害

  1 音声機能，言語機能又はそしゃく機能の喪失

  2 音声機能，言語機能又はそしゃく機能の著しい障害で，永続するもの

(4) 次に掲げる肢体不自由

  1 一上肢，一下肢又は体幹の機能の著しい障害で，永続するもの

  2 一上肢のおや指を指骨間関節以上で欠くもの又はひとさし指を含めて一上肢の二指以上をそれぞれ第一指骨間関節以上で欠くもの

  3 一下肢をリスフラン関節以上で欠くもの

  4 両下肢のすべての指を欠くもの

  5 一上肢のおや指の機能の著しい障害又はひとさし指を含めて一上肢の三指以上の機能の著しい障害で，永続するもの

  6 1 から 5 までに掲げるもののほか，その程度が 1 から 5 までに掲げる障害の程度以上であると認められる障害

(5) 心臓，じん臓又は呼吸器の機能の障害その他政令で定める障害※で，永続し，かつ，日常生活が著しい制限を受ける程度であると認められるもの

※身体障害者福祉法施行令

第 36 条　法別表第 5 号に規定する政令で定める障害は，次に掲げる機能の障害とする。

1 ぼうこう又は直腸の機能

2 小腸の機能

3 ヒト免疫不全ウイルスによる免疫の機能

4 肝臓の機能

さくいん

編者・執筆者一覧
へんじゃ　しっぴつしゃいちらん

■編者
へんじゃ

太田 貞司 (おおた ていじ)
ながの だいがくしゃかいふくし しがく ぶ きょうじゅ
長野大学社会福祉学部教授

上原 千寿子 (うえはら ちずこ)
もとひろしまこくさいだいがくきょうじゅ
元広島国際大学教授

白井 孝子 (しらい たかこ)
とうきょうふくし せんもんがっこうふくがっこうちょう
東京福祉専門学校副学校長

■執筆者 (五十音順)
しっぴつしゃ　ごじゅうおんじゅん

井上 泰司 (いのうえ たいじ) ——————————————— 第3章第4節7・8
とくてい ひ えいり かつどうほうじんおおさかしょうがいしゃ　り じ ちょう
特定非営利活動法人大阪障害者センター理事長

遠藤 慶子 (えんどう けいこ) ——————————————— 第3章第5節5❹
じょうさいこくさいだいがくふく し そうごうがく ぶ ひ じょうきんこうし
城西国際大学福祉総合学部非常勤講師

鎌谷 勇宏 (かまたに いさひろ) ——————————————— 第3章第3節1～5
おおたにだいがくしゃかいがく ぶ せんにんこうし
大谷大学社会学部専任講師

黒澤 貞夫 (くろさわ さだお) ——————————————— 第1章第1節
うら わ だいがくめい よ きょうじゅ
浦和大学名誉教授

小林 哲也 (こばやし てつや) ——————————————— 第3章第5節4・5❶～❸
しずおかふくし だいがくしゃかいふくし がく ぶ ふくし しんりがっかこうし
静岡福祉大学社会福祉学部福祉心理学科講師

坂本 毅啓 (さかもと たけはる) ——————————————— 第3章第2節, 第3節9～13
きたきゅうしゅう し りつだいがく ち いきそうせいがくぐんじゅんきょうじゅ
北九州市立大学地域創生学群准教授

澤 宣夫 (さわ のりお) ——————————————— 第1章第3節1～3
ながさきじゅんしんだいがくじんぶんがく ぶ きょうじゅ
長崎純心大学人文学部教授

塩見 洋介 (しおみ ようすけ) ——————————————— 第3章第4節1～6
とくてい ひ えいり かつどうほうじんおおさかしょうがいしゃ　じ む きょくちょう
特定非営利活動法人大阪障害者センター事務局長

添田 正揮 (そえた まさき) ——————————————— 第3章第5節1～3
に ほんふく し だいがくしゃかいふくし がく ぶ じゅんきょうじゅ
日本福祉大学社会福祉学部准教授

高野 龍昭 (たかの たつあき) ——————————————— 第2章
とうようだいがく　　　　　　　　　がく ぶ じゅんきょうじゅ
東洋大学ライフデザイン学部准教授

平野 方紹 (ひらの まさあき) ——————————————— 第3章第5節6・7
もとりっきょうだいがくきょうじゅ
元立教大学教授

藤森 雄介 (ふじもり ゆうすけ) ——————————————— 第3章第3節6～8
しゅくとくだいがく　　　　　こくさいしゃかいふくし けんきゅうじょきょうじゅ
淑徳大学アジア国際社会福祉研究所教授

八木 裕子 (やぎ ゆうこ) ——————————————— 第1章第2節, 第3節4・5
とうようだいがく　　　　　　　　　がく ぶ じゅんきょうじゅ
東洋大学ライフデザイン学部准教授

矢原 隆行 (やはら たかゆき) ——————————————— 第3章第1節
くまもとだいがくだいがくいんじんぶんしゃかい か がくけんきゅう ぶ きょうじゅ
熊本大学大学院人文社会科学研究部教授

‖介護福祉士実務者研修テキスト

【第1巻】人間と社会　第4版

2015 年 11 月 20 日	初 版 発 行
2018 年 2 月 20 日	第 2 版 発 行
2020 年 3 月 20 日	第 3 版 発 行
2023 年 2 月 20 日	第 4 版 発 行
2024 年 7 月 1 日	第 4 版第 3 刷発行

編　集　　太田貞司・上原千寿子・白井孝子

発行者　　荘村明彦

発行所　　中央法規出版株式会社
　　　　　〒 110-0016　東京都台東区台東 3-29-1　中央法規ビル
　　　　　TEL 03-6387-3196
　　　　　https://www.chuohoki.co.jp/

印刷・製本　　サンメッセ株式会社

装幀・本文デザイン　ケイ・アイ・エス

定価はカバーに表示してあります。

ISBN978-4-8058-8783-7